विश्वास और अंधविश्वास

विश्वास और अंधविश्वास

डॉ. नरेंद्र दाभोलकर

प्रधान संपादक

डॉ. सुनीलकुमार लवटे

अनुवाद

जयसिंग कांबले

अनुवाद संपादक

डॉ. गिरीश काशिद

सार्थक

राजकमल प्रकाशन का उपक्रम

मूल मराठी पुस्तक 'श्रद्धा आणि अंधश्रद्धा' का हिंदी अनुवाद

ISBN : 978-93-89598-48-3

मूल्य : ₹ 199

पहला संस्करण : 2020
दूसरा संस्करण : 2023

सार्थक राजकमल प्रकाशन का उपक्रम

प्रकाशक
राजकमल प्रकाशन प्रा.लि.
1-बी, नेताजी सुभाष मार्ग, दरियागंज
नई दिल्ली-110 002

शाखाएँ
अशोक राजपथ, साइंस कॉलेज के सामने, पटना-800 006
पहली मंज़िल, दरबारी बिल्डिंग, महात्मा गांधी मार्ग, प्रयागराज-211 001

वेबसाइट : www.rajkamalprakashan.com
ई-मेल : info@rajkamalprakashan.com

यश प्रिंटोग्राफिक्स
नोएडा–201 301 (उत्तर प्रदेश)
द्वारा मुद्रित

VISHWAS AUR ANDHVISHWAS
by Narendra Dabholkar

प्रिय
लीला
और
भाई बंडू (दत्तप्रसाद)
प्रचलित धारा से पंगा लेते हुए आपकी अंत:प्रेरणा
हमेशा साथ होती है।

मंतव्य

अंधविश्वास उन्मूलन विषय पर लिखी यह मेरी पाँचवीं पुस्तक है। लेकिन जब भी मैं ऐसा कहता हूँ तो कुछ लोगों की भौंहें तिरछी हो जाती हैं। उनकी नजरों में भाव होता है इन सवालों का कि उसमें ऐसी कौन-सी बात है, जो अंधविश्वास उन्मूलन के बारे में बताई जा सकती है? उन्हीं घिसी-पिटी बातों पर बार-बार क्यों पुस्तक लिखकर पुस्तकों की संख्या बढ़ा रहे हो? मुझे ऐसे सवालों की चिंता नहीं होती। अगर कोई मेरी पाँचों पुस्तकों को एक साथ पढ़ेगा, तो उसे इन सवालों का जवाब खुद-ब-खुद मिल सकता है। पहली पुस्तक 'भ्रम और निरसन' में अंधविश्वासों के विविध प्रकारों की जानकारी है। दूसरी पुस्तक 'अंधविश्वास : प्रश्नचिह्न और पूर्णविराम' में अलग-अलग अंधविश्वासों के बारे में हमेशा से जो सवाल पूछे जाते हैं, उनके सरल-सीधे जवाब हैं। छह सालों में उसके छह संस्करण निकले हैं। तीसरी पुस्तक 'अंधविश्वास विनाशाय' में अंधश्रद्धा निर्मूलन समिति ने आंदोलन करते समय जो अनगिनत संघर्ष किए हैं, उनमें से कुछ घटनाओं का वर्णन है। चौथी पुस्तक का नाम है—'सोचो तो जानो' जिसके दो हिस्से हैं—पहला वैज्ञानिक दृष्टिकोण, विवेकवाद और धर्मचिकित्सा के बारे में वैचारिक लेखों का एवं दूसरा इनकी सहायता से वास्तव में जिन लोगों को कई बातों का सामना करना पड़ता उन घटनाओं को किस तरह से देखा जा सकता है? फिर भी कुछ ऐसे विषय हैं जो पीछे छूट गए हैं, अनदेखे रह गए हैं उनके लिए यह पाँचवीं पुस्तक—'विश्वास-अंधविश्वास'।

हमारे आंदोलन का नाम ही 'अंधविश्वास उन्मूलन आंदोलन' है। इसलिए हर किसी के मन में 'विश्वास और अंधविश्वास' के संदर्भ में जो बवंडर होता है, उसका आविष्कार इस विषय की चर्चा करते समय होता ही है। इस बारे में लोगों के विचार भिन्न-भिन्न होते हैं। कुछ लोगों को हर कोई विश्वास अंधविश्वास ही लगता है तो कुछ लोगों को विश्वास के बिना मनुष्य का जीना असंभव लगता है। अंधविश्वास उन्मूलन के नाम पर असल में विश्वास का उन्मूलन होता है, ऐसा कुछ लोगों का आरोप होता है। इस बारे में समिति की भूमिका थोड़ी अलग है। यह भूमिका उपयुक्तता के साथ वस्तुनिष्ठ भी है। इस पुस्तक में इन बातों का किया विवेचन चर्चा का विषय हो सकता है।

इस पुस्तक के जरिए अंधविश्वास उन्मूलन की व्यापक, वैचारिक भूमिका को पहली बार समग्र रूप में विस्तार के साथ प्रस्तुत किया जा रहा है। लोगों को अंधविश्वास उन्मूलन का कार्य नकारात्मक लगता है, लेकिन वैसा नहीं है। असल में वह सकारात्मक कार्य है। बड़े-बड़े लोगों का नसीब, नियति, प्रारब्ध, संचित आदि बातों पर बेहद विश्वास होता है। दैव की कल्पना मानसिक दासता और उसके कारण पैदा होनेवाले अंधविश्वास की बुनियादी कल्पना है। इसलिए वैचारिक भूमिका के अंतर्गत दूसरा महत्त्वपूर्ण हिस्सा ईश्वर की संकल्पना का है। कुछ विवेकवादी लोगों को लगता है कि जब तक हम ईश्वर यह संकल्पना पूरी तरह से नकार नहीं देते तब तक अंधविश्वास का उन्मूलन नहीं हो सकता तो कुछ लोगों को लगता है कि हम ईश्वर को डुबो रहे हैं। ईश्वर और धर्म के बारे में हमारी भूमिका तटस्थ है। यह बात ज्यादातर लोगों के समझ में नहीं आती। कुछ लोगों को यह हमारी बहुत बड़ी गलती लगती है तो कुछ लोगों को हमारी यह भूमिका मतलबी, स्वार्थी लगती है। उनके विचार से हम आंदोलन को पर्याप्त सामर्थ्य मिलते ही ईश्वर की संकल्पना को लेकर हमारी जो तटस्थता है उसे छोड़कर उसके खिलाफ खड़े हो जाएँगे तो कुछ लोगों को यह तटस्थता सिर्फ व्यावहारिक चतुराई लगती है। लेकिन यह भूमिका वैचारिक है। मुझे लगता है, इसमें ईश्वर की इस संकल्पना का अधिक चिकित्सा और वास्तविकता से जानने का प्रयास है जिसे मैंने यहाँ प्रस्तुत किया है। इसके साथ ही व्यापक वैचारिक भूमिका में सबसे महत्त्वपूर्ण हिस्सा नीति या नैतिकता का होता है। कई लोगों को गलती से मन-ही-मन में ऐसा लगता है कि ईश्वर और धर्म की चिकित्सा करनेवाला हमारा यह आंदोलन अपनी जिद के कारण नीति को डुबो देगा। उनके मतानुसार नीति की इस संकल्पना का आधार होता है ईश्वर। उसकी ही चिकित्सा की जाएगी तो नीति भी ध्वस्त हो सकती है। धार्मिक नीति, इहवादी नीति, सामाजिक यथार्थता की अपरिहार्यता से जन्म लेनेवाली नीति आदि बातों का विवेचन व्यापक वैचारिक भूमिका का ही एक महत्त्वपूर्ण अंग है। अर्थात् इस रचना-विन्यास पर कर्मठ टिप्पणी का भी स्वागत है। नारी और अंधविश्वास यह एक सबसे महत्त्वपूर्ण विषय है। प्रस्तुत पुस्तक में उसका भी विवेचन किया है।

इस पुस्तक में विवेचित दो ऐसे विषय हैं, जो केवल नाम सदृश्यता के कारण ग्यारह वर्ष पहले लिखी मेरी पुस्तक में चर्चित हो चुके हैं ऐसा लगता है। लेकिन पिछले कई सालों के पठन, चर्चा और आंदोलन का अनुभव आदि के कारण इन विषयों के बारे में अधिक प्रगल्भता प्राप्त हुई है। लोगों को इसका प्रमाण मिल जाएगा। इन विषयों का रचना-विन्यास नया प्रतीत होगा ऐसा मुझे विश्वास है।

यह पुस्तक अपनी शैली के कारण पढ़ते समय पाठकों को थोड़ी अलग महसूस होगी। इसमें लिखित हर एक विषय पर मैंने पूरे महाराष्ट्र में सैकड़ों भाषण दिए हैं।

इन भाषणों में छात्र, अध्यापक, सामान्य लोग, लब्ध प्रतिष्ठित व्यक्ति, देहाती, शहरी, महिला-पुरुष आदि अलग-अलग स्तर के श्रोताओं की उपस्थिति थी। उन सभी को ये भाषण खूब पसंद आ गए। इन भाषणों की कैसेट्स और पुस्तकों की माँग कई बार हुई है। इसी वजह से अंत में इन भाषणों का संकलन करके उसे पुस्तक रूप में लाने का विचार किया। वैचारिक लेखन मुद्दों के स्वरूप में होता है, साथ ही नीरस होता है ऐसा कई लोगों का कहना है। मुझे भी यह मंजूर है। भाषण देते समय सामने श्रोता होते हैं। उनका प्रतिसाद पाना ही पड़ता है। इसलिए भाषण का सूत्र विचारशील होते हुए भी प्रत्यक्ष विवेचन कुछ अलग ही होता है। वह अपने-आप हल्का-फुल्का और सजीव होता है। प्रस्तुत पुस्तक की शैली भी उसी प्रकार की रखने के कारण उन भाषणों की प्रत्यक्ष अनुभूति पाठकों को मिलेगी और वे इसे पसंद भी करेंगे, ऐसी आशा रखता हूँ।

मैं कई विषयों पर भाषण देता हूँ, बोल सकता हूँ। जैसे पाखंड गुरुडम, वशीकरण, समाज सुधारक और अंधविश्वास उन्मूलन आदि। प्रस्तुत पुस्तक में वे भाषण नहीं हैं। इसकी वजह सिर्फ यह है कि एक या दो भाषणों में इन विषयों की पूरी व्यापकता और गहराई नहीं आ सकती। कुछ बातें बताई जा सकती हैं और बहुत ज्यादा छूट सकती हैं। यह बात भाषण देते समय जायज है, लोग भी उसे स्वीकारते हैं। लेकिन लिखित रूप में यह अधूरापन स्पष्टतः दिखाई देता है क्योंकि ये सभी विषय एक स्वतंत्र पुस्तक के हैं और उसी प्रकार से उन पर लेखन करने का मेरा प्रयास है।

प्रस्तुत पुस्तक में विश्वास-अंधविश्वास का पर्याप्त विवेचन है। विश्वास और अंधविश्वास का निर्णय करने के लिए सहयोगी होनेवाला वैज्ञानिक दृष्टिकोण है। विश्वास (श्रद्धा) की दृष्टि से व्यापक वैचारिक भूमिका से जोड़े गए नसीब, ईश्वर, नीति आदि विषयों की चर्चा है और विश्वास-अंधविश्वास यह सवाल जिनके बारे में सबसे अधिक संवेदनशील होता है, उनका यानी महिलाओं का और अंधविश्वास उन्मूलन, उसका स्वरूप, उसके कारण, उपाय आदि बातों का विवेचन है। विश्वास-अंधविश्वास को हमेशा जिससे जोड़ा जाता है, उस फलज्योतिष का भंडाफोड़ यहाँ किया है। इसके साथ ही अभुआना, प्रेतबाधा होना (भूत लगना), भूतावेश (संचारना), प्रत्यक्ष दर्शन (साक्षात्कार होना) आदि बातों की वास्तविकता और मन, उसकी बीमारियाँ (विकार) आदि बातों की मनोवैज्ञानिक जानकारी यहाँ है। ये सभी विषय विश्वास-अंधविश्वास के दायरे से संबंधित होने के कारण इस पुस्तक को यह नाम दिया है।

अंधविश्वास उन्मूलन आंदोलन दिन-ब-दिन विकसित हो रहा है। यह अपनी जड़ें सामान्य लोगों में जमा रहा है। इस कारण इस पर पुस्तकें लिखी जा रही हैं। ये पुस्तकें लोगों को पसंद आ रही हैं। उनके संस्करण निकाले जा रहे हैं। पाठकों,

समीक्षकों के खत आ रहे हैं। पुस्तकों को पुरस्कार मिल रहे हैं। पाठक प्रत्यक्षतः मिलने आ रहे हैं। पुस्तकों से आवाहन करने के कारण इस आंदोलन को सहायता करने के लिए देश-विदेश से कई लोग आगे आ रहे हैं। यह खुशी की बात है। प्रस्तुत पुस्तक से भी वही अनुभूति मिलेगी ऐसी उम्मीद रखता हूँ।

—डॉ. नरेंद्र दाभोलकर

क्रम

श्रद्धा और अंधविश्वास

अंधविश्वास उन्मूलन का पूरा आंदोलन श्रद्धा और अंधविश्वास के इर्द-गिर्द ही घूमता है और हमें आंदोलन में जो कुछ गालियाँ और तारीफ मिलती हैं, उनका संबंध भी इसी विषय से होता है। कुछ लोगों को लगता है कि जो काम हम कर रहे हैं, वह बहुत ही अच्छा, उचित है और कुछ लोगों को यह गलत, बुरा, अनुचित लगता है। कुछ लोगों की दृष्टि से अगर यह काम नहीं होगा तो हमारा देश सही मायने में इक्कीसवीं सदी में प्रवेश नहीं कर पाएगा और कुछ लोगों को ऐसा लगता है कि अंधविश्वास के नाम पर हम ईश्वर, धर्म, परंपराओं को डुबो रहे हैं। वे अंधविश्वास यानी क्या? ऐसा सवाल करते हैं। अंधविश्वास श्रद्धा (विश्वास) के अंगारे पर जमा होनेवाली राख है। राख को अगर बिखेर दिया जाए तो उसमें छिपा अंगारा पहले जैसा प्रज्वलित होता है। उसी प्रकार अंधविश्वास की राख को उड़ा देने की जरूरत है। लेकिन ऐसा करते समय कहीं अंगारा ही बुझ न जाए इसकी सावधानी बरतना जरूरी है।

श्रद्धा की सापेक्षता

एक की श्रद्धा (विश्वास) दूसरे का अंधविश्वास होता है। इसलिए श्रद्धा (विश्वास) और अंधविश्वास को सही तरीके से समझ लेना चाहिए। श्रद्धा और अंधविश्वास के कालसापेक्ष या व्यक्तिसापेक्ष होने के कारण समझने में कई समस्याएँ पैदा होती हैं। आपको मालूम होगा कि कुछ साल पहले राजस्थान के देवराला गाँव में पति की मृत्यु के बाद एक महिला सती हो गई और पूरे देश में बवाल खड़ा हो गया। अब हमारे यहाँ सती हो जाना जुर्म है। सती बंदी का कानून पहले से ही है। फिर भी देश भर में क्रोधित हुए लोगों की माँग को ध्यान में लेते हुए उसी कानून को और ज्यादा कड़ा बनाना पड़ा। इस कानून के मुताबिक अब केवल सती हो जाना और उसे सहयोग देना ही दखलपात्र जुर्म नहीं, ऐसी घटनाओं का समर्थन करने के लिए उस समय घटनास्थल पर उपस्थित रहना भी गुनाह माना गया है। इसी वजह से आज आप सभी मान लेंगे कि सती हो जाना यह यकीनन साफ तौर से

अंधविश्वास है। लेकिन पिछली सदी में स्थिति क्या थी, जब लॉर्ड बेंटिक ने सती हो जानेवाली स्त्री को धैर्य से बचाया था। तब उसके खिलाफ बनारस में लोगों ने बहुत बड़ा जुलूस निकाला था, ऐसा लॉर्ड बेंटिक ने अपनी डायरी में लिखा है। उन लोगों की एक ही माँग थी कि 'सती हो जाने से उस स्त्री को बचानेवाले आप कौन होते हैं?' पति की मृत्यु के बाद सती हो जाना यह हमारी पवित्र धर्म श्रद्धा का अधिकार है।

लॉर्ड बेंटिक ने जब सती बंदी का कानून बनाया, तब इलाहाबाद के होशियार, चालाक शास्त्री-पंडित इलाहाबाद हाईकोर्ट में गए और कहने लगे कि "हमारी पवित्र धर्म श्रद्धा में इस तरह से हस्तक्षेप करने का अधिकार ईस्ट इंडिया कंपनी को नहीं है।" यह हो गई श्रद्धा की काल सापेक्षता। जैसे श्रद्धा की काल सापेक्षता होती है, वैसे ही व्यक्ति सापेक्षता भी होती है। उसे समझने के लिए हम सत्य साईंबाबा का उदाहरण देख लेते हैं। आप सब सत्य साईंबाबा के बारे में जानते होंगे। आपने उनकी तसवीर देखी होगी। उनके भक्त उन्हें विश्व के सबसे महान बाबा के तौर पर मानते हैं। क्या है सत्य साईंबाबा की विशेषता? वे हवा में हाथ उछालकर अपने भक्तों को भभूत देते हैं। हवा में हाथ घुमाकर भक्तों को सोने या चाँदी की अँगूठी देते हैं और हवा में हाथ घुमाकर सोने का लॉकेट या मोती की माला भी अपने शिष्यों को देने की बात उनके अधिकृत पुस्तकों में उल्लिखित है। साईंबाबा के ये महान चमत्कार उन्हें इस देश के राष्ट्रपति, प्रधानमंत्री से लेकर अनेक लोगों की श्रद्धा का स्थान बनाते हैं तो इससे विपरीत ये चमत्कार कुछ लोगों को केवल झूठे एवं अंधविश्वास बढ़ानेवाले पाखंड के प्रकार लगते हैं। यह हो गई श्रद्धा की व्यक्ति सापेक्षता।

श्रद्धा शब्द का अर्थ

व्यवहार में श्रद्धा शब्द का प्रयोग कई अर्थों में किया जाता है। मेरी अपने माता-पिता पर श्रद्धा है। बाबा पर, साधु पर श्रद्धा है। कुलदेवता पर, धर्म पर श्रद्धा है। चाटुकारी, मंत्र शक्ति पर श्रद्धा है। अपने देश की समता पर, संविधान पर, समता के विचार पर श्रद्धा है, ऐसा हम कहते हैं। संभवत: इसका एहसास प्रयोग करनेवालों को भी नहीं होता। स्वाभाविक तौर पर किसी भी शब्द का अर्थ जनसामान्य में जो सबसे ज्यादा प्रचलित होता है, वही मान लिया जाता है। जैसे, सामने से आनेवाले व्यक्ति को देखकर जब आप अपने साथ चलनेवाले मित्र से कहेंगे कि वह सामने दिखनेवाला आदमी किसी नेता का चमचा है तो उस पर आपका मित्र आपसे ऐसा नहीं पूछेगा कि शब्दकोश के अनुसार तो चमचा का अर्थ खाना खाते वक्त इस्तेमाल की जानेवाली छोटी आचमनी ऐसा अर्थ है। फिर यह आदमी चमचा है, इसका मतलब क्या? जब आप इस तरह चमचा शब्द का इस्तेमाल करते हैं, तब सामने से

आनेवाले व्यक्ति के बारे में आप क्या कहना चाहते हैं, यह आपके मित्र की समझ में आता है। व्यवहार में जब श्रद्धा शब्द का प्रयोग किया जाता है, तब अक्सर वह धार्मिक श्रद्धा, अलौकिक श्रद्धा, मोक्ष पर होनेवाली श्रद्धा इस अर्थ से होता है, ऐसा ज्यादातर लोगों के मन में होता है। कीर्तन करनेवाले हजारों कीर्तनकार लाखों मंदिरों में बार-बार बताते हैं कि श्रद्धा रखिए तो आपको इस मोह-माया के जाल से मुक्ति मिल पाएगी और उनके मतानुसार इसका विवेचन ऐसा होता है—तर्क नहीं करना चाहिए क्योंकि आप जो तर्क करते हैं वह कुतर्क यानी बुरा होता है। उससे कोई भी बात स्पष्ट नहीं होती। फिर क्या किया जाए? भाव को प्रमाण मानकर अपना कार्य कीजिए और अपनी समझदारी को किसी खूँटे पर टाँग दीजिए। आपकी समझदारी, चिकित्सक बुद्धि को खूँटी पर टाँगना यह श्रद्धा नहीं अंधविश्वास है। तो इस विषय की गहराई में जाने से पहले हम दो महत्त्वपूर्ण शब्दों की जानकारी लेंगे।

विश्वास एवं श्रद्धा

अगर मैं ऐसा कहूँगा कि इस कमरे में चल रहे पंखे पर मेरी श्रद्धा है कि वह आपको हवा देगा। मेरी अपनी कलम पर श्रद्धा है कि उससे अक्षर अंकित होंगे। मेरी ध्वनिक्षेपक पर श्रद्धा है कि उससे मेरी आवाज आप तक पहुँचेगी। और ये वाक्य सही हैं या गलत? यह पूछूँगा तो कुछ लोग कहेंगे सही है और कुछ गलत। वह गलत क्यों? क्योंकि मेरी कितनी भी श्रद्धा पंखे पर या ध्वनिक्षेपक पर हो लेकिन सिर्फ हाथ जोड़कर प्रणाम करने से ये कार्यान्वित नहीं हो सकते। अगर इस कमरे की बिजली की सप्लाई बंद कर दी जाए और जनरेटर की सुविधा उपलब्ध नहीं हो तो न यह पंखा आपको हवा देगा न ध्वनिक्षेपक मेरी आवाज आप तक पहुँचाएगा। कलम की स्याही खत्म होने के बाद कोई भी प्रार्थना कलम से कागज पर अक्षर अंकित करने के लिए मुझे सहयोग नहीं करेगी। तब इन बातों को हम विश्वास कहते हैं। जिन बातों का कार्यकारण भाव जब साबित होता है तब उसे हम विश्वास कहते हैं। यह कार्यकारण भाव किसी भी वाद से परे होता है। दो गुणा दो—चार होते हैं। पोलियो की बीमारी का टीकाकरण सही तरीके से किया जाएगा, तो पोलयो नहीं होगा। शून्य की खोज भारत में हुई है। छत्रपति शिवाजी महाराज एक महान राजा थे। यह सब बातें विश्वास की हैं। तत्कालीन इतिहास के महान राजाओं के चरित्रों को देखने पर आपको पता चलेगा कि छत्रपति शिवाजी में जो विशेषताएँ थीं, वह उस समय के किसी भी अन्य राजा में नहीं थीं। इसलिए छत्रपति शिवाजी एक महान राजा थे, यह मेरा विश्वास है। मैं आपको दूसरा एक उदाहरण देता हूँ। सतारा शहर की हमारी शाखा में एक मामला दर्ज हुआ था, जो तीन बच्चों की माँ होनेवाली एक महिला से संबंधित था। उसके विवाह को दस साल हो चुके थे। उसका पति

नौकरी के लिए मुंबई में रहता था। वह महिला अपने बच्चों के साथ गाँव में रहती थी। किसी ने उसके पति के कान भर दिए और पति महाशय के मन में पत्नी के चरित्र को लेकर शक पैदा हो गया। वह गाँव आ गया। अपनी पत्नी से कहने लगा, "अगर तुम चारित्र से शुद्ध हो तो गाँव के मंदिर के सामने उबलते तेल से सिक्का निकालकर दिखाओ।" बेचारी गरीब महिला क्या कर सकती थी? तीन बच्चों को लेकर कहाँ जाएगी? पति महाशय तो अपनी बात पर अड़ा था। अब उबलते तेल से सिक्का निकालने का चमत्कार हम करते हैं, इस बात का पता चलने के कारण उस महिला का भाई हमारे पास आ गया। हमारे सामने गिड़गिड़ाकर कहने लगा कि "मेरी बहन की गृहस्थी का सवाल है। आप कृपा करके मुझे वह विद्या सिखा दीजिए।"

हमने उसे यह चमत्कार कैसे किया जाता है इसकी जानकारी दे दी। उसकी बहन ने उसका प्रयोग गाँव के मंदिर के सामने किया। उसका हाथ जला नहीं, उसने तेल से सिक्का बाहर निकाला और उसकी गृहस्थी बच गई। यहाँ महत्त्वपूर्ण मुद्दा कौन सा है? खुद पत्नी का चरित्र अच्छा है या नहीं इसका और उबलते तेल से हाथ जलने का कुछ संबंध हो सकता है क्या? बेशक नहीं। यानी यह बात सरासर मूर्खता की बात है, जिसमें कार्यकारण भाव बिलकुल नहीं होता। उसे हम अंधश्रद्धा कहते हैं। फिर श्रद्धा किसे कहते हैं? उसके बारे में हम सूक्ष्मता से विवेचन करनेवाले हैं। अब सिर्फ इतना समझ लीजिए कि हर वक्त प्रत्येक बात का फैसला विवादों से परे होता ही है ऐसा नहीं, किंतु उस समय काम को रोका नहीं जा सकता। लोग काम में लगे रहते हैं और इसके लिए वे श्रद्धा का सहारा लेते हैं। यानी जो घटित होना है, वह घटा है या नहीं इसका प्रमाण काफी मात्रा में उपलब्ध नहीं। ऐसा मानकर कृतिशील बनना यानी श्रद्धा। आगे इस पर हम और चर्चा करनेवाले हैं।

डॉक्टरों पर होनेवाली श्रद्धा का उदाहरण

असल में देखा जाए तो लोग अपने सभी व्यवहार सावधानी से करते हैं। वे अपने श्रद्धा स्थानों की भी जाँच-पड़ताल करते हैं। हम इसका एक उदाहरण देखेंगे। मेरी अपने डॉक्टर की सामर्थ्य पर श्रद्धा है, ऐसा हम कई बार कहते हैं। तब इसका मतलब क्या होता है? इसका मतलब होता है कि जब आपके घर में कोई बीमार पड़ता है तब आप उसे अपने फैमिली डॉक्टर के पास लेकर जाते हैं। वे उसका इलाज करते हैं और बीमार आदमी ठीक हो जाता है। ऐसा कई बार होता है और आपकी डॉक्टर की सामर्थ्य पर श्रद्धा पक्की होती है। मान लीजिए आपके घर में बच्चा बीमार पड़ गया है। उसे लेकर आप उसी डॉक्टर के पास जाते हैं। उस डॉक्टर के इलाज से बच्चा ठीक नहीं होता तब आप अपने बच्चे को लेकर बच्चों

के डॉक्टर के पास जाते हैं। फिर कभी आपके परिवार का और कोई सदस्य बीमार पड़ता है। आप बीमार व्यक्ति को लेकर फिर अपने फैमिली डॉक्टर के पास जाते हैं। किंतु आठ-दस दिनों की दवा-दारू के बाद भी बीमार आदमी ठीक नहीं होता, उसे अस्पताल में एडमिट करना पड़ता है। छह महीने के बाद फिर से आपके घर में कोई बीमार पड़ता है। फैमिली डॉक्टर की सामर्थ्य पर श्रद्धा होने के कारण आप बीमार व्यक्ति को लेकर उसी डॉक्टर के पास जाते हैं। वे उसका इलाज करते हैं, दवा-दारू देते हैं, लेकिन बीमारी ठीक होने के बजाय बढ़ ही जाती है।

ऐसी स्थिति में अगर आपके घर में कोई चौथी बार बीमार पड़ जाए तो क्या आप उसी डॉक्टर के पास जाएँगे? नहीं। क्यों? डॉक्टर पर होनेवाली आपकी श्रद्धा को क्या हो गया? तब आप ऐसा सोचते हैं कि फिलहाल तो इस डॉक्टर के लक्षण कुछ ठीक नहीं लगते। गत छह महीने में मैं इस डॉक्टर के पास घर के जितने भी बीमार व्यक्तियों को लाया उनको कोई फायदा नहीं हुआ। उसके बाद आप दूसरे डॉक्टर के पास जाते हैं। अब बताइए आपकी पहले डॉक्टर की सामर्थ्य पर जो श्रद्धा थी, उसका क्या हो गया? थोड़ा ध्यान दीजिए, यहाँ एक महत्त्वपूर्ण घटना घटित हुई है। आपकी अपने डॉक्टर की सामर्थ्य पर जो श्रद्धा थी, उसकी आपने जाँच-पड़ताल की है और आप इस फैसले तक आए हैं कि इसके आगे इस डॉक्टर के पास अपने घर के बीमार व्यक्ति को लेकर जाना सही नहीं होगा। अगर बार-बार जाने के बावजूद डॉक्टर के इलाज से बीमारी ठीक नहीं होती, फिर भी आप सिर्फ अपनी जिद के कारण उसी डॉक्टर के पास बीमार व्यक्ति को लेकर जाने की बात पर डटे रहते हैं तो क्या आपकी उस डॉक्टर पर श्रद्धा है या अंधश्रद्धा? मुझे लगता है इसका जवाब आप में से हर एक को मालूम है।

ऐसी स्थिति में एक महत्त्वपूर्ण नतीजा सामने आता है। वह ऐसा कि उपलब्ध स्थिति अगर ज्ञान और अनुभव के आधार पर सवाल पूछने के बावजूद कायम रहती है तो उसे विश्वास या श्रद्धा कहते हैं। जो कायम नहीं रहती उसे अंधविश्वास कहते हैं। वास्तविकता यही है कि आपका बच्चा बीमार है। अनुभव यह है कि पहले जब आप उसे फैमिली डॉक्टर के पास लेकर जाते थे, तब वह ठीक हो जाता था और ज्ञान यह है कि पिछले कुछ समय से वह दूसरे डॉक्टर के पास ले जाने के बाद ठीक हो गया है। इससे मिलनेवाला नतीजा यह है क़ि अब डॉक्टर बदलना जरूरी है। तो वस्तुस्थिति का सामना करके हम जीवन का अनुभव लेते हैं। इससे कम-ज्यादा मात्रा में हमें ज्ञान मिलता है। इस ज्ञान और अनुभव की सहायता से हम वस्तुस्थिति को जाँचकर अपनी श्रद्धा के बारे में फैसला ले सकते हैं, इस प्रकार की एक विधि हमारे हाथ में होती है। यह बात अत्यंत सरल दिखाई पड़ती है, असल में बहुत ही कठिन है। इसलिए अंधविश्वास उन्मूलन आंदोलन की जरूरत है।

चिकित्सा करते समय आनेवाली कठिनाइयाँ

चिकित्सा करते समय आनेवाली कठिनाइयों के तीन कारण हैं—एक शब्द प्रमाण, दूसरा ग्रंथ प्रमाण और तीसरा, लोग स्वयं की श्रद्धा की चिकित्सा नहीं करते और किसी ने अगर उनकी श्रद्धा की जाँच की तो उन्हें दुख होता है। शब्द प्रमाण का अर्थ है, किसी व्यक्ति के शब्द को प्रमाण मानना, उसकी चिकित्सा न करना। उस व्यक्ति का शब्द अंतिम होता है। उसकी जाँच करने की कोई जरूरत नहीं होती। इस प्रकार की भूमिका कई बार की जाती है। इसलिए श्रद्धा की चिकित्सा करना कठिन होता है। अन्य क्षेत्रों को छोड़ दीजिए विज्ञान में भी ऐसा हो गया है। गैलीलियो ने जब दूरदर्शक यंत्र का आविष्कार किया तो अपने साथियों से उसे देखने की विनती की। तथा अब तक अज्ञात होनेवाले बृहस्पति के तीन उपग्रहों को भी देखने को कहा। लेकिन उस समय विश्वविद्यालयों में अरस्तू द्वारा बताई गई शिक्षा प्रणाली से शिक्षा दी जाती थी और उसकी मान्यता अंतिम मानी जाती थी। जब अरस्तू ने ऐसा कुछ बताया नहीं तो यह संभव नहीं है, यह उनके शिष्यों की श्रद्धा थी। क्योंकि अरस्तू महान पुरुष थे। उनका वर्णन (He is master of all who knows) ऐसा किया जाता था।

अरस्तू पर श्रद्धा होने के कारण गैलीलियो के सहयोगियों ने दूरदर्शन यंत्र द्वारा देखने से इनकार कर दिया। उन्होंने कहा कि "तुम्हें जो बृहस्पति के तीन उपग्रह दिखाई दे रहे हैं वे उपग्रह नहीं बल्कि तुम्हारे दूरदर्शक यंत्र के काँच पर होनेवाले तीन धब्बे हैं।" फिर गैलीलियो ने कहा, "काँच को साफ कर लेते हैं।" तब उसके सहयोगी कहने लगे, "काँच साफ करने पर भी अगर तुम्हें उपग्रह दिखाई देंगे तो जरूर तुम्हारी आँखों में कुछ गड़बड़ी होने के संकेत हैं।" इस पर गैलीलियो ने कहा, "फिर आप अपनी आँखों से देख लीजिए।" तब उन्होंने कहा कि "हमें देखने की जरूरत ही नहीं है। हमें हमारे ज्ञान पर और अपने गुरु के शब्द पर श्रद्धा है। अगर तुम्हारी आँखें खराब नहीं हैं तो शायद दिमाग खराब हुआ होगा।" आखिरकार गैलीलियो के साथियों ने दूरदर्शक यंत्र से देखा ही नहीं क्योंकि उन्होंने अरस्तू के शब्द को प्रमाण मान लिया था। यह है शब्द प्रमाण!

अब ग्रंथ प्रमाण का मतलब क्या? हाल ही में मैं एक बार जालना गया था। वहाँ पर चीनी मिल में काम करनेवाला एक अधिकारी मुझसे मिलने आ गया। कहने लगा कि "मैंने आपकी किताबें पढ़ी हैं। मैं आपके विचारों से प्रभावित हूँ। लेकिन मेरे अन्य सहयोगी मुझसे कहते हैं कि ज्ञानेश्वर ने अपनी गाथा में ऐसा लिखा है कि जो भी इसे पढ़ेगा उसे कई लाभ होंगे। साथ ही प्रेतबाधा भी नष्ट हो जाएगी। जब ज्ञानेश्वर ने प्रेतबाधा दूर होने की बात लिखी है तो, भूत योनि भी अस्तित्व में होगी और उसकी बाधा होती है यह बात भी अपने आप साबित हो जाती है। ज्ञानेश्वर

कहते हैं भूत होता है। आप कहते हो भूत नहीं होता। तो बताओ होशियार कौन? ज्ञानेश्वर या फिर आप?"

इसका उत्तर तो सरल है, "निःसंदेह ज्ञानेश्वर बहुत बड़े कवि और दार्शनिक थे। लेकिन सिर्फ इसी वजह से उन्होंने अपने ग्रंथों में जो कुछ भी लिखा है उसको हू-ब-हू प्रमाण मान लेने की जरूरत नहीं है। ऐसा करने से ज्ञानेश्वर का महत्त्व कम नहीं होता। असल में क्या होता है देख लीजिए। जब किसी गाँव में मेला लगता है तब कई लोगों की भीड़ इकट्ठा होती है। लोग इधर-उधर घूमते हैं। उसी समय किसी एक जगह पर सँपेरे का खेल होता है। भीड़ से घिरा सँपेरा अपना जादू का खेल दिखाने लगता है। उसी समय तीन-चार साल के बच्चे को लेकर मेले में घूमनेवाला एक पिता उस भीड़ के पास ठहरता है। कौतूहल के कारण अपनी एड़ियाँ उठा-उठाकर अंदर क्या चल रहा है, यह देखने की कोशिश करता है। फिर भी उसे कुछ दिखाई नहीं देता। इतने में वह छोटा बच्चा अपने पिताजी से खुद को कंधे पर उठाकर लेने की विनती करता है। पिता उसे कंधे पर उठा लेता है। बच्चे को घेरे के अंदर चल रही सब बातें दिखाई देती हैं। वहाँ पर उसे जो दिखता है, वह अपने पिताजी को बताता है। यहाँ एक सँपेरा है। वह बीन बजा रहा है। उसके सामने नाग है। वह झूम रहा है। उसके इर्द-गिर्द कई सारी चीजें हैं। यह सुनकर पिता बच्चे से ऐसा नहीं कहता कि बेटे तुम्हारी उम्र सिर्फ चार साल की और मेरी चौंतीस साल की है। इसलिए जो मैं समझ नहीं सकता, देख नहीं सकता, क्या वह बातें तुम्हारी समझ में आ रही हैं? इसका सही जवाब है कि जो पिता को दीख नहीं रहा है वह बच्चा देख रहा है क्योंकि वह अपने पिता के कंधे पर बैठा है। इसलिए उस संदर्भ में बच्चा बाप से श्रेष्ठ होता है। सात सौ साल के विज्ञान की सीढ़ी तैयार करके मैं और हम सब ज्ञानेश्वर के कंधे पर बैठ गए हैं। ज्ञानेश्वर के काल में भूत आदि कल्पनाओं का स्पष्ट न होना स्वाभाविक था। लेकिन अब हमें मालूम हो गया है कि धरती पर कहीं भी भूत नहीं है। वह हमारे मन में है। जाहिर है कि इसी भूत के बारे में हमें ज्ञानेश्वर की गाथाओं को प्रमाण मानने की जरूरत नहीं है।"

गैलीलियो ने दूरदर्शक यंत्र का आविष्कार किया और पृथ्वी सूर्य के चक्कर काटती है ऐसा कहना शुरू किया। इससे पहले जो मान्यता थी कि सूर्य पृथ्वी के चक्कर काटता है, उसे धक्का लगा। इससे पूरे यूरोप में कोलाहल मच गया। इसका कारण यह कि तब तक यूरोप के विश्वविद्यालयों में आसमान के दयालु पिता (ईश्वर) ने मनुष्य को दिन में उजाला और रात में चाँद की शीतल रोशनी मिले, इसलिए सूर्य और चंद्रमा के झूमर आसमान में लटकाए हैं ऐसा बाइबिल के आधार पर पढ़ाया जाता था। तब फिर से वही प्रश्न खड़ा हो गया। महान कौन है? बाइबिल या गैलीलियो? और आपको पता है कि गैलीलियो को ईसाई धर्मपीठ के सामने बुलाया गया। उसे बताया गया कि इस अपराध के लिए असल में देहदंड की सजा

है, लेकिन अगर तुम माफी माँग लेते हो तो हम तुम्हें आजन्म कारावास की सजा देकर देहदंड से छुटकारा दिला सकते हैं। गैलीलियो ने घुटने टेक दिए और मुझसे गलती हो गई है फिर ऐसी गलती नहीं होगी। दुबारा ऐसी बातें नहीं करूँगा। पृथ्वी सूर्य के चक्कर नहीं काटती। बाइबिल में जो लिखा है वही सच है, वही मुझे मंजूर, है। ऐसा कहकर माफी माँग ली।

अब श्रद्धा (विश्वास) और अंधविश्वास में भेद करने में जो तीसरी महत्त्वपूर्ण बाधा है वह है श्रद्धा (विश्वास) की चिकित्सा। लोग खुद की श्रद्धा की जाँच-पड़ताल नहीं करते और अगर किसी ने की तो उन्हें अच्छा नहीं लगता। उदाहरण के तौर पर हम ईसाई धर्मोपदेशकों को ले सकते हैं। भारत में कई ईसाई धर्मोपदेशक घूमते-फिरते हैं। यहाँ पर उनके भी कुछ जातीय बंधु होते हैं। वे ऐसा दावा करते हैं कि अगर आपने ईसा मसीह की उत्कटता से प्रार्थना की, तो अंधे देख सकते हैं, अपाहिज चल सकते हैं, गूँगे बोल सकते हैं। इसके लिए वे लोग बड़े-बड़े समारोहों का आयोजन करते हैं। उनमें बार-बार एक ही बात प्रस्तुत की जाती है, वह है—ईसा की प्रार्थना के समय किसी अंधे, अपाहिज या गूँगे दर्शक को बुलाकर उससे लोगों के सामने कुछ अद्भुत स्वरूप का चमत्कार हो रहा है—ऐसा विश्वास दिलाने का आभास निर्माण किया जाता है। असल में जो व्यक्ति अंधा है वह किसी भी ऐसे दैवी इलाज से देख नहीं सकता। जो गूँगा है वह बोल नहीं सकता। अगर यह सच है तो हम उसकी छानबीन करना चाहेंगे। ऐसा आवाहन हमारी अंधश्रद्धा निर्मूलन समिति की ओर से ईसाई धर्मोपदेशकों को दिया गया।

ऐसी ही एक प्रार्थना सिंधुदुर्ग जिले में तीन दिन आयोजित की गई थी। कुडाल में स्थित हमारी अंधश्रद्धा निर्मूलन समिति की शाखा की ओर से उन धर्मोपदेशकों को आवाहन किया गया कि 'हम आपको अंधों की पाठशाला के दस छात्र सौंपते हैं उन्हें दृष्टि दिला दीजिए या अपना धंधा छोड़ दीजिए।' इस बात पर पढ़े-लिखे ईसाई समाज की अत्यंत तीव्र प्रतिक्रिया का हमें सामना करना पड़ा। उन्होंने हमारा सिर्फ विरोध ही नहीं किया बल्कि वे कहने लगे, ईसा मसीह के अनुग्रह से अंधे देख सकते हैं, गूँगे बोल सकते हैं, अपाहिज चल सकते हैं—यह बात सच्ची है। किंतु उसके लिए आपकी ईसा पर अंत:करण से श्रद्धा होनी चाहिए। आप जो बच्चे हमें दे रहे हो उनमें ऐसी श्रद्धा होगी नहीं। इसलिए यह छानबीन पूरी होगी ही नहीं। हम अपनी श्रद्धा की पड़ताल नहीं कर सकते और आपको करने नहीं देंगे।

हम जानते हैं कि मुस्लिम धर्म में विवाह एक 'करार' होता है। हिंदू धर्म में वह एक संस्कार होता है। लेकिन विवाह कैसा भी हो जिस समय विवाहित व्यक्ति तलाक लेता है या पति, पत्नी को छोड़ देता है, उस समय पति को पत्नी की जीविका का इंतजाम करने का प्रावधान इस देश के संविधान में है। लेकिन एक मौलवी ने कहा कि हिंदू धर्म में विवाह एक 'संस्कार' है। पति कैसा भी क्यों न हो शराब पीकर

मारनेवाला यह पति सात जन्मों तक मिले ऐसा उन्हें लगता है। किंतु हमारे धर्म में विवाह एक 'करार' है। जैसा किसी मकान मालिक और किरायेदार के बीच होता है वैसा करार। यानी करार को खत्म करने की इजाजत दोनों को होती है। हमारे धर्म और विचारों के अनुसार हमारे विवाह का स्वरूप होने के कारण हमें अपनी जोरू को जीविका देने का बंधन नहीं होता।

असल में देखा जाए तो यह सरासर बकवास है। लेकिन मौलवी की इस बकवास के शिकार बन गए राजीव गांधी। उन्होंने नया कानून बनाकर मुस्लिम महिलाओं की जीविका का अधिकार छीन लिया। हमारे जैसे कई कार्यकर्ताओं ने इस बात का विरोध किया। पाँच करोड़ मुस्लिम महिलाओं को अधिकार की दृष्टि से रास्ते पर लाने की बात कही। मौलवी कहने लगे, "हमें कोई फर्क नहीं पड़ता, हमें उस बात पर सोचने की जरूरत नहीं लगती।" हमने कहा, "हम इस देश के नागरिक हैं, हम सोच लेंगे।" तब वे हमें चेतावनी देते हुए कहने लगे, 'खबरदार! आपकी दखलंदाजी नहीं चलेगी, क्योंकि यह हमारे धर्मग्रंथ के प्रति श्रद्धा का सवाल है।'

तीसरा उदाहरण हम हिंदू समाज का लेते हैं। आपको पता है कि महाराष्ट्र में साहित्य सम्मेलन को प्रबोधन का ज्ञान देने का एक बहुत बड़ा मंच माना जाता है। दो साल पहले कोल्हापुर में संपन्न अखिल भारतीय मराठी साहित्य सम्मेलन का उद्घाटन शेगाँव के गजानन महाराज की तस्वीर के सामने दीप जलाकर किया गया। शेगाँव के गजानन महाराज की जीवनी उपलब्ध है। वे चमत्कारी पुरुष थे ऐसा कहा जाता है। लेकिन उनके हमारे बीच न होने के कारण उनकी जाँच-पड़ताल नहीं हो पाई। फिर भी उनकी जीवनी से हमें यह पता चलता है कि अगर किसी ने उन्हें अच्छे से अच्छे वस्त्र पहनाए तो भी वे नंगे ही रहते थे, उसी अवस्था में घूमते-फिरते थे। अगर उन्हें स्वादिष्ट भोजन दिया जाता तो उसे ठुकराकर कूड़े में पड़ा खाना खाते थे। वे कई दिनों तक नहाते नहीं थे। हमेशा चिलम पीते थे और कोई कुछ भी पूछे तो 'गण गण गणात बोते' ऐसे एक ही वाक्य का उच्चारण करते थे। अब जो व्यक्ति स्वच्छता के साधारण नियमों का पालन नहीं कर सकता, भजन, कीर्तन तो दूर जो बोल नहीं पाता ऐसा व्यक्ति किसी प्रबोधन के मंच की प्रेरणा कैसे बन सकता है? किंतु ऐसा सवाल पूछने पर महाराष्ट्र के भले-बड़े लोगों तक को बुरा लगा। वे ऐसा कहने लगे कि "शेगाँव के गजानन महाराज हमारे लिए श्रद्धेय हैं। उनके बारे में कोई सवाल पूछा जाए तो हम सह नहीं सकते और हम कभी भी उनकी चिकित्सा नहीं कर सकते।" इसी कारण श्रद्धा कौन सी और अंधविश्वास कौन सा? इसकी चिकित्सा करना कठिन हो जाता है।

चिकित्सा का आग्रह क्यों

आप कहेंगे कि आप ऐसा आग्रह क्यों करते हैं कि सभी बातों की चिकित्सा करनी ही चाहिए। अंधश्रद्धा निर्मूलन समिति का यह आग्रह ही होता है और यह जरूरी भी है क्योंकि इसी में मनुष्य की उन्नति के लक्षण छिपे हैं। वह कैसे? देखो, एक समय ऐसा था कि मनुष्य जंगल में रहता था। वह नहीं जानता था कि बिजली कैसे चमकती है, आसमान में बादलों की गड़गड़ाहट कैसे होती है, धुआँधार बारिश क्यों होती है, जंगल क्यों नष्ट होते हैं, ज्वालामुखी कैसे फटता है, तूफान कैसे आता है और किस कारण से भूचाल आता है। इन सब बातों के चलते मनुष्यों ने उन्हें अद्‌भुत समझकर दैवी शक्ति माना। उनमें अपनी श्रद्धा जताई। पृथ्वी, आग, तेज, वायु, आकाश को पंच महादेवता माना। उनकी आराधना शुरू की। आज स्थिति क्या है, जब आप अपने रसोईघर में माचिस से गैस या स्टोव जलाते हो? उसके पहले माचिस को नमस्कार करके क्या ऐसा कहते हो कि हे अग्नि देवता, तुम मेरी रसोई पूर्ति को सामर्थ्य दो। यानी कल जो महादेवता था, वह आज विज्ञान की साधारण सी चीज बन गया।

मानवी संस्कृति का पूरा इतिहास श्रद्धा की चिकित्सा का इतिहास है। अगर श्रद्धा की जाँच-पड़ताल नहीं की जाती तो आज की संस्कृति विकसित नहीं हो पाती। इसलिए मानवी इतिहास में जब-जब नए आविष्कार हुए तब-तब पुराने अंधविश्वासों को ठेस पहुँची हैं। जो चिंतन मनुष्य के इतिहास में उपकारक बन गए, उन्हें हम कॉपर्निकस की क्रांति कहते हैं। जिससे मनुष्य को पता चला कि जिस पृथ्वी को हम संसार का केंद्र मानते हैं वह बात गलत है। संसार में ऐसे हजारों सौरमंडल (आकाशगंगा) हैं। एक सौरमंडल में आम तौर पर सूर्य जैसे दो सौ अब्ज तारों का पुंज होता है। ऐसे एक सौरमंडल में सूर्य, तारों के समान पृथ्वी नाम का एक ग्रह है। इस जानकारी के कारण विश्व की ओर देखने की मनुष्य की दृष्टि पूरी तरह से बदल गई। पृथ्वी पर स्थित अद्‌भुत दैवी सामर्थ्य से (जिसकी हर एक धर्म में अलग-अलग कल्पनाएँ हैं) मनुष्य की निर्मिति नहीं हुई तो मनुष्य की निर्मिति सजीव जीवन सृष्टि की विकास अवस्था का एक अभिन्न अंग है। इसमें मनुष्य को एक नया आयाम प्राप्त हुआ। इसका मतलब मनुष्य ने खुद की श्रद्धा जाँच ली और उसके चलते उसमें परिवर्तन हुआ जिससे वह इस संसार का मालिक बन गया।

ये श्रद्धा सिर्फ विज्ञान की ही नहीं थी बल्कि सामाजिक धारणा की भी थी। एक समय राजा को ईश्वर का अवतार माना जाता था। 'राजा की मार और बारिश के आघात से बचकर कहाँ जाए?' इसका मतलब यह है कि ये दोनों बातें अपने बस की नहीं थीं। ये तो सिर्फ दैवी सामर्थ्य से घटित होती हैं। आज स्थिति ऐसी है कि 'राजा सबसे श्रेष्ठ देवता का अंश है' यह कल्पना सामाजिक जीवन से नष्ट हो गई

है। राजा भी एक सामान्य नागरिक है। अन्य नागरिकों की तरह वह भी कानून के आगे समान है। यह भूमिका 'राजा ईश्वर का अवतार है' इस श्रद्धा को जाँचने के कारण पैदा हुई है। इससे मनुष्य और समाज व्यवस्था की प्रगति हो गई। सामाजिक व्यवस्था में जनतंत्र निश्चित रूप से राजशाही के आगे की स्थिति है। इस बारे में किसी के मन में आशंका नहीं। इसलिए श्रद्धा की चिकित्सा करना जरूरी है। श्रद्धा को जाँचने में विरोध करनेवाली, शब्द प्रमाणवादी, ग्रंथ प्रमाणवादी, चिकित्सा की विरोधी, स्थितिशीलता को पकड़कर मजबूत करनेवाली मानसिकता समाज में होती है। इसी वजह से श्रद्धा-अंधविश्वास ये विषय समझकर लेने में कठिनाइयाँ होती हैं।

कुछ अंधविश्वासों के दूर होने के कारण

हम देखते हैं कि कुछ अंधविश्वास धीरे-धीरे कमजोर होकर नष्ट हो जाते हैं। इसके कुछ कारण हैं। कुछ अंधविश्वास विशिष्ट परिस्थिति के कारण खत्म होते हैं। जैसे, जो अंधविश्वास स्पष्ट रूप से अज्ञान पर आधारित होते हैं वे ज्ञान के संपर्क में आने से खत्म होते हैं। एक समय ऐसा था कि आदमी को बुखार क्यों आता है इसकी तक जानकारी नहीं थी। किसी व्यक्ति को बुखार आता और बुखार के साथ-साथ चेहरे पर फफोले आते थे। कुछ दिनों के बाद बुखार और फफोले भी चले जाते थे। फफोले पर होनेवाली झिल्ली भी गिर जाती थी। किंतु उससे बने निशान कायम रहते थे और चेहरा ठोंकी हुए पतीली जैसा दिखता। इसी वजह से यह देवी का प्रकोप है ऐसा मानकर इसे चेचक (देवी का रोग) की बीमारी कहा गया। फिर एक समय ऐसा आया कि इस बीमारी के इलाज की सुविधा उपलब्ध हो गई। टीके की खोज की गई। कुछ दिनों बाद ध्यान में आया कि चेचक की बीमारी फैलानेवाला जीवाणु सिर्फ मनुष्य से मनुष्य में ही संक्रमित हो सकता है। अगर संसार में चेचक का एक भी रोगी नहीं रहेगा तो इस बीमारी को संसार से नष्ट करना संभव है। आज बिलकुल वैसा ही हो गया है। 'चेचक पीड़ित की जानकारी दीजिए और एक हजार नहीं एक लाख रुपये का बख्शीश पाइए।' ऐसा कहेंगे तो भी इसका रोगी व्यक्ति नहीं मिलेगा। साथ ही चेचक के टीकाकरण करने की जरूरत ही नहीं रही है। अर्थात् ज्ञान से अज्ञान दूर हो गया और उसके साथ होनेवाले अंधविश्वास खत्म हो गए।

दूसरे प्रकार के अंधविश्वास पाशवी होते हैं। हमारे समाज में ऐसे कई अंधविश्वास हैं, जो मानवी न होकर पाशवी हैं। उनके बारे में समाज में घृणा होती है, नाराजगी होती है, संताप होता है। आप देवदासी प्रथा के बारे में जानते ही हैं। इस प्रथा में बालों में गुत्थी हो जाने पर या माँ-बाप की मनौती के कारण हट्टी-कट्टी जवान लड़की का ब्याह देवी या देवता से किया जाता है। असल में देवता से ब्याह रचाना अप्राकृतिक संकल्पना माना जाता है। इसका परिणाम यह होता है कि एक तो वह

लड़की मुंबई के वेश्या बाजार में बेची जाती है या गाँव के गुंडों की जायदाद बन जाती है। उसके देखे सुख के, घर-गृहस्थी के सपने चूर हो जाते हैं। यह सब आज भी प्रचलित है लेकिन इधर आंदोलन के चलते जनमानस में आक्रोश जाग्रत हुआ है। इन अंधविश्वासों को दूर करने के लिए जनमानस का समर्थन प्राप्त करना आवश्यक होता है। इसी तरह के अंधविश्वासों में पाशवी अंधविश्वास भी मिलता है। कई स्थानों पर मन्नतें पूरी करने के लिए पाशवी पद्धति का अनुसरण किया जाता है। कुछ लोग अपना भाल ब्लेड से काट लेते हैं तो कुछ लोग दौड़ते हुए किसी मंदिर की दीवार पर अपना सिर जोर से पटकते हैं। इससे स्वाभाविक पीड़ा और जान को धोखा होने की संभावना होती है। किसी भी धर्म के संत, महात्मा, साधु या देवता ने इस प्रकार से उपासना की बात नहीं कही है। ये सब क्रूर बातें धर्म के आचरण का हिस्सा नहीं हैं। आमतौर पर ये बातें लोगों को समझाना सीधा-सरल होता है, ऐसा अनुभव है।

इसके साथ ही और कुछ अंधविश्वास दुर्लक्षित रह जाते हैं। गतिमान समाज में उनका प्रचलन संभव नहीं होता। जैसे छुआछूत का भेद समाज में पहले भी था और आज भी है। इस प्रथा में किसी विशिष्ट जाति के व्यक्तियों को छूना मना था। उनके साथ खान-पान, रोटी-बेटी व्यवहार आदि की अनुमति नहीं थी। आज की परिस्थिति क्या है? आज समाज से छुआछूत और खान-पान से संबंधित नियम लगभग नष्ट होते दीख रहे हैं। इसके लिए समाज सुधारकों का कार्य सहयोगी साबित हुआ है। साथ ही गतिशील सामाजिक व्यवस्था ने भी इसमें सहयोग दिया है। आजकल आप किसी बस या रेलगाड़ी की भीड़ में घुस जाते हैं और आपको किसका स्पर्श हुआ और वह किस जाति का है यह समझने की जरा-सी भी गुंजाइश नहीं रहती। इसलिए छुआछूत का आचरण करना यह बात मायने नहीं रखती। अर्थहीन हो जाती है। जब आप किसी होटल में चाय पीने जाते हैं तो आपको पता नहीं होता कि आपको जिस प्याली में चाय दी गई है, उसमें आपसे पहले किसने चाय पी है। तो यहाँ खान-पान के संबंध में नियमों का पालन करना, यह बात भी असंभव है। लेकिन लोगों ने दिलोदिमाग से जाति की जहरीली प्रथा को त्याग दिया है ऐसा कहा नहीं जा सकता। जब स्वयं के बच्चों के विवाह की बात आती है तो इस प्रथा का पालन जरूर किया जाता है क्योंकि वहाँ पर इसका पालन करना संभव होता है। आज की स्त्री भी रजोधर्म के दौरान खुद को अपवित्र मानती है। लेकिन पहले जमाने में जैसे रजोधर्म के काल में महिलाएँ घर के किसी कोने में बैठती थीं, वैसे आज किसी भी काम के स्थान पर इस काल में स्त्री को पाँच दिनों की छुट्टी नहीं दी जाती। इस कारण रजोधर्म काल में महिला अछूत होती है, यह संकल्पना दूर होने में सहायता मिलती है।

समाज सुधारक जिन अंधविश्वासों को दूर करने का प्रयास करते हैं, उससे

उनके दूर होने में मदद मिलती है। इसकी वजह यह है कि हमें अंधविश्वासों की अच्छी विरासत मिली होती है। इस सदी के शुरुआती दौर में पुणे में कई महिलाओं ने लाल रंग के वस्त्र (अलवान) पहने और सिर का मुंडन कराए हुए दिखती थीं। वे अभागी विधवाएँ थीं। विधवा स्त्री का बालों को कटवाना यह उस समय धर्म संस्कार का, धर्म श्रद्धा का एक अंग था। हाल ही में महाराष्ट्र के एक जिले में ऐसी ही एक घटना घटित हो गई। एक महिला ने अपने पति की मृत्यु के बाद सिर मुँड़वाने की इच्छा प्रकट की। वैसे बालों को कटवाना यह हर व्यक्ति की स्वतंत्रता है। कोई भी आदमी अपना सिर क्यों मुँड़वाता है? कई बार तिरुपति जाने पर ईश्वर को बालों का दान दिया ऐसा मानकर, कभी फिल्मी अभिनेता का अनुकरण करने के कारण और कभी-कभार घर में कुछ अप्रिय घटना घटित होती है तब धार्मिक कृत्य के कारण। अब बाल तो उसके ही होते हैं। उनका क्या किया जाए इसका निर्णय लेने का उसे पूरा अधिकार है। इसी विचार के अनुसार वह पढ़ी-लिखी औरत जब विधवा हो गई तब कहने लगी कि "मैं अपने पति के मृत्यु के बाद अपने सुंदर बालों को सँभालना नहीं चाहती। मैं अपने बाल कटवाना चाहती हूँ।"

अब बालों को रखना या कटवाना उस स्त्री का अधिकार है। फिर भी कई लोगों ने उसे बाल न कटवाने के लिए समझाने का प्रयास किया। असल में पति की मृत्यु के बाद स्त्री के जीवन का कुछ महत्त्व नहीं रहता, उसके सौंदर्य का कुछ अर्थ नहीं होता, वह कुरूप दिखनी चाहिए आदि संकल्पनाएँ हमारे धर्म में थीं। ये सब संकल्पनाएँ सिर्फ अंधविश्वास ही नहीं बल्कि, स्त्री पर लादी गई दासता थीं। पति की मृत्यु के बाद सिर मुँड़वाना महिलाओं ने बंद कर दिया। अर्थात् इस अंधविश्वास की दासता से मुक्ति पाने के लिए एक पैर आगे बढ़ाया। लेकिन व्यक्तिगन स्वतंत्रता के नाम पर अगर यह फिर से शुरू हो तो महाराष्ट्र के सामाजिक सुधार का प्रश्न फिर से पचास साल पीछे ले जाने जैसा होगा। इसलिए तुम अपना सिर मत मुँड़वाओ ऐसी विनती उस महिला से की गई और उसने वह बात मान भी ली। अतः अज्ञान पर आधारित होनेवाले अंधविश्वास, पाशवी अंधविश्वास, गतिशील सामाजिक व्यवस्था से बेमेल होनेवाले अंधविश्वास समाज सुधारकों के प्रयास करने से खत्म हो रहे हैं। उनके दूर होने में अनुकूलता निर्मित हो रही है। फिर भी अंधविश्वास का एक व्यापक क्षेत्र आज भी समाज में शेष होने के कारण हमें देखना है तथा श्रद्धा के स्वरूप को और गहराई से जानना है।

अंधविश्वास—आधार लेना, शिकार होना

अब विश्वास-अंधविश्वास के बारे में एक और महत्त्वपूर्ण मुद्दे पर हम चर्चा करेंगे। वह है, अंधविश्वास का उन्मूलन क्या पूरी तरह से और क्या सब लोगों के लिए

संभव है? इस संदर्भ में विचार करते समय एक बात ध्यान में लेनी चाहिए कि लोग अंधश्रद्धालु बनते क्यों हैं, इस पर हमारी संस्था द्वारा आयोजित एक समारोह में मशहूर साहित्यकार विजय तेंडुलकर ने कहा था कि "आपको ऐसा नहीं लगता कि लोग अंधश्रद्धालु होते हैं क्योंकि वह उनकी जरूरत होती है।" इसका मतलब हमें अच्छी तरह से समझ लेना चाहिए। लोगों को जब कोई अनपेक्षित चोट लगती है तब उससे खुद का व्यक्तित्व टूट न जाए इसलिए लोग अंधविश्वास का सहारा लेते हैं। यह आघात कभी-कभी तय होनेवाला विवाह टूटने का होता है, बेटे की नौकरी छूट जाने का होता है, किसी घर के कर्ता पुरुष को कोई सदमा पहुँचने का होता है या इसके जैसा और कोई हो सकता है। इसका हम एक उदाहरण देखेंगे ताकि यह मुद्दा और स्पष्ट हो जाए। इसके लिए हम मनुष्य का व्यक्तित्व और बजाज की स्कूटर का उदाहरण देखेंगे।

मनुष्य का व्यक्तित्व अच्छा होता है और स्कूटर भी अच्छी होती है। किसी मनुष्य का व्यक्तित्व अच्छा होना मतलब उसे अपनी माँ-बाप से मिली आनुवंशिकता और उसे मिला वातावरण अच्छा होता है। बजाज की स्कूटर अच्छी होती है यानी उसके पार्ट और उनकी बनावट अच्छी होती है। लेकिन बजाज की स्कूटर अच्छी होने पर भी उसमें शॉक एब्जॉर्बर बिठाया जाता है। क्योंकि स्कूटर अच्छी होने के बावजूद रास्ता अच्छा नहीं होता। उस पर गड्ढे होते हैं। उनकी वजह से धक्के मिल सकते हैं। स्कूटर को और उसे चला रहे व्यक्ति को भी धक्के कम लगें इसके लिए गाड़ी में शॉक एब्जॉर्बर बिठाए जाते हैं। इसके अलावा जिंदगी के जिस रास्ते पर हम चल रहे हैं, उस पर भी हमारे अपेक्षाभंग के कई गड्ढे होते हैं। अपने व्यक्तित्व की गाड़ी उस रास्ते से चलाते समय अपेक्षाभंग के गड्ढों में गिरकर न टूट जाए, उसमें धक्के सहने की क्षमता आ जाए इसलिए हम अपने व्यक्तित्व में अंधविश्वास का शॉक एब्जॉर्बर लगाते हैं।

यह बात उचित नहीं लेकिन क्षम्य है। और जरूरत है इसे लोगों को समझ लेने की। इसलिए हम मानते हैं कि अंधविश्वास उन्मूलन आंदोलन में क्रोध से ज्यादा करुणा और उपहास से ज्यादा अपनेपन की जरूरत है। इसकी वजह यह है कि मनुष्य का व्यक्तित्व कई एंगल्स से बना होता है और तनाव को सहने की उसकी क्षमता अनेक संदर्भों में अलग-अलग होती है। लोग मजाक के तौर पर हमें ऐसा कहते हैं, "अंधविश्वास उन्मूलन की गप्पें लड़ाते हो, कब तक लड़ाओगे? जब तक आपको कोई आघात नहीं होगा तब तक? आपको जब झटका लगेगा तब तुरंत समझ में आएगा।"

एक दृष्टि से देखा जाए तो लोगों का यह कहना सही है। ऐसी कोई गाड़ी है जो किसी आघात से गिर जाए और टूट न पाए? तो ऐसा कोई मानवी व्यक्तित्व होगा क्या जो आघात से टूट न पाए। अब यह बात तो कसौटी के दौरान ही पता

चलेगी। असल में हमारा मुद्दा क्या है? घर का कोई सदस्य किसी गंभीर बीमारी से जूझ रहा है। डॉक्टर का इलाज शुरू है लेकिन परिस्थिति जटिल है। डॉक्टर का इलाज और मरीज की तबीयत को लेकर संदेह है। ऐसी स्थिति में हम डॉक्टर के अत्याधुनिक इलाजों के साथ-साथ मरीज को किसी देवी या देवता का भभूत लगाते हैं। किसी बाबा द्वारा दिया हुआ जल पिलाते हैं और किसी ओझा द्वारा दिया हुआ तावीज बाँधते हैं। यह बात उचित नहीं, आप इसे समझ सकते हैं, लेकिन मान लो आप यह जो भभूत मरीज को लगाते हो, उसे अगर रास्ता पार करने का डर लगने से और अपने बॉस के कमरे में जाने के डर से आपकी हर वक्त अपने भाल पर लगाने की इच्छा हो तो आप अंधविश्वास के शिकार बन गए हैं, ऐसा स्पष्ट होता है। अर्थात् अंधविश्वास का सहारा लेना और उसका शिकार बनना इसमें फर्क होता है। अंधविश्वास का शिकार बनना या उसके वश में होना यह मनुष्य की मनुष्यता को खत्म करनेवाली बात है। अंधविश्वास का सहारा लेना यह बात मनुष्य को समझ लेने की हो सकती है। वह आधार आपका व्यक्तित्व जितना मजबूत होता जाएगा उतनी मात्रा में कम होता जाएगा।

श्रद्धा का विचार : एक पेच

इसके बाद हम एक महत्त्वपूर्ण प्रश्न पर सोचते हैं। जिसे मैं अपनी श्रद्धा कहता हूँ उसका मेरी दृष्टि से अर्थ क्या है? और वही श्रद्धा अगर अंधविश्वास होगी तो आपकी दृष्टि में उसका अर्थ क्या है? हमारे देश में व्यक्तिगत स्वतंत्रता होने के कारण आपको अपनी श्रद्धा के अनुसार आचरण करने का अधिकार है। किंतु कई बार समाज में परस्पर विरोधी होनेवाली श्रद्धाएँ पूरे प्रभाव से अस्तित्व में होती हैं। हम एक उदाहरण देखते हैं। आजकल हमारे देश में दो श्रद्धाओं की टकराहट शुरू है। कुछ लोगों को ऐसा लगता है कि 'यह राष्ट्र हिंदू राष्ट्र ही बनना चाहिए' और कुछ लोगों को ऐसा लगता है कि 'कुछ भी हो जाए पर यह राष्ट्र धर्माधारित राष्ट्र के बजाय धर्मनिरपेक्ष बनना चाहिए।' अंधश्रद्धा निर्मूलन समिति को भी यह राष्ट्र धर्म निरपेक्ष बनना चाहिए ऐसा ही लगता है। अब यह बात दोनों विचार माननेवालों की श्रद्धा है। ऐसे समय में किसे श्रद्धा और किसे अंधविश्वास कहें? यहाँ एक महत्त्वपूर्ण बात पर गौर करना चाहिए कि श्रद्धा का जो रसायन होता है, उसमें हमारी भावना का गहरा रंग भी मिला होता है। मनुष्य केवल बुद्धि पर निर्भर होनेवाला प्राणी नहीं होता बल्कि वह अपने निर्णय बुद्धि और भावना की सहायता से लेता है। इसलिए मनुष्य के अपने फैसलों में भावनाओं के रंग मिलाने के कारण श्रद्धा, अंधविश्वास के प्रश्न खड़े होते हैं। एक ओर आप विश्वास शब्द लिख दीजिए, दूसरी ओर अंधश्रद्धा और बीच में श्रद्धा शब्द लिख दीजिए।

विश्वास का मतलब है विचार को प्रधानता देना, भावना को नहीं। अगर किसी ने दो गुना दो चार नहीं होते ऐसा कहा, तो आप उसे पागल करार देकर उसकी ओर अनदेखी करते हैं। इससे आपकी श्रद्धा को कोई धक्का नहीं पहुँचता। इससे विपरीत स्थिति पुत्र प्राप्ति के लिए नरबलि चढ़ानेवाले लोगों की होती है। वहाँ विचार का कोई स्थान नहीं होता सिर्फ भावनाओं का निवेश होता है। फिर श्रद्धा किसे कहते हैं? श्रद्धा का मतलब होता है—भावना का विचारों में विकसित हुआ सचाई पर आधारित कृतिशील मूल्यात्मक रूप। मैंने पहले ही बताया कि मनुष्य के पास केवल बुद्धि होकर नहीं चलता या सिर्फ बुद्धि ही नहीं होती, बल्कि भावनाएँ भी होती हैं। इसका मतलब यह है कि गाड़ी में केवल इंजन होकर नहीं चलता, इंजन यानी बुद्धि; ईंधन भी आवश्यक है, ईंधन यानी भावना। कई बार मनुष्य अपने फैसले भावना के सहारे लेता है। देश के स्वतंत्रता आंदोलन का इतिहास देखें तो आपकी समझ में आएगा कि भावना से प्रेरित होकर कई लोगों ने खुद को स्वतंत्रता आंदोलन में झोंक दिया। ऐसी भावना से प्रेरित होना मनुष्य की प्रवृत्ति है। पर उसकी अगली कड़ी विचार को नजरअंदाज कर नहीं चलेगा। अगर ऐसा हो जाए तो वह अंधविश्वास होगा! लेकिन अगर भावना के सहारे लिया निर्णय विचार की सहायता से जाँच-परख लिया जाए तो उसमें विचार प्रक्रिया विकसित होने की बात साबित होती है और उसी के साथ और दो महत्त्वपूर्ण निकष सामने आते हैं। पहला निकष होता है, श्रद्धा हमेशा कृतिशील ही होती है और दूसरा श्रद्धा हमेशा मनुष्य का मूल्य उन्नत करनेवाली होती है। यानी एकाध बात पर आपकी श्रद्धा है या नहीं इसकी जाँच करने के लिए हम अगले चार निकषों पर परख सकते हैं।

श्रद्धा के चार निकष

श्रद्धा की जाँच करने के लिए चार निकष लगाए जा सकते हैं। उसमें पहला निकष सत्य की जाँच-पड़ताल करने का है। जिस श्रद्धा को सत्य का आधार लेकर पूछे गए सवाल नहीं चलते वह भी अंधविश्वास ही है। यानी क्या? बाबासाहब आंबेडकर ने एक जगह पर बहुत खूब कहा है, "अगर आपको एकाध धातु का चमकीला पीला टुकड़ा मिल जाए तो आप सोना मिल गया ऐसा समझकर खुशी से झूमने लगते हैं? बल्कि आप ऐसा कहते हैं कि उसे आग में फेंककर उसे जाँच लेते हैं ताकि वह सोना होगा तो चमकेगा और पीतल होगा तो पिघल जाएगा।" जिस प्रकार आप एकाध निर्णय पीतल की धातु के बारे में लेते हैं, वैसे ही जिन मूल्यों की सहायता से आप अपना पूरा जीवन गठित करना चाहते हैं उनके बारे में क्यों नहीं लेते? इन मूल्यों के बारे में भी आपको इसी प्रकार का निर्णय लेना चाहिए। इसका मतलब यह है कि सत्य की सहायता से आपको अपनी श्रद्धा की अग्निपरीक्षा लेनी चाहिए।

दूसरा निकष यानी अपनी श्रद्धा से अलग श्रद्धा रखनेवाले लोग समाज में हो सकते हैं। इसलिए जब तक लोग हर एक प्रकार की उचितता के दायरे में रहकर अलग-अलग श्रद्धाओं का प्रचार-प्रसार करते हैं तब तक उन्हें उन श्रद्धाओं का प्रसार करने की, संगठन की और उसके बलबूते पर लोगों को आकर्षित करने की अनुमति देना, यह दूसरों की श्रद्धा का सम्मान करने से संबंधित है। साथ ही सहिष्णुता और अहिंसा के मूलभूत नियमों से भी संबंधित है। यानी सिर्फ मेरी अपनी श्रद्धा ही सच्ची है और मुझसे अलग श्रद्धा रखनेवालों की यहाँ बिलकुल जगह ही नहीं ऐसा कहना सबसे बड़ा अंधविश्वास है। इसलिए श्रद्धा की पहली कसौटी है सत्य तो दूसरी कसौटी अहिंसा की है।

श्रद्धा की तीसरी कसौटी कौन सी है? श्रद्धा कृतिशील होती है, यह उसे जाँचने की तीसरी कसौटी है। कृतिशील होने का मतलब हम देखेंगे। डर और लालच ये दो बातें मनुष्य को कमजोर बनाती हैं। इनके कारण मनुष्य अपने फैसले में बहुत बड़े पैमाने पर बदलाव करता है। जैसे आपकी अपने धर्म पर श्रद्धा होने के बावजूद अगर कोई आपसे कहे कि 'बीस लाख रुपये कैश देता हूँ, धर्म बदलेगा क्या?' इस पर शायद आप अगल-बगल में झाँककर कोई नहीं है देखकर उससे पूछेंगे कि 'बीस लाख पक्का देंगे? धर्म के बारे में बाद में सोचेंगे, वह तुम्हारी इच्छा के अनुसार करेंगे।' या कल अगर कोई आपके बीवी-बच्चों की गर्दन पर तलवार रखकर आपको धर्म बदलने को कह देगा, 'धर्म परिवर्तन करेगा तो ठीक वरना सिर कलम करता हूँ।' तो भी आप 'सिर सलामत तो पगड़ी पचास' ऐसा सोचकर स्वाभाविक तौर पर कहेंगे कि जान बची तो लाखों पाए। जैसा तुम कहोगे वैसा हम करेंगे और बाद में मन-ही-मन में सोचेंगे कि जैसा संभव होगा वैसा देखा जाएगा या धर्म परिवर्तन करेंगे। इसे आप चतुराई कह सकते हैं लेकिन श्रद्धावान विचार नहीं कह सकते।

चौथा निकष है श्रद्धा मनुष्य के मूल्यात्मक विवेक को उन्नत करती है। अंधविश्वास उसे अवनत करता है। जिस समय मैं किसी बात को श्रद्धा से स्वीकार करता हूँ तब मुझे उसके साथ आनेवाले मूल्यात्मक आशय को भी स्वीकारना पड़ता है। अगर मैं ऐसा कहूँगा कि मेरी प्रभु रामचंद्र पर श्रद्धा है तो प्रभु रामचंद्र से आनेवाला मूल्यात्मक आशय—वे सचाई की राह पर चलनेवाले थे, एक पत्नीत्व को अपनानेवाले थे; इसको मुझे स्वीकार करना चाहिए। लेकिन जो लोग प्रभु रामचंद्र के बारे में बातें करते हैं, वे विचारों का आचरण करते हैं या नहीं यह देखना आवश्यक है। इनमें से सत्यवचन को लेकर हम देश में न बोलें तो अच्छा है। यानी अशोक स्तंभ पर लिखा 'सत्यमेव जयते' यह हमारा राष्ट्रीय प्रतीक है और 'असत्यमेव जयते' यह हमारा प्रतिदिन का अनुभव और 'असत्यमेव जयते' में आपको प्रभु रामचंद्र की कहीं बाधा नहीं आती।

इससे भी आसान उदाहरण हम देख सकते हैं। प्रभु रामचंद्र अपने काल में एक पत्नीत्व का पालन करनेवाले आदर्श थे। आज एक ही पत्नी का कानून है। लेकिन जब रामजन्मभूमि को लेकर संघर्ष खड़ा हो गया, तब महाराष्ट्र में एक भयानक सचाई सामने आ गई कि महाराष्ट्र में छह लाख से ज्यादा परित्यक्ताएँ हैं, जिन्हें बिना वजह पति ने छोड़ दिया है और उनकी घर-गृहस्थी उजड़ चुकी है। इन छह लाख परित्यक्ताओं का समाज में होना यह बात प्रभु रामचंद्र के मूल्यों से, श्रद्धा के आदर्शों से सुसंगत है या विसंगत? अगर यह विसंगत है तो जो लोग रामचंद्र की श्रद्धा की बात करते हैं उन्हें इस बात का जोर से विरोध करना चाहिए। लेकिन ऐसा नहीं होता। वे लोग चुप्पी साधकर, हाथ पर हाथ धरकर बैठते हैं। उस वक्त राम सिर्फ चुनावी वोट का मुद्‌दा बनता है; मूल्यों का नहीं। इसलिए हम जिसे 'श्रद्धा' कहते हैं उसके लिए कुछ लोग 'निष्ठा' शब्द का प्रयोग करते हैं तो कुछ लोग 'सजगता' शब्द का प्रयोग करते हैं। लेकिन कौन से शब्द का प्रयोग किया जाता है यह बात महत्त्वपूर्ण नहीं है। महत्त्वपूर्ण बात तो यह है कि क्या आप खुद की श्रद्धा की चिकित्सा करते हैं या नहीं? आप अपनी श्रद्धा के साथ दूसरों की श्रद्धा के बारे में सहिष्णु और अहिंसक बर्ताव करते हैं या नहीं? आपकी श्रद्धा आपको कृतिशील बनाती है या नहीं? और आपकी श्रद्धा आपको इनसान मानकर आपके अंदर होनेवाली इनसानियत को उन्नत करती है या अवनत करती है? इन बातों पर गौर कर आप जिसे अपनी श्रद्धा कहते हैं उसकी चिकित्सा कर सकते हैं। इसी प्रकार चिकित्सा की जिद मनुष्य को आगे बढ़ने में, विकसित होने में सहायता देती है। इसी वजह से हम श्रद्धा और अंधविश्वास इस विषय को अंधविश्वास उन्मूलन आंदोलन में चर्चा का विषय बनाते हैं।

वैज्ञानिक दृष्टिकोण

अंधविश्वास उन्मूलन का स्वतंत्र कार्य क्यों?

लोग हमेशा यह पूछते हैं कि "अंधविश्वास उन्मूलन का कार्य स्वतंत्र रूप से करने की जरूरत ही क्या है?" उन्हें ऐसा लगता है कि जैसे-जैसे शिक्षा, विज्ञान और आधुनिकता का प्रचार-प्रसार होगा वैसे-वैसे अंधविश्वास अपने आप कम हो जाएगा। उसके लिए अलग से प्रयास करने की जरूरत नहीं। इसे एक उदाहरण के आधार पर हम बता सकते हैं। अगर किसी कमरे में अंधकार होगा तो हम अंधकार को ऐसे तो दूर नहीं कर सकते। उस कमरे में मोमबत्ती जलाओ तो उजाला हो जाएगा। अगर वहाँ पेट्रोमैक्स जलाया जाए तो उससे अधिक उजाला हो जाएगा और वहाँ ट्यूब जलाएँ तो और उजाला होगा। और जब भोर हो जाए, सूरज माथे पर चढ़ जाएगा तो चारों ओर से कमरे में उजाला आ जाएगा और कमरे का पूरा अंधकार नष्ट हो जाएगा। जैसे उजाले के आने से अंधेरा नष्ट हो जाता है, वैसे ही अंधविश्वास भी अज्ञान का ही अंधकार है, इसलिए विज्ञान और शिक्षा के उजाले से वह नष्ट हो जाएगा, अपने आप कम हो जाएगा ऐसी आशा थी। यह अपेक्षा पूरी होती तो वाकई हमें अत्यधिक खुशी होती क्योंकि तब इसके लिए हमें इतना बड़ा आंदोलन छेड़ने की जरूरत ही न पड़ती।

विज्ञान की सृष्टि और दृष्टि

अगर हम अपने आसपास नजर घुमाएँ तो वास्तविकता हमारी समझ में आ जाएगी। आज हमारे गाँवों में सड़कें आ गई हैं। उससे कई गाड़ियाँ गुजर रही हैं। गाँवों में आधुनिक खाद पहुँची है। आधुनिक यंत्र, बीज और खाद की सहायता से किसान खेती कर रहा है। अपने घर में होनेवाले टीवी के सामने बैठकर हम पूरे विश्व में क्या चल रहा है इसकी जानकारी घर बैठे देख रहे हैं। टेलीफोन के माध्यम से हम विश्व के किसी भी कोने तक तुरंत संपर्क कर सकते हैं। पूरे विज्ञान के चमत्कार उसके दरवाजे तक आ पहुँचे हैं। बावजूद इसके महाराष्ट्र में गाँव के मेलों में

मन्नतें पूरी करने के लिए हर साल पाँच से सात लाख भेड़-बकरियों और अनगिनत मुर्गे-मुर्गियों को बलि चढ़ाया जाता है और मन्नतें पूरी करनेवालों में ज्यादातर पढ़े-लिखे लोग होते हैं और ऐसा कार्य करते वक्त उन्होंने जो शिक्षा हासिल की है उससे विसंगति नहीं लगती। आप जानते होंगे कि अभुआना, देवी का संचार, यह एक मानसिक अवस्था है, हल्की-सी मनोविकृति है। किंतु आज भी महाराष्ट्र में कई जगहों पर नवरात्रोत्सव, अमावस और पूर्णिमा के दौरान गाँवों के मेलों में देवी या देवता के किसी न किसी पर सवार होने पर वे सब कुछ भूलकर नाचने लगते हैं और लोग उस व्यक्ति में देवी का संचार हुआ है ऐसा समझकर हाथ जोड़ते हैं। इसका मतलब ही यह कि हमने विज्ञान की सृष्टि तो ली पर उसकी दृष्टि नहीं ली। हम आधुनिक कंप्यूटर का इस्तेमाल करते हैं और कंप्यूटर सेवा केंद्र का उद्घाटन करने के लिए सत्यनारायण की महापूजा का आयोजन करते हैं। ये दो बातें परस्पर पूर्णतः विसंगत हैं ऐसा हमें नहीं लगता, क्योंकि हमने विज्ञान के कार्य को अपनाया, लेकिन उसके विचारों को नहीं। ये विज्ञान के विचार कौन से हैं, इनका मतलब क्या है?

हमारे देश में पहले वैज्ञानिक दृष्टिकोण था?

अब कुछ लोगों का दावा होता है कि "आपका यह वैज्ञानिक दृष्टिकोण हमारे लिए नया नहीं है। क्योंकि वह पहले से ही हमारे देश में अस्तित्व में था।" हमारे देश में पहले से क्या अस्तित्व में था इसके बारे में जो कुछ कल्पना विलास करना है वे कर सकते हैं। हमारे यहाँ पुष्पक विमान था इसलिए हवाई जहाज था और ब्रह्मास्त्र था इसलिए अणुबम थे, ऐसा अगर कोई कहेगा तो उसका प्रतिवाद करना चाहिए ऐसा हम नहीं कहते। इसकी वजह यह है कि अगर वह था तो बीच के काल में वह कैसे लुप्त हो गया? हमारे देश की इतनी दुर्गत कैसे हो गई? इन बातों का विश्लेषण करना अधिक महत्त्वपूर्ण है और उसके बाद असल में वह था या सिर्फ उसका कल्पना विलास ही था यह समझ लेना, जाँचना अधिक महत्त्वपूर्ण है। लेकिन इस देश में जो अस्तित्व में था, जिसे हम वैज्ञानिक दृष्टिकोण कहते हैं, उस पद्धति का दर्शन नहीं था। ये तो सिर्फ दीर्घकाल के निरीक्षण और प्रज्ञा वैभव से लोगों का किया हुआ अध्ययन या अंदाज था।

भारत की कुछ बातों का योगदान विश्व में स्वीकृत है। जैसे, शून्य की संकल्पना का आविष्कार भारत में हुआ और विश्व में गणित को लेकर जो बड़ी उलझन थी वह सुलझ गई। ऐसा माना जाता है, यह खोज भास्कराचार्य ने की। उसी समय नागार्जुन नामक एक रसायनविद् थे जिन्होंने ताँबा, सोना और चाँदी धातुओं का संयोग कैसे किया जाए इसके शास्त्रीय उत्तर खोजे थे। अमर सिंह नामक विद्वान ने पेड़-पौधों

और प्राणियों को अलग-अलग श्रेणियों में रखकर उनका वर्गीकरण किया था। वराह मिहिर उसी समय जानता था कि यह सूर्य एक तारा है। इस खोज के कारण विश्व का केंद्र ही बदल गया ऐसा माना जाता है। वह खोज यूरोप में की गई और उसके कारण पूरे संसार में क्रांति हो गई। जिसे हम कॉपर्निकस रिवोल्यूशन कहते हैं। कॉपर्निकस ने बताया था कि "सूर्य पृथ्वी के चक्कर काटता है ऐसा हमें दिखाई देता है, पर असलियत इसके विरुद्ध है। सूर्य केंद्र बिंदु है और पृथ्वी उसके गिर्द चक्कर काटती है।" यह बात ईसा की पाँचवीं शती में भारत में आर्यभट्ट ने बताई थी। इसी वजह से हमने अपने पहले उपग्रह को उनका नाम दिया है। (आर्यभट्ट भट यानी ब्राह्मण नहीं था, बल्कि क्षत्रिय था।) उसके द्वारा प्रस्तुत कल्पना को उस वक्त लोगों ने उपहास के साथ खारिज किया था।

तब लोगों ने, "तुम ऐसा कहते हो कि पृथ्वी चक्कर काटती है? अब हम पृथ्वी पर खड़े हैं और उस पर खड़े रहकर ही सब व्यवहार करते हैं। फिर पृथ्वी के घूमने से हम गिर क्यों नहीं जाते? सुबह होते ही पंछी अपने घोंसले से बाहर जाते हैं और शाम होने पर लौट आते हैं। अगर पृथ्वी घूमती है तो वह घूमते-घूमते आगे जाती और पंछियों को अपना पेड़ और घोंसला कैसे मिलता?" जैसे सवाल करके प्रतिवाद चलाया। किंतु यह सोच और चिकित्सा की परंपरा हमारे यहाँ पाँचवीं या छठी सदी में थी। वह निरीक्षण, अनुभव या चर्चा से आई समझदारी थी। वह उपयुक्त और महत्त्वपूर्ण थी। लेकिन सिर्फ उस ज्ञान प्रक्रिया को वैज्ञानिक दृष्टिकोण कहना उचित नहीं होगा क्योंकि अगले एक हजार या बारह सौ सालों में वह परंपरा भी लगभग लुप्त होती दिखाई देती है। इस काल में हमारे देश में कई अच्छे राजा हो गए, दार्शनिक हो गए, साहित्यकार हो गए लेकिन वैज्ञानिक मात्र नहीं हुए। इसी कारण हमारे यहाँ जो भी विवाद या चर्चाएँ होती रहीं वे सिर्फ यही थीं कि कौन किस पंक्ति में बैठे और कौन न बैठे? पीतांबर कैसा परिधान करें? कितने स्तरों का जनेऊ परिधान करें? माथे पर तिलक खड़ा लगाएँ या तिरछा? चातुर्मास में प्याज और लहसुन क्यों खाएँ और क्यों न खाएँ? और क्या गाय की पूँछ मुँह पर फेरने से पुण्य मिलता है एवं उसका मूत्र पीने से आत्मा का उद्धार होता है आदि। और ठीक उसी वक्त विश्व एक अलग ही दिशा की ओर अग्रसर हो रहा था। सन् 1550 ई. में गोवा में पुर्तगालियों ने छपाई मशीन से मुद्रण कला का आविष्कार किया, जो क्रांतिकारी पहल थी क्योंकि इसके कारण पांडुलिपि की प्रतिलिपियाँ बनाने के समय में बचत हो गई। ज्ञान का प्रसार होने में सहजता आने लगी। लेकिन इस मुद्रण कला के आविष्कार के गोवा से बाहर देश के अन्य स्थानों पर पहुँचने में लगभग ढाई-तीन सौ साल लग गए।

वैज्ञानिक दृष्टिकोण यानी जितने प्रमाण उतना विश्वास

किसी भी समाज में वैज्ञानिक दृष्टिकोण का होना सबसे महत्त्वपूर्ण बात है। पर यह हमारे समाज में नहीं था। इसलिए इंदिरा गांधी ने सन् 1976 में संविधान में संशोधन किया। तब तक हमारे देश के संविधान में नागरिकों के सिर्फ अधिकारों का उल्लेख था। इंदिरा गांधी ने अधिकारों के साथ-साथ नागरिकों के आवश्यक कर्तव्यों का भी संविधान में समावेश किया। उनमें से एक महत्त्वपूर्ण कर्तव्य ऐसा है कि हर एक भारतीय नागरिक वैज्ञानिक दृष्टिकोण, चिकित्सक बुद्धि और मानवतावाद का प्रचार-प्रसार करेगा।

राजीव गांधी ने नई शिक्षा नीति घोषित की। उसके केंद्रीय तत्त्वों में 'वैज्ञानिक मनोभाव की निर्मिति' यह एक महत्त्वपूर्ण बात है। इसका मतलब यह है कि इन सब बातों का हमारे जीवन से बहुत ही नजदीकी संबंध है। अब जिसे हम 'वैज्ञानिक दृष्टिकोण' कहते हैं वह कोई धीर-गंभीर, रहस्यात्मक, चंद लोगों से संबंधित बात है? ऐसा प्रश्न खड़ा होता है। लेकिन ऐसा बिलकुल नहीं। वैज्ञानिक दृष्टिकोण का उपयोग हम अपनी रोजमर्रा की जिंदगी में भी करते हैं। उसका सीधा अर्थ है जितना प्रमाण मिलता है, उतना विश्वास रखना ऐसा होता है। यानी क्या? माने मुझे सतारा से भंडारा एक कार्यक्रम के लिए जाना है। मैंने अपने मित्र से पूछा, "सतारा से भंडारा कैसे जाएँ?" उसने मुझे बताया, "सतारा से भंडारा जानेवाली गाड़ी होती है उसे पकड़कर तुम भंडारा जा सकते हो।" उस पर मैंने उससे फिर प्रश्न किया "वह कैसे?" तब उसने बताया, "छह महीने पहले मैंने ऐसा सपने में देखा था, जो मुझे थोड़ा-थोड़ा याद आ रहा है।" फिर मैंने दूसरे मित्र से पूछा, "भंडारा कैसे जाएँ?" उसने कहा, "मुझे ऐसा लगता है कि यहाँ से तुम पुणे जाओ और वहाँ से भंडारा को जानेवाली रेल है।" इस पर मैंने उससे पूछा, "यह किस आधार पर कह रहे हो?" तब उसने बताया "दो मास पहले पुणे के रेलवे स्टेशन पर एक आदमी दूसरे आदमी को बता रहा था कि वह दो महीने पहले पुणे से भंडारा इसी तरह गया था। यह बात मैंने सुनी थी।" फिर मैंने तीसरे आदमी से पूछा कि "मुझे भंडारा जाना है, कैसे जाऊँ?" इस पर उसने कहा, "भंडारा जाने के लिए पुणे जाने की जरूरत नहीं। तुम सतारा से भंडारा जा सकते हो। अगर तुम महाराष्ट्र एक्सप्रेस से जाओगे तो वह सीधी भंडारा जाएगी।" मैंने पूछा, तुमने जाना कैसे?" उसने कहा, "पंद्रह दिन पहले मैं सतारा रेलवे स्टेशन पर गया था और वहाँ एक आदमी दूसरे आदमी को यह बता रहा था जिसे भंडारा जाना था।" फिर मैंने चौथे मित्र से भंडारा जाने की बात पूछी तब उसने बताया कि "भंडारा जाने के लिए महाराष्ट्र एक्सप्रेस से नागपुर जाना पड़ेगा। वहाँ पर रेलवे स्टेशन से बस स्टैंड जाना पड़ेगा। वहाँ से दो या ढाई घंटे में तुम भंडारा पहुँच सकते हो।" मैंने

उससे पूछा, "तुमने जाना कैसे?" उसने कहा कि "दो दिन पहले मैं अपने काम के सिलसिले में इसी तरह भंडारा गया था।"

अब आप ही बताइए मुझे किस पर विश्वास करना चाहिए? जिसने भंडारा जाने का सपना देखा था उसकी बात पर तो मैं विश्वास नहीं कर सकता। उससे थोड़ा अधिक फिर भी कम ही विश्वास उस पर जिसने दो महीने पहले रेलवे स्टेशन पर कोई किसी से भंडारा जाने की बात कह रहा था, उसे सुना था। उससे भी थोड़ा ज्यादा पर कम ही उस पर, जिसने पंद्रह दिन पहले सतारा के रेलवे स्टेशन पर भंडारा जाने के बारे में सुना था और सबसे ज्यादा विश्वास जो खुद भंडारा जाकर आया था उस पर। यानी जितना प्रमाण उतना विश्वास यह व्यवहार में लाया जानेवाला निकष ही वैज्ञानिक दृष्टिकोण की नींव है।

प्रमाण को जाँचने की पद्धति

अब ये जो प्रमाण होते हैं उन्हें कैसे जाँचा जाता है? ये प्रमाण जाँचने की जो पद्धति है वह यानी वैज्ञानिक विचार पद्धति, इस पद्धति के अंतर्गत जो मुद्दे आते हैं, उन्हें मैं आपको संक्षेप में बताता हूँ। इसमें पहला मुद्दा आता है निरीक्षण, दूसरा तर्क, तीसरा अनुमान या अंदाज और चौथा प्रत्यक्षानुभूति। इस प्रत्यक्षानुभूति में फिर से प्रत्यक्ष ली हुई अनुभूति, हमेशा होनेवाली अनुभूति और सार्वजनिक तौर पर स्वीकृत की गई अनुभूति इस प्रकार के भेद होते हैं। इसके बाद आता है प्रयोग। इनके आधार पर जो सिद्ध होता है उसे वैज्ञानिक दृष्टिकोण कहते हैं। अब निरीक्षण यानी क्या? हम जानते हैं कि संसार में जितने भी आविष्कार हुए हैं, वे पहले-पहल किसी न किसी रूप में निरीक्षण से ही उभरकर आए हैं। पाठशाला में हमने पढ़ा भी है और पढ़ाया जाता है कि जेम्स वाट किसी विचार में खोया था। उसके पास ही स्टोव पर केतली में पानी उबल रहा था। पानी उबल गया। केतली में भाप तैयार हो गई। केतली का ढक्कन नीचे गिर गया। विचारों में खोए जेम्स ने ढक्कन को केतली पर रख दिया। फिर थोड़ी देर बाद ढक्कन नीचे गिर गया। फिर से उसने ढक्कन को केतली पर रख दिया। तीन-चार बार ऐसा होने के बाद भी उसके मन में ऐसा बिलकुल नहीं आया कि शायद इस केतली में भूत होगा। वह सोचने लगा कि मेरे बार-बार ढक्कन रखने पर भी नीचे गिरता है, शायद इसमें कोई ऐसी बात है जो ढक्कन को धकेल रही है। और उसमें से ही भाप का आविष्कार हुआ, जिससे यूरोप की औद्योगिक क्रांति का उदय हुआ।

28 फरवरी को हम 'राष्ट्रीय विज्ञान दिवस' मनाते हैं क्योंकि इसी दिन भारत के विख्यात शास्त्रज्ञ सी. वी. रमन की खोज 'रमन इफेक्ट' मशहूर विज्ञान पत्रिका 'नेचर' में प्रकाशित हुई थी। इसी आविष्कार के लिए रमन को नोबल सम्मान

से नवाजा गया। उन्होंने यह खोज कैसे की? एक समय सी. वी. रमन जहाज में बैठकर भारत से इंग्लैड जा रहे थे। जब भी वे टहलने के लिए जहाज की डेक पर जाते थे उन्हें ऊपर विशाल नीला अंबर और नीचे नीला सागर दिखाई देता था। इस पर वे सोचते थे कि 'ऊपर विशाल नीला अंबर है और नीचे नीला सागर ऐसा क्यों?' अब वे ऐसा भी सोच सकते थे कि 'ऐ ईश्वर तुम्हारा कितना सुंदर अंबर! और कितना सुंदर सागर, तुम्हारी लीला अगाध है। तुमने सुंदर-सुंदर नीला रंग सब जगहों पर फैला दिया है।' किंतु इसी निरीक्षण से उनकी जिज्ञासा बढ़ गई और उसी से विज्ञान का एक नया आविष्कार मानव जाति को मिल गया। तो निरीक्षण करना और क्यों इस प्रकार का प्रश्न खड़ा होना यहीं से वैज्ञानिक दृष्टिकोण की शुरुआत होती है।

अब हर बात सिर्फ निरीक्षण से साबित नहीं होती। यानी मान लीजिए कि शाम का समय है और आप जंगल से गुजर रहे हैं। आप रास्ता भूल गए हैं। रात होने से पहले आपको किसी न किसी बस्ती में पहुँचना है। लेकिन बस्ती तक पहुंचने के लिए किस दिशा में जाएँ इसका आपको अंदाजा नहीं है। उसी वक्त एक पहाड़ की ओर से आपको पंद्रह या बीस जगहों से ऊपर जानेवाला धुआँ दिखाई देता है। आपको धुआँ दिखाई देता है और आप यह जानते हैं कि जहाँ लकड़ी की सहायता से आग जलाई जाती है वहाँ धुआँ होता है। शाम का समय खाना पकाने का होता है। स्वाभाविक रूप से ऊपर जानेवाले धुएँ को देखकर वहाँ पर बस्ती होने का अंदाज लगाकर आप उसी दिशा में चल पड़ते हैं और आपका अंदाज सही निकलता है। तो वैज्ञानिक दृष्टिकोण से निरीक्षण और जिन बातों का निरीक्षण नहीं कर सकते उनके बारे में तर्क लगाया जाता है। साथ ही इसका तीसरा तरीका है अनुमान।

मान लीजिए आपका मित्र जो सूर्यवंशी यानी देर से उठनेवाला है, अगर आपके पास आकर सुबह सूरज उगने के पहले हम घूमने जाएँगे, मैं सूर्योदय के समय तुम्हारे पास आता हूँ ऐसा प्रस्ताव रखें, तो आप उससे क्या कहेंगे? आप उससे कहेंगे कि "तुम कहते हो कि कल सुबह घूमने जाएँगे। लेकिन कल का सूर्योदय होनेवाला है यह किस आधार पर कह सकते हो?" सच में देखा जाए तो कल सूरज उगनेवाला है यह हम सबको कैसे मालूम होता है? पूरे विश्व में लोग आगे आनेवाले दिनों के अपॉइंटमेंट्स किस आधार पर देते हैं? वह दिन आनेवाला है, वह तिथि आनेवाली है यह किसकी सहायता से बताया जाता है? तो इसका उत्तर है पिछले 460 करोड़ सालों से निश्चित समय पर सूरज पृथ्वी पर आता है। अब तक एक बार भी उसने कैजुअल लीव (आकस्मिक छुट्टी) नहीं ली है। अगर उसने एक दिन की भी कैजुअल लीव, तो हम सबकी परमानेंट छुट्टी होने की संभावना है। इसीलिए अब तक हर रोज सूरज निकलता है तो वह कल भी निकलेगा ऐसा अंदाजा लगाकर आप घूमने का प्लान तैयार करते हैं। यह हो गया अनुमान।

इसके बाद और एक महत्त्वपूर्ण प्रमाण मैंने आपको बताया, वह है अनुभूति। इसके तीन हिस्से हैं। उसमें से पहला है अनुभूति, दूसरा बार-बार होनेवाली अनुभूति और तीसरा सार्वजनिक तौर पर स्वीकृत होनेवाली अनुभूति। अब अनुभूति का मतलब क्या है? आदि शंकराचार्य का एक वाक्य है, 'सौ समझदार लोगों ने आपके पास आकर यह कहा कि आग शीतल होती है, तो क्या आप उसे मान लेंगे?' नहीं, आप नहीं मानेंगे। अगर आपसे लोग कहेंगे, 'अरे यार हम सौ समझदार लोग तुम्हें बता रहे हैं और ऐसा पुस्तकों में भी लिखा है।' उस पर आप ऐसा कहेंगे कि 'आप सभी के बारे में मेरे मन में आदर भाव है। लेकिन मेरी अनुभूति और प्रत्यक्ष प्रमाण यह बताता है कि 'आग को हाथ लगाने से हाथ जल जाता है।' तो यहाँ एक बात स्पष्ट होती है कि अनुभूति वैज्ञानिक दृष्टिकोण का एक महत्त्वपूर्ण हिस्सा बन जाती है। अब बार-बार होनेवाली अनुभूति यानी क्या? अगर कोई आप से ऐसा कहे कि किसी तांत्रिक या बाबा द्वारा दी हुई अँगूठी एक महीने तक पहनने के बाद आपको निश्चित रूप से नौकरी मिल जाएगी। अधिक जानकारी प्राप्त करने के लिए अगर आपने उससे 'वह कैसे?' ऐसा प्रतिप्रश्न किया तो उसने बताया कि यह अँगूठी मैंने और मेरे पड़ोसी ने पहनी थी और महीने भर के अंदर हमें नौकरी मिल गई।

उस पर आपको ऐसा कहना चाहिए, "अगर ऐसी बात है तो इस तरह की अनुभूति बार-बार अर्थात् बड़े पैमाने पर हो जाए तो हम ऐसी दस हजार अँगूठियाँ तैयार कर लेंगे और उन्हें दस हजार बेरोजगार युवाओं को देंगे। यदि उन सभी को एक महीने में नौकरी मिल जाए तो हम ऐसा मान लेंगे कि इस अँगूठी में कुछ अद्‌भुत शक्ति है, जो नौकरी दिलाती है।" इसलिए सिर्फ एक या दो उदाहरणों से निष्कर्ष निकाला नहीं जा सकता। उसके लिए आपको बड़ी संख्या की जरूरत होती है। यह वैज्ञानिक दृष्टिकोण का सत्य है। फिर यह अनुभूति हमें होती है, वह क्या है? तो वह सार्वजनिक होती है। इसके सिवा वह विज्ञान नहीं बनती। अगर इस अँगूठी को शहर के लोग पहनेंगे तो उन्हें नौकरियाँ मिलेंगी, ऐसा कहें तो यह सच नहीं है। अगर अँगूठी पहनने से नौकरी मिल जाएगी तो वह कहीं भी, किसी को भी, कभी भी एक महीने तक पहनने से मिलनी चाहिए। जैसे किसी बीमारी पर एकाध दवा असर करती है ऐसा एक बार मालूम हो जाता है तो वह दवा विश्व के किसी भी कोने में उस रोग से बीमार होनेवाले व्यक्ति पर असर करेगी। गुरुत्व बल थियरी एक बार साबित हो जाए तो वह पूरे विश्व में एक जैसी ही अनुभूति देगी। इसलिए प्रत्यक्ष अनुभूति, उसका बार-बार अनुभव होना, बड़े पैमाने पर उसकी जाँच होना और उसको सार्वजनिक या वैश्विक स्वरूप प्राप्त हो जाना, इन बातों की सहायता से वैज्ञानिक दृष्टिकोण की सिद्धता साबित हो जाती है।

वैज्ञानिक दृष्टिकोण का अंतिम और महत्त्वपूर्ण हिस्सा है 'प्रयोग'। हर कोई प्रयोग की सहायता से उसे परख सकता है। अगर हम ऐसा कहें कि सौ डिग्री

सेंटिग्रेड पर पानी उबलता है तो उसका अर्थ यह है कि पूरे विश्व में कहीं भी, मुंबई हो या न्यूयॉर्क, कोलकाता हो या लंदन, मद्रास, इन सभी जगहों पर पानी सौ डिग्री सेंटिग्रेड पर ही उबलेगा। अगर उसमें कम या अधिक मात्रा हो जाती है तो भी उसका उत्कलनांक कम या अधिक होने का नियम भी वैश्विक ही होता है! ऐसा नहीं होता कि मुंबई में धार्मिक लोगों के रहने के कारण पानी 90 डिग्री सेंटिग्रेड पर उबलता है और ईंधन की बचत होती है और मास्को में नास्तिक लोग होने के कारण वहाँ पर पानी 110 डिग्री सेंटिग्रेड पर उबलता है। यह बात प्रयोग से सिद्ध की जा सकती है। अत: इसके लिए निरीक्षण की सहायता से 'क्यों?' ऐसा प्रश्न पूछकर जो बातें निरीक्षण से साबित नहीं होतीं उनके लिए तर्क का सहारा लेकर; तर्क के बाद अनुमान और उसके बाद अनुभूति और अंत में प्रयोग, इसी क्रम से वैज्ञानिक दृष्टिकोण की सिद्धता पूरी हो जाती है।

यह जो वैज्ञानिक दृष्टिकोण है उसके पीछे कुछ मूल्यात्मक आशय भी हैं। अर्थात् मनुष्य को जीवन की ओर किस दृष्टि से देखना चाहिए इसके बारे में कुछ बताना यह मूल्यात्मक आशय का उद्‌देश्य है। यह सब वैज्ञानिक विचार पद्धति में अंतर्भूत है। इसके कुछ मुद्दे हैं, उनमें पहला है सम्यकता, दूसरा स्वायत्तता, तीसरा शोधकता (जिज्ञासा), चौथा निर्भयता और पाँचवाँ नम्रता। हम संक्षेप में इनकी जानकारी लेने का प्रयास करेंगे।

सम्यकता

वैज्ञानिक दृष्टिकोण पर विचार करते समय सबसे पहला मुद्‌दा आता है 'सम्यकता' का। किसी भी प्रश्न के सभी आयामों का विचार करना पड़ता है। आप जानते ही होंगे कि सन् 1993 में महाराष्ट्र राज्य में जुलाई तक बारिश न होने के कारण सूखे की स्थिति बन गई थी। इससे उस वक्त राज्य के राज्यपाल महोदय ने लोगों से आवाहन किया था कि 'बारिश के लिए लोग अपने-अपने ईश्वर से प्रार्थना करें।' अब समझ लो कि महाराष्ट्र में पानी की तीव्र समस्या है। यह बात सही है और किसी समस्या की जब तीव्रता बढ़ जाती है तब हम स्वाभाविक रूप से ईश्वर की प्रार्थना करने लगते हैं। अब इससे समस्या का हल निकलेगा या नहीं यह अलग बात है। लेकिन ऐसा करने से हमें आधार मिलता है और ऐसा करना कोई गलत नहीं है ऐसा अधिकांश लोगों को लगता है। हमारे संविधान ने भी हमें उपासना करने की स्वतंत्रता दी है। इसलिए राज्यपाल महोदय ने बारिश के लिए, पानी की समस्या से छुटकारा पाने के लिए ईश्वर से प्रार्थना करने का आवाहन जिस समय किया, उसी समय हमने एक पत्रक निकालकर यह महाराष्ट्र के समाज सुधारकों के कार्य का अपमान है, ऐसा कहा तो लोग हम पर गुस्सा हो गए और कहने लगे कि 'आप तो

ऐसे हैं कि ईश्वर ही नहीं मानते।' अब ईश्वर को मानने और उसकी प्रार्थना करने का हर एक को अधिकार है यह बात हमें स्वीकार है। मगर यहाँ प्रार्थना करना क्यों उचित नहीं? इस बात को सही रूप में समझने का प्रयास करें तो आपको वैज्ञानिक दृष्टिकोण के सम्यकता की जानकारी मिलने में सहायता होगी। अब देखिए महाराष्ट्र में पीने के पानी की समस्या तीव्रता से बढ़ रही है। इसकी वजह क्या है? इसकी वजह सिर्फ पिछले साल बारिश का कम होना ऐसा नहीं है।

महाराष्ट्र में 1000 से 1200 मि.मी. तक की औसतन बारिश होती है। कुछ पहाड़ी प्रदेशों में तो वह 2000 से 2500 मि.मी. तक होती है, तो कहीं-कहीं 450 से 700 मि.मी. होती है। महाराष्ट्र की तीन सौ तहसीलों में से सामान्यत: सौ तहसीलों में बहुत कम बारिश होती है, जो 500 से 740 मि.मी. इतनी है। पिछले सौ सालों में महाराष्ट्र में होनेवाली औसतन बारिश के आँकड़े उपलब्ध हैं और इससे कभी भी इससे कम बारिश होने की जानकारी नहीं है। दो सौ सालों में एकाध अपवाद हो सकता है, यह बात अलग है। इसका मतलब यह कि महाराष्ट्र में कम से कम 500 से 700 मि.मी. औसत बारिश होती है। लेकिन जहाँ ज्यादा मात्रा में बारिश होती है वहाँ और जहाँ कम बारिश होती है वहाँ भी गर्मी के दिनों में पानी की समस्या पाई जाती है। फसल के लिए पानी न होना यह तो अलग ही। अब विश्व में 450 से 500 मि.मी. तक होनेवाली बारिश को सही ढंग से रोक दिया जाए और उसका सही इस्तेमाल करें तो सालभर के पीने के पानी की समस्या सहज ही हल हो सकती है और फसल को भी पानी मिल सकता है। यह महाराष्ट्र में होना असंभव नहीं है।

महाराष्ट्र में ही विजय बोराडे ने औरंगाबाद के पास आडगाँव नामक गाँव में यह बात साबित करके दिखाई है, तो रालेगण सिद्धि गाँव में आण्णा हजारे ने, द्वारकादास लोहिया ने बीड में और वसंत गोंगावणे ने रत्नागिरि जिले में यह बात साबित करके दिखाई है। इसके बावजूद महाराष्ट्र में यह बात आम नहीं बन पाई है। महाराष्ट्र की बात छोड़ दीजिए। अब हम अंतरराष्ट्रीय स्तर पर विचार करते हैं तो पता चलता है कि सिर्फ 5 से 6 इंच की बारिश होनेवाला इजराइल राष्ट्र पूरे विश्व को सब्जी भेजता है और वहाँ की खेती देखने हमारा किसान जाता है। इसका अर्थ यही कि बहुत ही कम बारिश होने के बावजूद अच्छा नियोजन करने से अकाल या सूखे को हम सहजता से मात दे सकते हैं। महाराष्ट्र में तो इससे कई गुना अधिक मात्रा में बारिश होती है। बावजूद इसके महाराष्ट्र में पानी की समस्या बढ़ जाएगी तो इस समस्या को आसमानी न मानकर सुलतानी समस्या कहना होगा। सुलतानी यानी यहाँ के राज्यकर्ताओं की नादानी से पैदा हुई समस्या। आसमानी यानी प्राकृतिक जो हमारे बस की नहीं है। अगर यह समस्या हमारे राज्यकर्ताओं की नाकामी के कारण उत्पन्न हुई होगी, तो उसके लिए ईश्वर से प्रार्थना करना मतलब बिना पढ़ाई करे

ईश्वर से परीक्षा में पास करने के लिए कहने जैसा है। किसी भी बात को समग्रता से समझना यानी उसकी सम्यकता से जानकारी प्राप्त करना।

स्वायत्तता

स्वायत्तता किसे कहा जाए? वैज्ञानिक दृष्टिकोण के नजरिए से यह संसार स्वायत्त है। अब यह पूरा संसार कार्यकारण भाव से बँधा है। इसमें जो कुछ घटित होता है उसके कार्यकारण भाव खोजे जा सकते हैं। उनको नजरअंदाज कर विश्व में कुछ भी घटित नहीं होता। मनुष्य अब तक सभी बातों का कार्यकारण संबंध नहीं ढूँढ़ पाया है। जैसे कैंसर क्यों होता है इसकी जानकारी अब तक हमें नहीं मिली है। किंतु उसके कार्यकारण भाव की पद्धति मालूम हो चुकी है। इसी वजह से हम निश्चित तौर पर कह सकते हैं कि इस सृष्टि का नियंत्रण कोई भी दृष्ट या सृष्ट शक्ति नहीं करती। अगर आपने एक बार ऐसा मान लिया कि इस पृथ्वी पर नियंत्रण करनेवाली कोई दृष्ट या सृष्ट शक्ति होती है तो प्राकृतिक तौर पर आपको मानना पड़ेगा कि उस सृष्ट शक्ति की उपासना करने से आपका भला होगा और दृष्ट शक्ति की अवकृपा से बच जाएँ तो अच्छे दिन आ जाएँगे। या उस दृष्ट शक्ति की अवकृपा किसी दूसरे पर हो जाए इसलिए मैंने कोई कर्मकांड कर दिया और वह सही हो गया तो दूसरे आदमी का नुकसान हो जाएगा। इसी तरह इस स्वायत्त संसार में नियमों को छोड़कर अपने आप कुछ भी घटित नहीं हो सकता यह वैज्ञानिक दृष्टिकोण का महत्त्वपूर्ण हिस्सा है। इसलिए जो कुछ भी घटित होता है उसके पीछे कार्यकारण भाव होता है। उसे खोजा जा सकता है। अगर वह पूरी तरह से मिल न जाए तो भी उसी दिशा में कार्यरत रहने से कुछ समय के बाद जरूर मिल जाता है। उसमें होनेवाली खामियों को हटाकर उसकी सहायता से हम मनुष्य जीवन को खुशहाल बना सकते हैं। यही स्वायत्तता का अर्थ है।

शोधकता

तीसरा मुद्दा आता है 'शोधकता' का। इसका मतलब है सावधानी से किसी भी बात की खोज करना। मैं आपसे दो प्रश्न पूछता हूँ। वैसे ये प्रश्न मेरे नहीं हैं और इसके पहले भी पूछे जा चुके हैं। जैसा कि गर्मी के दिनों में कुछ लोग लाल रंग के माटी के घड़े में पानी रखते हैं तो कुछ काले रंग के घड़े में। अब लाल रंग के घड़े में रखा पानी काले रंग के घड़े में रखे पानी की अपेक्षा जल्दी ठंडा हो जाता है, ऐसा क्यों? यह एक प्रश्न और दूसरा प्रश्न जो सिसिली राष्ट्र के राजा ने अपने दरबार में पंडितों से किया था। वह प्रश्न ऐसा है कि पानी से लबालब भरे किसी बरतन में

अगर जिंदा मछली छोड़ दी जाए तो पानी बरतन से बाहर नहीं आता और मरी हुई मछली छोड़ दी जाए तो पानी नीचे गिरता है। इसकी वजह क्या है? मैं आपको एक मिनट का समय देता हूँ। आप विचार करें और बाद में मुझे इन प्रश्नों का उत्तर दें।

अब आप में से कुछ लोग इसका उत्तर बताइए। आपके उत्तर इस प्रकार के हो सकते हैं कि काला रंग गर्मी को जल्द सोख लेता है इसीलिए उसमें रखा पानी ज्यादा ठंडा नहीं होता। लाल रंग ऐसा नहीं करता इसीलिए लाल रंग के घड़े में रखा पानी ठंडा रहता है। जब तक मछली जिंदा होती है तब तक वह प्राणवायु का इस्तेमाल करती है जिससे वह हल्की हो जाती है और पानी में तैरती है। मरी हुई मछली ऐसा नहीं कर सकती इसलिए वह डूब जाती है और पानी बाहर आता है। यह जवाब हम में से ज्यादातर लोगों को सही लगता है। सिसिली के दरबार में होनेवाले बड़े-बड़े विद्वानों ने भी ऐसे ही उत्तर दिए थे। लेकिन किसी एक ने भी ऐसा नहीं सोचा कि ऐसा होते हुए किसने देखा है? ये निष्कर्ष किस आधार पर, कौन से निरीक्षण की सहायता से निकाले हैं? हमें जो बताया जाता है उसे वैसा ही स्वीकारने की हमारी प्रवृत्ति होती है। पानी से लबालब भरे बरतन में जिंदा मछली छोड़ी या मरी हुई; पानी तो नीचे गिरेगा ही और घड़े में स्थित पानी का ठंडा होना उसकी सच्छिद्रता से पानी का वाष्प बनने की प्रक्रिया पर निर्भर होता है। उसका संबंध रंग से नहीं होता। लेकिन ज्यादातर हमारी प्रवृत्ति किसी भी बात पर शोधकर्ता से उसकी चिकित्सा करवाने के बजाय सामने आनेवाली बातों पर प्रतिक्रिया देने की होती है। असल में यह जीवन के किसी भी क्षेत्र में सही नहीं है।

निर्भयता

वैज्ञानिक दृष्टिकोण का चौथा मूल्यात्मक निकष है 'निर्भयता'। जिस समय एकाध वैज्ञानिक सत्य हमें सच लगता है, जिसे हम दूसरों को बताने लगते हैं, तब हमें प्रचलित व्यवस्था का रोष सहना पड़ता है। लेकिन जिस समय आप ऐसे वैज्ञानिक सत्य का प्रसार करने लगते हैं तब आपकी कसौटी होती है। तब वह वैज्ञानिक सत्य हमें सत्य प्रतीत होता है और उसे हम दूसरों के सामने निडरता से, निर्भयता से प्रकट करते हैं या नहीं? इस पर उसका प्रचार-प्रसार निर्भर होता है। हम जानते हैं कि जिस समय सुकरात ने वैज्ञानिक सत्य बताने का प्रयास किया था, तब उसे मृत्यु की सजा सुनाई गई थी। उसे कहा गया था कि 'बाजू के कमरे में जाकर वहाँ रखा जहर का प्याला पी लो।' सुकरात ने बड़े धैर्य और शांति से उस जहर के प्याले को अपने गले में उतारा था। अर्थात् मैं सच की खोज के लिए बाहर निकलता हूँ तो मुझे निडर होना ही पड़ेगा और उसकी जो भी कीमत होगी वह चुकानी पड़ेगी। यह सत्य शोधन वैज्ञानिक दृष्टिकोण की राह से किया जाता है। इसीलिए वैज्ञानिक

दृष्टिकोण के कार्य में निर्भयता या निडरता की सबसे ज्यादा जरूरत होती है और यह वैज्ञानिक सच केवल भौतिकता से ही संबंधित नहीं होता बल्कि उसका संबंध सामाजिक बातों से भी होता है।

आप जानते होंगे कि साठ साल पहले पुणे में एक व्यक्ति बड़ी आस्था से सबसे कह रहा था कि 'अगर परिवार नियोजन नहीं करेंगे तो देश को आबादी की समस्या से जूझना पड़ेगा।' तब सबने उसकी बात को नजरअंदाज कर दिया था, उसे पागल करार दिया था। आज परिवार नियोजन और नियमन जैसे शब्दों का प्रयोग सहजता से किया जाता है। उस वक्त ये शब्द अश्लील माने जाते थे। उनका उच्चारण करने के कारण, लेखन में इस्तेमाल करने की वजह से एवं उनका प्रचार करने के कारण र. धों. कर्वे यानी भारतरत्न धोंडो केशव कर्वे के बेटे को अश्लील साहित्य की निर्मिति की है; ऐसा मानकर न्यायालयीन मुकदमे का सामना करना पड़ा। लेकिन उन्होंने बड़ी निडरता से वह सत्य बताया। अगर वह सत्य उस समय हमारी समझ में आता तो आज बढ़ती आबादी के कारण हमारे देश की जो स्थिति हुई है वह शायद नहीं होती।

नम्रता

'नम्रता' यह वैज्ञानिक दृष्टिकोण का पाँचवाँ निकष है। विज्ञान की विशेषता है कि वह हमेशा नम्र होता है। "मुझे सब कुछ ज्ञात है अब आगे कुछ जानने की जरूरत नहीं। जो मैं कहता हूँ, उत्तर देता हूँ वही आखिरी है, इससे आगे जानने-सुनने की कोई जरूरत नहीं। मेरा उत्तर ही सही है, उसे सब लोगों को मानना पड़ेगा क्योंकि वही अंतिम सच है।" ऐसा दावा धर्म का होता है। विज्ञान मात्र हमेशा ऐसा कहता है कि "मुझे अब तक इतना ही मालूम हुआ है। मेरे पास जो प्रमाण उपलब्ध है उसके अनुसार मेरे ये विचार बने हैं। लेकिन अगर कल इससे अलग और अधिक प्रमाण प्राप्त हो जाएँ तो मैं अपने पहले मतों को बदलने के लिए तैयार हूँ।" क्योंकि विज्ञान हमेशा नम्र होता है। नए-नए अनुसंधान, खोज, प्रमाणों की रोशनी में अपने विचार बदलना यह विज्ञान की विशेषता रही है। धर्म न कभी नम्र था और न है। धर्म में एक प्रेषित होता है और उसकी बात अंतिम होती है।

हमारे समाज में वैज्ञानिक दृष्टिकोण क्यों नहीं?

अब हमारे सामने प्रश्न खड़ा होता है कि इस प्रकार का वैज्ञानिक दृष्टिकोण हमारे समाज में क्यों नहीं पनप सका? बल्कि ऐसा लगता है कि उसके पनपने, विकसित होने का प्रश्न ही नहीं आता। अब यह क्यों नहीं विकसित हुआ? इस प्रश्न के

कुछ कारण सामने आते हैं। उनमें से कुछ महत्त्वपूर्ण कारणों की हम चर्चा करेंगे। आपकी समझ में आया होगा कि वैज्ञानिक दृष्टिकोण में चिकित्सा की एक स्वस्थ जीवनधारा का होना जरूरी होता है। लेकिन इसके बिलकुल विपरीत हमारी समाज व्यवस्था है। समाज का अनेक परिवारों के इकट्ठा आ जाने से निर्माण होता है। यह समाज व्यवस्था कैसी है? हमारे घर-परिवार में कोई भी प्रश्न या समस्या हो, बच्चों की पढ़ाई के लिए कोर्स का चयन करना हो, किसी सैर पर निकलना हो, कपड़े खरीदने हों, फिल्म देखनी हो या होटल में जाना हो, फिर जब इसके बारे में माँ से पूछा जाता है तब उसका एक ही उत्तर होता है, "थोड़ी देर ठहरो, पिता को आने दो बाद में देख लेंगे, क्या करना है।" यानी पिताजी नाम का कोई सर्वज्ञानी व्यक्ति हर एक घर में होता है और उसके पास हर किसी सवाल का जवाब होता है। वह जो भी कहता है उसे घर के सदस्यों को मानना ही पड़ता है। इस प्रकार का एकाधिकार हमारे परिवारों में होता है। परिवार के बड़े-बुजुर्गों के प्रति प्रेम होना, आदर होना अच्छी बात है; उनकी उचित बातों को सुनना भी चाहिए, किंतु असल में हमारे बुजुर्ग जो कहते हैं उसके आगे जाकर सोचने की क्षमता जब हममें पैदा होती है, तभी मनुष्य जीवन में आगे बढ़ता है। तभी वैज्ञानिक दृष्टिकोण सामान्य लोगों में अंकुरित होता है, विकसित होता है। परिवार में एकाधिकार नहीं होनी चाहिए इसका मतलब यह नहीं कि कोई चाहे जैसा व्यवहार करे और घर-परिवार में अराजकता निर्माण हो जाए। अगर परिवार के हर एक सदस्य को खुद का विचार करने की स्वतंत्रता मिल जाए, इकट्ठा बैठकर चर्चा करने का, संवाद का मौका मिल जाए तो परिवार का स्वास्थ्य और अच्छा रहेगा। ऐसी आदत परिवारों में होनी चाहिए। पंद्रह-बीस साल का लड़का भी अपने पचास साल के पिता की अपेक्षा कुछ अलग सोच-विचार कर सकता है, ऐसी संभावना हो सकती है।

महापुरुषों का ईश्वरीकरण

हमारे समाज में महापुरुष या समाज सुधारक, बड़े-बड़े राजनेता, स्वतंत्रता सेनानी या ऐतिहासिक महानायकों का दैवतीकरण या ईश्वरीकरण होने के कारण उनकी चिकित्सा करने का किसी को अधिकार नहीं ऐसी मान्यता प्रसारित हो चुकी है। अगर कोई ऐसा प्रयास करे, इनकी चिकित्सा करे तो वह बात बुरी मानी जाती है। लोगों को अच्छी नहीं लगती। उदाहरण के तौर पर हाल ही में प्रकाशित ख्यातलब्ध लेखिका कमल पाध्ये की पुस्तक 'बंध-अनुबंध' का उदाहरण लेंगे। इस किताब में लेखिका ने डॉ. बाबासाहब आंबेडकर के साथ एक निजी संगीत के कार्यक्रम में अपने पति प्रभाकर पाध्ये के साथ जाने के प्रसंग को प्रस्तुत किया है। इसका चित्रण करते समय उन्होंने 'बाबासाहब आंबेडकर को शास्त्रीय संगीत की कुछ

जानकारी नहीं थी' ऐसा विवेचन किया है। इस बात को पढ़ने के बाद मेरा एक दलित मित्र गुस्से में आकर कहने लगा, 'कैसी यह औरत है, डॉ. बाबासाहब के बारे में ऐसा लिखती है?' अब बाबासाहब तो कई बातों में महामानव हैं, इसमें कोई आशंका ही नहीं। पर उन्हें शास्त्रीय संगीत की जानकारी कम थी ऐसा लिखने से उनकी महानता को ठेस कैसे पहुँच सकती है, यह मेरी समझ में नहीं आता। विश्व इतनी गति से बढ़ रहा है कि हर किसी व्यक्ति को हर एक बात की जानकारी होना असंभव है और जिन्हें हम महान पुरुष या नायक मानते हैं उनकी सीमाएँ उनके समय के अनुसार होंगी ही नहीं ऐसा तो हो नहीं सकता। लेकिन हमारे यहाँ महान लोगों के बारे में बोलना उनकी सीमा पर विचार करना अच्छा नहीं लगता क्योंकि ऐसा करने से अपने विश्वास को ठेस पहुँचती है ऐसा माना जाता है। वह हमें अपमान-सा प्रतीत होता है। इसी वजह से अनेक महापुरुषों के नाम से ईश्वर को जोड़कर उनका दैवतीकरण या ईश्वरीकरण करने की प्रक्रिया शुरू होती है, जिसके कारण वैज्ञानिक दृष्टिकोण विकसित नहीं हो पाता।

रूढ़ि, परंपराओं का प्रमाण

स्वाभाविक है कि हमारे यहाँ परिवार में चिकित्सा नहीं होगी, महापुरुषों की चिकित्सा नहीं होगी, तो धर्म, रूढ़ि, परंपरा आदि बातों की चिकित्सा का प्रश्न ही नहीं उठता। इसी वजह से कितनी सारी बातें ऐसी हैं कि जिनसे हमारे देश का बहुत बड़ा नुकसान हुआ है, फिर भी हम उन्हें छोड़ने के बजाय अपनाते हैं। इसका एक सामान्य उदाहरण हम देखेंगे। हमारे यहाँ शादी-ब्याह में अक्षत (चावल) फेंकने की रस्म है। हमारी ऐसी मान्यता है कि विवाह के समय पुरोहित जैसे-जैसे मंत्रों का उच्चारण करता है वैसे-वैसे अक्षत अगर दूल्हा-दुलहन के सिर पर पहुँच जाते हैं, तो उनकी घर-गृहस्थी खुशहाल और संपन्न हो सकती है। लेकिन असल में होता कुछ अलग ही है। लोगों से खचाखच भरे उस शादी के मंडप में हम जो अक्षत फेंकते हैं वे दूल्हा-दुलहन तक पहुँचते ही नहीं। वे तो हमारे सामने खड़े होनेवाले लोगों के सिर पर ही गिरते हैं और जब लोग मंडप से बाहर आने लगते हैं तब अपना सिर साफ करते हुए दिखाई देते हैं। फिर भी हम अक्षत फेंकते ही हैं। एक विवाह में कम-से-कम पाँच से दस किलो तक का चावल अक्षत के तौर पर फेंका जाता है। महाराष्ट्र में साधारणत: उनतालीस हजार गाँव, शहर और महानगरों में मिलकर हर साल तीन लाख विवाह होते हैं। यानी तीस लाख किलोग्राम तक चावल सिर्फ अक्षत के तौर पर पाँवों तले रौंदा जाता है। तीस लाख किलो चावल खुद की गृहस्थी में इस्तेमाल किया जाए या किसी समाज कार्य में लगा दिया जाए तो कई अच्छी बातें हो सकती हैं। यह सब हम समझते हैं, लेकिन ऐसा कहना लोगों

को अच्छा नहीं लगता। इसीलिए रूढ़ि, कर्मकांड और परंपराओं की चिकित्सा हमारे यहाँ नहीं की जाती।

प्रश्न पूछने की आदत नहीं

हमारी शिक्षा और समाज व्यवस्था में प्रश्न पूछने का कोई मौका ही नहीं दिया जाता, न ही पढ़ाया जाता है। यह एक महत्त्वपूर्ण कारण है जिसके कारण वैज्ञानिक विकास नहीं हो पाया। मैंने वैज्ञानिक दृष्टिकोण पर डॉ. जयंत नारलीकर का एक भाषण सुना था। उसमें उन्होंने खुद के एक अनुभव का बयान किया था। वे जब इंग्लैड गए थे, तब चौथी कक्षा में पढ़नेवाली अपनी बेटी को एक साल के लिए अपने साथ लेकर गए थे। एक दिन उसकी पाठशाला के अध्यापक डॉ. जयंत नारलीकर से मिले। उन्होंने कहा कि आपकी बेटी कक्षा के अन्य छात्रों की अपेक्षा पढ़ने में तो बहुत तेज है, लेकिन उसमें एक खामी है। कौन सी खामी हो सकती है? इसी सोच में नारलीकर थे कि तभी अध्यापक ने बताया, "वह प्रश्न ही नहीं पूछती। लेकिन इसमें आपका दोष नहीं बल्कि आपकी शिक्षा व्यवस्था का दोष है। क्योंकि आपकी शिक्षा व्यवस्था में प्रश्न पूछना पढ़ाया ही नहीं जाता।" बच्चों के मन में कई आशंकाओं के अंकुर फूटते हैं। वे अक्सर सावधानी से, सजगता से अपने चारों तरफ देखते रहते हैं और अलग-अलग बातों का अर्थ समझने का प्रयास करते हैं। जब समझ नहीं पाते तब वे अपने अध्यापकों के पास जाकर तरह-तरह के प्रश्न करते हैं कि 'जुगनू क्यों चमकते हैं?', 'सूरज उगने के पहले और बाद में आकाश में लाल रंग ही क्यों दिखता है?', 'पानी पर लहरें कैसे और कहाँ से आती हैं?', 'तितली के पंखों पर इतने रंग कहाँ से आते हैं?' जब ऐसे सवाल पूछे जाते हैं तब हमारे अध्यापकों को जरा-सा भी डर नहीं लगता क्योंकि उनके पास इन सभी प्रश्नों का एक ही प्रभावी उत्तर तैयार रहता है कि 'बदमाश, चुप बैठ और ये प्रश्न परीक्षा में आनेवाले हैं क्या?' और आगे जाकर वे ज्यादा से ज्यादा ऐसा कहकर हमें उल्लू बनाते हैं कि 'बदमाश, ईश्वर की तरह चुप बैठ जा।' यानी हमारी संस्कृति में हमारे देवता मनुष्य को चुप बैठना सिखाते हैं। जिस संस्कृति के देवता चुप बैठने का पाठ सिखाते हैं, उस समाज के लोगों को, युवकों को, बच्चों को प्रश्न पूछने के लिए पढ़ाना पड़ता है। क्योंकि इसी प्रश्न पूछने की प्रवृत्ति से ही कल के राष्ट्र का निर्माण होता है।

वैज्ञानिक दृष्टिकोण और नीति

लोग अक्सर एक प्रश्न पूछते हैं कि 'क्या सिर्फ वैज्ञानिक दृष्टिकोण के आने से

सब कुछ सफल हो जाएगा? सारा विश्व सुखमय हो जाएगा? विज्ञान में सबसे आगे तो अमरीका भी है लेकिन क्या उनकी सारी समस्याएँ खत्म हो चुकी हैं?' यह समझ लीजिए कि अमरीका विज्ञान में तो आगे है पर वहाँ के नागरिकों ने वैज्ञानिक दृष्टिकोण को अपने जीवन का स्थिर भाव बनाया है ऐसा नहीं। हमारे यहाँ तो आज विज्ञान और शिक्षा का विकास हो रहा है। लेकिन देखा जाए तो सौ साल पहले महाराष्ट्र के सत्यशोधक आंदोलन में जितना वैज्ञानिक दृष्टिकोण का व्यवहार था, ज्ञान था शायद उतना आज के पढ़े-लिखे शास्त्रज्ञों में भी होगा ऐसा नहीं। बात यह है कि वैज्ञानिक दृष्टिकोण का सीधा-सरल अर्थ है, जो यथार्थ ज्ञान है उसे प्राप्त करने की उचित राह। इसी राह से सभी प्रश्नों के उत्तर मिल ही जाएँगे ऐसा नहीं, किंतु प्रश्नों का उत्तर मिलने का यह सबसे उचित मार्ग है। इसे अपनाकर प्रश्नों के उत्तर ढूँढ़ने की प्रक्रिया निश्चित रूप से शुरू होती है। यहाँ से आगे जाकर जो वैज्ञानिक दृष्टिकोण को अपनाते हैं और जो धार्मिक दृष्टिकोण को अपनाते हैं, वे अपने-अपने दृष्टिकोण या नैतिकता से आचरण करते हैं या अनीति से।

स्तालिन जैसा वैज्ञानिक दृष्टिकोण को अपनानेवाला व्यक्ति क्रूरकर्मा भी हो सकता है और अत्यंत धार्मिक होनेवाला व्यक्ति ठगनेवाला भी हो सकता है जैसे प्याज और लहसुन को न छूनेवाला हर्षद मेहता। अत: लोगों का जो व्यवहार या आचरण होता है वह उनके विचार पर निर्भर होता है। विवेक का अर्थ है, वैज्ञानिक दृष्टिकोण और मूल्य भाव। मूल्य भाव वैज्ञानिक दृष्टिकोण की सहायता से निर्मित किया जा सकता है, क्योंकि मनुष्य की नैतिकता उसके विचार से निर्मित करना संभव है। एक मशहूर पाश्चात्य दार्शनिक ने ऐसा कहा है, 'Right thinking is the way to right conduct.' यानी सही विचार सही आचरण की राह हो सकता है। मगर सही आचरण की और भी राहें हो सकती हैं। उदाहरणार्थ, धार्मिकता की दृष्टि से आपका आचरण सही है या गलत यह महत्त्वपूर्ण बात है ही, लेकिन सही विचार करने के लिए आपको सिर्फ वैज्ञानिक दृष्टिकोण का ही आधार लेना पड़ता है। अगर आप किसी भी तरीके से सही या अच्छा आचरण करते हैं तो अंधश्रद्धा निर्मूलन समिति उसका तहेदिल से स्वागत ही करेगी।

नेहरू के विधान

सन् 1953 में जब भारत के तत्कालीन प्रधानमंत्री पं. जवाहरलाल नेहरू अपने देश की नई वैज्ञानिक नीति संसद में प्रस्तुत कर रहे थे, तब उन्होंने जो भाषण दिया था उसमें वैज्ञानिक दृष्टिकोण के बारे में बहुत ही महत्त्वपूर्ण बातें कही थीं। वह मैं आपके सामने रखना चाहता हूँ। उन्होंने कहा था, 'Scientific temperament is process of thinking, method of action, search of truth, way of

Life, spirit of a free man. गौर करें कि 'Scientific temperament' यानी वैज्ञानिक दृष्टिकोण is process of thinking यानी वह विचार करने की राह है। पर क्या वह सिर्फ राह ही है? नहीं। तो it is method of action यानी वह कृति करने की भी राह है। वह इतना ही है क्या? नहीं। it is way of life अर्थात् वह जीवनशैली है। किंतु यह सिर्फ जीवनधारणा ही है क्या? नहीं। it is spirit of free man इसका मतलब है, मनुष्य को सबसे प्यारी लगनेवाली चीज यानी स्वतंत्रता का वैज्ञानिक दृष्टिकोण यह आत्म तत्त्व है। इसीलिए हमारे देश के संविधान में और रोजमर्रा की जिंदगी में आवश्यक होनेवाले वैज्ञानिक दृष्टिकोण के तत्त्व को जितनी समर्थता से, सक्षमता से हम समझ लेंगे, उतनी सक्षमता से हमारे मन से अंधविश्वास अपने आप दूर होने में सहायता होगी।

फलज्योतिष का पाखंड

अंधविश्वास उन्मूलन आंदोलन में जब तक हम भूत-भानमती, गुरुडम के बारे में बातें करते हैं तब तक लोग ऐसा कहते हैं कि 'साले ये बाबा लोग तो बदमाश होते ही हैं, वे लोगों को फँसाते हैं। भूत तो होता ही नहीं है, लोग ख्वामख्वाह डरते हैं। भानमती क्या है, यह अंधविश्वास उन्मूलन वाले ढूँढ़ निकालते हैं, साबित कर देते हैं यह तो अच्छी बात है और उसकी जरूरत भी है। टोना-टोटका करना, जारण-मारण करना ऐसा कुछ भी नहीं होता। ये तो लोगों को समझ में आना चाहिए।' पर जिस वक्त हम ऐसा कहते हैं कि 'फलज्योतिष यह शास्त्र (विज्ञान) नहीं है। फलज्योतिष एक पाखंड है, फरेब है।' तब लोग कहने लगते हैं, 'अब आपका आंदोलन बिगड़ गया है' और फिर अपनी बात को कई तरीकों से हमें समझाने का प्रयास करते हैं कि फलज्योतिष यह शास्त्र (विज्ञान) किस प्रकार से हो सकता है। उसमें तीन मुद्दे महत्त्वपूर्ण होते हैं। पहला, फलज्योतिष का भारत और पूरी दुनिया में बहुत बड़ा ऐतिहासिक संदर्भ है। यह अत्यंत प्राचीन है। दूसरी बात, दिल्ली से लेकर गली तक के लोग अपना भविष्य जानना चाहते हैं। तीसरा मुद्दा यह है कि अगर आपका फलज्योतिष के बारे में अभ्यास नहीं है तो आपको उस पर बोलने का कोई अधिकार नहीं है, ऐसी हमारी राय है। अब इन तीन मुद्दों पर परामर्श लिया जाए तो क्या दिखाई देता है?

ज्योतिष समर्थकों के तीन मुद्दे

आकाश में स्थित ग्रहगोलों का निरीक्षण करने की परंपरा काफी प्राचीन है। ईसापूर्व 4200 सालों से पहले बैबिलोन संस्कृति में ग्रह-तारों के भ्रमण की पंजी रखना शुरू हो गया। हजारों सालों के निरीक्षण के बाद अमावस या पूर्णिमा कब आएगी, ग्रहण कब लगेगा, धूमकेतु कब दिखेगा, तारों की स्थिति से ऋतु में होनेवाले परिवर्तन की जानकारी आदि बातों के बारे में उन लोगों ने कुछ निष्कर्ष निकाले थे। इसलिए जब आकाश में विशिष्ट प्रकार के ग्रहगोल दिखते थे तब थोड़े ही दिनों में बारिश होने की, नाईल नदी के तट पर उर्वरा मृदा फैलने की, बुआई के लिए सही समय होने की और

उस हिसाब से खेती की तैयारी शुरू करने की बातें उस काल के ज्योतिर्विद्या विशारद लोगों को बताते थे। यानी सैकड़ों साल के ग्रहगोलों के निरीक्षण पर आधारित निर्माण हुआ एक अनुमान इस रूप में इसका स्वरूप था। क्योंकि फलज्योतिष में एस्ट्रॉनॉमी यानी खगोलशास्त्र, मैथेमेटिक्स यानी गणित, एस्ट्रॉलॉजी यानी भविष्य—ये तीन बातें एक साथ होती थीं। जैसे-जैसे मानवी संस्कृति में विज्ञान का इतिहास विकसित होता गया वैसे-वैसे स्वाभाविक तौर पर गणित आगे बढ़ा और उसे विज्ञान का स्तर प्राप्त हो गया। खगोलशास्त्र को विज्ञान का दर्जा मिला लेकिन फलज्योतिष को वैसा कोई भी आधार मिल न सका तो उस पर प्रश्नचिह्न खड़ा हो गया। मगर तब तक ज्योतिषी और उनके हितसंबंधी तैयार हो चुके थे और दूसरी तरफ दुर्बल मन को हमेशा से जरूरत होनेवाले आधार का आभास निर्माण करने में ज्योतिषी सफल हो चुके थे। इसलिए उनमें से कुछ लोग खुद को ज्योतिर्विद्या विशारद कहते थे, कुछ ज्योतिर्भास्कर, तो कुछ ज्योतिष्मति कहा करते थे। वे सब अलग-अलग तरीके से भविष्य देखते थे। कोई जन्म कुंडली से, कोई हाथ देखकर, कोई अँगूठे के निशानों से, कोई अंक ज्ञान से, कोई स्फटिक के लोलक में देखकर, तो कुछ काजल की डिबिया में देखकर भी भविष्य बताते थे। इस प्रकार अलग-अलग तरीके से ज्योतिष बताने की कला निर्मित हो गई थी और इन सभी को काफी आर्थिक लाभ और साथ-साथ प्रतिष्ठा भी प्राप्त हो चुकी थी। स्वाभाविकत: ज्योतिष कला से लोगों के हितसंबंध तैयार हो चुके थे।

दूसरी आपत्ति यह कि दिल्ली से लेकर गली तक के लोग भविष्य देखते हैं, तो वह झूठा कैसे हो सकता है? लेकिन कोई चीज दिल्ली से लेकर गली तक में चलने से अच्छी और सही है, ऐसा थोड़े ही साबित हो जाता है? दिल्ली से लेकर गली तक लोग बड़े पैमाने पर गुटखा खाते हैं, तो इसका मतलब गुटखा सेहत के लिए लाभदायक है ऐसा तो साबित नहीं होता और दिल्ली से लेकर गली तक लोग शराब पीते हैं तो शराब पीना फायदेमंद होता है ऐसा अर्थ तो नहीं निकलता। सभी लोगों के ज्योतिष के वशीभूत होने से ज्योतिष को विज्ञान का स्तर तो प्राप्त नहीं हो सकता। कोई भी चीज विज्ञान है या नहीं इसके कुछ नियम होते हैं और उन नियमों को जब ज्योतिष पूरा कर देगा तब वह विज्ञान है या नहीं यह तय हो जाएगा।

तीसरा मुद्दा ऐसा बताया जाता है कि किसी डॉक्टर ने किसी बीमारी का कारण या निदान बताया तो वह हमें मंजूर होता है क्योंकि उस डॉक्टर को वैद्यकीय शास्त्र का अनुभव होता है। अगर हमें वैद्यकीय शास्त्र के बारे में कुछ पता न हो तो उस पर बोलने का हमें अधिकार नहीं है, जैसे यह सच है, उसी तरह हम या आप फलज्योतिष इस शास्त्र के बारे में कुछ समझ नहीं पाते तो आप उस पर बोलते क्यों हैं? यह मोटे तौर पर बेजोड़ मुद्दा है। हमें यह समझ लेना चाहिए कि यह मुद्दा बिलकुल ही निरर्थक है। इसका कारण यह है कि ज्योतिष एक शास्त्र है और यह उसमें से गृहीत हिस्सा है। उसमें से पहला विधान ही मूलत: गलत है। कल अगर

आपने मुझसे पूछा जारण-मारण, टोना-टोटका, भानमति आदि के बारे में आप बातें करते हैं, उसे आवाहन दे रहे हैं, पर वह एक प्रकार का काला जादू है। (Black Magic) और उसका अभ्यास आपको नहीं है तो किस आधार पर आप उसे आवाहन दे रहे हैं? हम उसे आवाहन देते हैं क्योंकि हमें स्पष्ट दिखाई देता है कि विज्ञान के सभी नियम एक तरफ और इस प्रकार का काला जादू दूसरी तरफ। इसमें कोई मेल ही नहीं बैठ सकता। जैसे फलज्योतिष के बारे में दावा करनेवाले ज्योतिषी भी यह साबित नहीं कर सकते। इसी वजह से तीन बातों के लिए फलज्योतिष शास्त्र (विज्ञान) क्यों नहीं यह अधिक विस्तार से समझ लेना चाहिए।

फलज्योतिष के तीन पूर्वानुमान

शास्त्र किसे कहते हैं? शास्त्र यानी तर्क को ग्राह्य मानकर किया हुआ विधान। जिसे निरीक्षण, परीक्षण, तर्क, गणित, प्रत्यक्ष अनुभूति के आधार पर साबित करना होता है। यह जो मुक्त तर्क के आधार पर विधान किया जाता है उसे हम पूर्वानुमान, हायपोथेसिस कहते हैं। कोई भी विधान करने का आपको अधिकार है लेकिन उस विधान को आपको साबित करना पड़ता है। फलज्योतिष का पूर्वानुमान क्या है? ऐसा अगर आप ज्योतिषियों से पूछेंगे तो वे आपको कभी भी, कुछ भी नहीं बता पाएँगे क्योंकि वह उन्हें मालूम ही नहीं है। मगर फलज्योतिष का पूर्वानुमान क्या हो सकता है, यह मैं आपको बता सकता हूँ और यह मैं आपको विज्ञान के छात्र के नाते बताता हूँ। आप उससे सहमत होंगे, इसका मुझे पूरा यकीन है। तीन बातें इस पूर्वानुमान में ग्राह्य हैं। पहली, आकाश में स्थित ग्रहगोलों का मानवी जीवन पर प्रभाव होता रहता है। दूसरी, यह प्रभाव मनुष्य के जन्म के समय पर आधारित होता है और तीसरी बात, इसी वजह से मनुष्य का भविष्य तय होता है या बदलता है। यानी इन तीन बातों के आधार पर भविष्य देखा जाता है। अगर हम इसमें से हर एक बात की छानबीन करें तो विज्ञान के तौर पर ज्योतिष को जो स्तर दिया जाता है या दिए जाने का आग्रह किया जाता है उसके आगे की वस्तुस्थिति स्पष्ट हो जाएगी।

ग्रहगोलों की वस्तुस्थिति

ऐसा माना जाता है कि आकाश में स्थित ग्रहगोलों का हमारे जीवन पर अविरल प्रभाव होता रहता है। सूर्य ग्रह का हमारे ऊपर विशेष रूप से प्रभाव होता है। इस सूर्यकुल में होनेवाले ग्रहों का अधिक और उसके बाद आकाश में स्थित जो नक्षत्र होते हैं, राशियाँ होती हैं उनका प्रभाव होता है। इनके आधार पर व्यक्ति को भविष्य

बताया जा सकता है, ऐसी कल्पना है। अब जिन ग्रहगोलों के बारे में यह चर्चा होती है उनकी स्थिति क्या है?

सच कहा जाए तो उनमें से चंद्र ग्रह नहीं है। बल्कि वह तो पृथ्वी का उपग्रह है। उपग्रह होने के बावजूद अगर उसे सूर्यकुल में जगह मिली है तो उसके जैसे छोटे-बड़े 45 उपग्रह हैं। उनमें से कुछ तो चंद्र से भी ढाई गुना बड़े हैं ऐसा खगोलशास्त्रज्ञ कहते हैं। फिर उन्हें कुंडली में जगह क्यों नहीं?

एक ओर चंद्र उपग्रह है और दूसरी तरफ सूर्य तारा है। राहु और केतु ये तो दाऊद के गैंग के खतरनाक शूटर जैसे ग्रह मगर असल में उनका अस्तित्व ही नहीं है। पृथ्वी के परिभ्रमण और चंद्र के परिभ्रमण के छेदन कक्ष के संपात बिंदुओं (विषुववृत्त और क्रांतिवृत्त का मिलन स्थान) को पहले राहू और केतु ऐसा नाम दिया है। मतलब जो नौ ग्रह माने जाते हैं उनमें से एक तो ग्रह है ही नहीं और दो ग्रह तो पूरी तरह से अस्तित्व में ही नहीं हैं। यानी नौ में से चार चीजें तो अस्तित्व में हैं ही नहीं, लगभग 44 प्रतिशत बातें तो नींव में ही गलत साबित हो गईं।

इससे भी अधिक महत्त्वपूर्ण एक प्रश्न है, जिसका उत्तर महाराष्ट्र में हमेशा से गलत मिलता है। प्रश्न ऐसा है कि 'हमारे सूर्यकुल में सबसे ज्यादा प्रभावी और सबसे खतरनाक ग्रह कौन सा है?' सूर्यकुल में मनुष्य की दृष्टि से सबसे खतरनाक और सबसे प्रभावी ग्रह कौन सा, इसका उत्तर हमारे यहाँ ज्यादातर 'शनि' या 'मंगल' ऐसा ही मिलता है। इसका सही उत्तर अब तक मुझे पूरे महाराष्ट्र में नहीं मिला है। गौर करें, मैं आपसे पूछ रहा हूँ, 'जिस सूर्यकुल में हमारी पृथ्वी है उस सूर्यकुल में सबसे प्रभावी ग्रह कौन सा है?' और हम सबको पता है कि सबसे प्रभावी और सबसे खतरनाक ग्रह है पृथ्वी। चूँकि अंततः हमारा पूरा जीवन पृथ्वी पर ही तो बीतनेवाला है। शनि पर प्लॉट की कीमतें क्या चल रही हैं? और वहाँ हम घर बना सकते हैं या नहीं? और मंगल पर पानी है या उसकी कमी है? इससे हमारा बिलकुल लेना-देना नहीं होता। हमारी दृष्टि में सबसे महत्त्वपूर्ण ग्रह है पृथ्वी। वह हमारी कुंडली में क्यों नहीं होता? वह हमारी कुंडली में नहीं होता इसका कारण फलज्योतिषी ऐसा देते हैं कि 'पृथ्वी सूर्यकुल का मध्य बिंदु है, केंद्र है।' इसका अर्थ क्या है? इसका अर्थ यह है कि आप एक ही झटके से कॉपर्निकस से लेकर नारलीकर तक सबको झूठा साबित करते हैं। आज अगर तीसरी कक्षा में पढ़नेवाले छात्र ऐसा जवाब लिखेंगे तो उनके अध्यापक उन्हें पास होने तक के अंक भी नहीं देंगे। अर्थात् जहाँ नींव ही सदोष है, उसके आधार पर विज्ञान की निर्मिति कैसे हो सकती है?

निरीक्षण करना विज्ञान के निकषों में एक महत्त्वपूर्ण निकष है। यह निरीक्षण किसलिए होता है? निरंतर निरीक्षण करने से किसी भी बात की सत्यता साबित हो जाती है। मान लीजिए किसी पेड़ में हर रोज फूल लगता है तो उसका निरीक्षण हर रोज आसानी से किया जा सकता है। दो साल में एक बार ही कोई फल लगता है तो

भी उसका निरीक्षण आसानी से किया जा सकता है। सौ सालों में एक बार लग जाए तो उसका निरीक्षण करना मुश्किल हो सकता है, मगर नामुमकिन नहीं है। लेकिन पृथ्वी, बाकी ग्रह, नक्षत्र और राशि के बारे में निरीक्षण की स्थिति क्या है? पहले हम ऐसा मानते थे कि ये जो ग्रह होते हैं वे मानो नक्षत्रों की भीड़ से रास्ता निकालकर चलते हैं। अब हमें मालूम हो गया है कि ग्रहों और नक्षत्रों में बहुत बड़ा फासला होता है। यह एक बहुत बड़ा रिक्त स्थान है। यह रिक्त स्थान तकरीबन पचास हजार अब्ज मिल इतना है। अब पचास हजार अब्ज मिल यानी कितना? ऐसा प्रश्न किया जाए तो पाँच के ऊपर कितने शून्य होते हैं यह बताना आसान नहीं है। ये बात अलग है कि आजकल हमें इतने बड़े आँकड़े सुनने की आदत हो गई है क्योंकि हमारे देश पर होनेवाला कर्ज भी अरबों और करोड़ों रुपयों में है। तो अब सिर्फ इतनी ही बात ले लेते हैं। जिस आकाशगंगा में हमारा सूर्य तारा अथवा सूर्यकुल का एक हिस्सा है, उस अकेली आकाशगंगा में सूर्य से भी अधिक प्रभावी होनेवाले कुल मिलाकर 200 अब्ज तारे हैं। यह आँकड़ा आप फिर से जाँच सकते हैं। इस आकाशगंगा में 20 हजार करोड़ तारे ऐसे हैं जो सूर्य से कम-अधिक मात्रा में प्रभावी हैं। अब हम अगर ऐसा समझ लें कि यह जो महाकाय रिक्त जगह है इसके परे घूमनेवाले अनेक ग्रह, उसके बाद ये अनगिनत सूर्य तो आपकी समझ में आ जाएगा कि निरीक्षण करने के लिए वही परिस्थिति फिर से आनी चाहिए। सौ साल में एक बार खिलनेवाले फूल की परिस्थिति जाँचना कुछ सदियों को मिलाकर मुमकिन है। लेकिन ऐसा कोई फूल होगा जो एक लाख साल में एक ही बार खिलता है तो मानवी इतिहास में उसका अध्ययन करना नामुमकिन हो जाएगा। निरीक्षण के लिए वापस उसी स्थिति का आना जरूरी होता है और अगर ग्रह, आकाशगंगा में से बाकी के तारे जिनका परिणाम स्वाभाविकत: हमारे शरीर पर होता होगा, इन सब बातों का विचार करें तो उसी परिस्थिति का फिर से आना मुमकिन नहीं है। अत: निरीक्षण करना संभव नहीं और उसके आधार पर विज्ञान भी मुमकिन नहीं है।

एक और मजे की बात ध्यान में लेनी चाहिए। कोई बात विज्ञान है यह कैसे साबित होता है? मान लीजिए 100 चीजें मिलाकर एक काढ़ा बनाया गया है और उसे पीने के बाद बीमारी पूरी तरह से ठीक हो जाती है। अब उन 100 वनस्पतियों में से किस वनस्पति की वजह से बीमारी पर असर हुआ है यह समझना मुश्किल है। इसके लिए आपको कुछ वनस्पति को हटाने की पद्धति को अपनाना पड़ेगा। उसमें से एक-एक वनस्पति को कम करना होगा और उस वनस्पति के कम होने से काढ़े में कौन सा लाभ या हानि होती है इसकी टिप्पणी रखनी होगी। फिर उसकी सहायता से हम समझ सकते हैं कि किस वनस्पति में कौन सी विशेषता है। लेकिन 100 वनस्पतियों को मिलाकर बनाए काढ़े में से कौन से वनस्पति की कौन सी विशेषता से लाभ हुआ, यह बताया नहीं जा सकता। अब हम पर लगातार और

अखंड सूर्यकुल के सभी ग्रहों का परिणाम होता है। इनमें से मंगल का परिणाम, शनि का परिणाम, बृहस्पति का परिणाम ऐसा-ऐसा होता है, ऐसे बताया जाता है। हमें ऐसा बताया जाने से पहले उसकी जाँच होनी चाहिए और अगर हमें मंगल का परिणाम जाँचना हो तो उस समय अन्य ग्रहों के परिणामों को रोकने की व्यवस्था होनी चाहिए अन्यथा अकेला मंगल, अकेला शनि किस प्रकार से व्यक्तिगत प्रभाव डालता है यह समझ में नहीं आ पाएगा। इसका अर्थ यही है कि ऐसी व्यवस्था अगर नहीं होगी तो उस ग्रह पर जो विशेषता चिपकाई गई है उसके निरीक्षण की कोई स्वतंत्र नींव ही नहीं है। जैसे 100 वनस्पतियों से बने काढ़े की स्वतंत्रता से जाँच-पड़ताल न करें तो हर एक वनस्पति की विशेषता कौन सी है, इसके लिए कोई वैज्ञानिक आधार नहीं है।

इससे भी अधिक महत्त्वपूर्ण बात यह कि जिस समय मनुष्य ने फलज्योतिष को ढूँढ़ निकाला, उस समय उसने आकाश में स्थित ग्रहों के, आकाश के रिक्त स्थान के बारह हिस्से किए और उनसे खास विशेषताएँ जोड़ दीं। आकाश के रिक्त स्थान के बारह हिस्से करके उन्हें कायम करना और उन पर विशेषता जोड़ना यह एक बहुत ही बड़ा मजाक है। एक तो हमें यह मालूम है कि पृथ्वी घूमती है। लेकिन उसका घूमना हमें बिलकुल महसूस नहीं होता। क्योंकि पृथ्वी दिन में 54 हजार मील की रफ्तार से घूमती है। अब स्वाभाविक तौर पर हम जिस दिशा के शून्य स्थान में स्थित ग्रहगोलों का निरीक्षण करते हैं वह स्थान बदल जाता है। वह जो बदलता है वह अवकाश स्थान होता है। उस अवकाश के स्थान एक-एक टुकड़े की एक-एक विशेषता होती है, इस बात के लिए किसी भी प्रकार का आधार आज तक किसी ने दिया नहीं है। इसी कारण जो विचार किया जाता है, जो विवेचन किया जाता है, वह बिलकुल वैज्ञानिक नहीं है।

कुछ नक्षत्र सात्त्विक होते हैं। कुछ राशियाँ नपुंसक होती हैं। मंगल और रवि पुरुष प्रकृति के ग्रह हैं। चंद्र और शुक्र स्त्री प्रकृति के हैं। बुध और शनि नपुंसक हैं। इसका क्या सबूत है? कुछ नक्षत्र दुर्बल और कुछ प्रभावी क्यों होते हैं? इसका क्या प्रमाण है? नक्षत्र और राशि ये जल, वायु और अग्नि से बने हैं, इसका क्या प्रमाण है? इन सब पूर्वानुमानों का जरा-सा भी आधार नहीं है। अगर हम इन पर गौर करें तो हमारी समझ में आ जाएगा कि आकाश में होनेवाले ग्रहगोलों का परिणाम मानवी जीवन पर लगातार और अखंड होता है यह बात वैज्ञानिक दृष्टि से टिक नहीं पाती और हाल ही में किए गए आविष्कारों से एक बात समझ में आ गई है, जिसकी वजह से तथाकथित ज्योतिष शास्त्र की नींव ही उखड़ चुकी है। हम ऐसा मानते हैं कि 'पृथ्वी सूर्य के और खुद के भी चक्कर काटती है। ये दोनों गतियाँ पृथ्वी की होती हैं लेकिन पृथ्वी की तीसरी और एक गति होती है जिसे पराचन ऐसा कहा जाता है।' अर्थात् पृथ्वी खुद के और सूर्य के चक्कर काटते-काटते खुद

के अक्ष से थोड़ी लुढ़कती है और इसी वजह से पृथ्वी का अक्ष धीर-धीरे बदलता रहता है। वह कितना बदलता है? 26 हजार सालों में यह झुकाव 360 अंश से पूरा होता है। इसका मतलब यह है कि अगर पृथ्वी का अक्ष ध्रुव की तरफ झुका होगा तो आज से ग्यारह हजार सालों बाद वह वोगा नामक नक्षत्र की ओर झुका हुआ मिलेगा। पृथ्वी खुद के अक्ष से लुढ़कती रहती है। दो हजार साल पहले जब फलज्योतिष की निर्मिति हो गई तब आकाश के बारह हिस्से किए गए। 26 हजार सालों में अगर पृथ्वी पूरे 360 अंश से घूमनेवाली होगी तो लगभग दो हजार सालों बाद एक राशि से पृथ्वी का अक्ष घूमता है। यानी उस वक्त जो नक्षत्र, वृषभ राशि में थे वे अब मिथुन राशि में आ गए और निरीक्षण की नींव ही बदल गई। इन बातों पर गौर किया जाए तो हमें यकीन हो जाएगा कि फलज्योतिष को आकाश में स्थित ग्रहगोलों के निरीक्षण के आधार पर विज्ञान का स्तर देने का कोई प्रश्न ही नहीं।

जन्म का समय कौन सा?

दूसरा मुद्दा यानी पूर्वानुमान यह है कि 'मानवी जीवन पर होनेवाला परिणाम व्यक्ति के जन्म के समय पर निर्भर होता है।' जिनके प्रसूति गृह होते हैं वे आपको बताएँगे कि अंदर से बच्चे की आनेवाली आवाज के बाद बाहर आते हुए डॉक्टर से दो प्रश्न किए जाते हैं। पहला—'डॉक्टर साहब लड़का या लड़की?' और दूसरा प्रश्न 'कितने बजे?' ऐसा होता है। अब आपका जन्म कब होता है? मैं आपको इसके सात समय बताता हूँ। इनमें से कौन सा समय बच्चों के जन्म का सही समय है यह आप मुझे बताइए। सच तो यह है कि जिस समय स्त्री बीज और पुरुष बीज का मिलन स्त्री नलिका में होता है और जीव की पहली पेशी तैयार होती है, तब बच्चा जन्म लेता है क्या? फिर वह गर्भ बढ़ता है और सात महीने का होता है। सात महीने का बच्चा अगर जन्म लेता है तो भी उसके जीने की संभावना होती है। उसे Viable Child ऐसा कहते हैं। इसलिए अगर गर्भपात कराना है, तो पाँच महीने होने के पहले कराना पड़ेगा ऐसा कानून है। तो जब बच्चा सात महीने का होता है तब उसके जन्म का समय मानना चाहिए क्या? तीसरी बात जब बच्चा जन्म लेता है तब पहले उसका सिर बाहर आता है और बच्चे का जन्म कोई रॉकेट की उड़ान नहीं। बच्चे का सिर बाहर आने के बाद पैर बाहर आने तक कुछ समय लगता है। इसमें कभी-कभी तो आधा घंटा भी लग जाता है। ऐसे में जन्म का समय कौन सा मान लें? सिर बाहर आने पर का या पैर? इतने में अगर नक्षत्र बदल जाएगा तो क्या? कई बार उलटा होता है बच्चा उलटी स्थिति में जन्म लेता है। पहले उसके पैर बाहर आते हैं, बाद में सिर। ऐसी स्थिति में बच्चे के जन्म का समय कौन सा समझें? दूसरे, बच्चा जन्म

लेने के बाद भी माँ के अस्तित्व का ही हिस्सा होता है! डॉक्टर नाल को काटकर बच्चे को माँ से दूर करते हैं और फिर बच्चे के अपने खुद के विश्व का प्रारंभ होता है। यानी बच्चे के जन्म का समय जब नाल काटकर बच्चा माँ से अलग किया जाता है वह माना जाए। जन्म लेनेवाले हर बच्चे को रोना ही पड़ता है। अगर वह नहीं रोया तो डॉक्टर पर रोने की बारी आती है क्योंकि बच्चे के फेफड़े माँ के गर्भाशय में सिकुड़ी स्थिति में होते हैं। जिस समय वह रोता है तब बाहर की साँस लेता है और फिर उसके फेफड़े फैल जाते हैं। मतलब बच्चे की ली पहली साँस के समय को उसका जन्म समय मानना चाहिए क्या? और वह भी क्यों मान लें? इसका प्रमाण क्या है? हम जानते हैं कि कुछ महिलाओं की प्रसूति स्वाभाविक तौर पर नहीं होती। जिनकी प्रसूति स्वाभाविक तौर पर नहीं होनेवाली है उन्हें, डॉक्टर कहते हैं कि आपकी गर्भावस्था के दिन पूरे हो जाने के बाद आपका सिजेरियन ऑपरेशन करना होगा। ऑपरेशन आसान होता है, उसमें कोई भी तकलीफ नहीं होती। फिर उस स्त्री के नौ महीने पूरे भी हो जाते हैं। वह डॉक्टर के पास जाती है। डॉक्टर कहते हैं कि “कल सुबह आना, हमारे कर्मचारी तभी आ जाएँगे। कल सुबह आपका ऑपरेशन कर देंगे।” और फिर वह महिला थोड़ा-सा हिचकिचाते हुए कहती है, “डॉक्टर साहब, क्या आप मेरा ऑपरेशन दो दिनों के बाद नहीं कर सकते?” डॉक्टर की समझ में नहीं आता और वे पूछते हैं, “क्यों?” तब वह महिला कहती है, “और दो दिनों के बाद चैत्र शुक्ल प्रतिपदा का त्योहार है। मेरा बच्चा साढ़े तीन मुहूर्तों में से एक मुहूर्त पर जन्म लेगा। इसलिए आप दो दिनों बाद सिजेरियन करें।”

अब आपके बच्चे को वक्त पर जन्म देकर उसका भविष्य और पूरा जीवन अच्छा बनाने की क्षमता यदि डॉक्टरों के पास होती तो डॉक्टर ब्रह्मदेव के बाप होते, ऐसा मानने में कोई हर्ज नहीं। और मान लीजिए अगर उन्होंने ऐसी कोशिश की, जो बात मुमकिन है—एक ही अस्पताल में, एक ही जगह पर, एक ही ऑपरेशन थिएटर में मतलब एक ही अक्षांश-रेखांश पर एक ही समय पर सिजेरियन करके तीन बच्चों को जन्म दिया जा सकता है, तो उनमें से एक बच्चा अंबानी जैसे अमीर घराने का हो सकता है, दूसरा सुखासीन मध्यवर्गीय घराने का और तीसरा मनरेगा पर काम करनेवाली, खेत में मजदूरी करनेवाली महिला का। तब एक ही समय पर एक ही स्थान पर जन्मे उन बच्चों का भविष्य एक जैसा ही होगा क्या? निश्चित रूप से वह एक जैसा नहीं होगा।

नियतिवाद का विरोध

इसका कारण यह है कि मनुष्य का भविष्य ग्रहगोलों की गति तय नहीं करती बल्कि सामाजिक स्थिति तय करती है। यहाँ पर हम पूर्वानुमान के तीसरे हिस्से की ओर

जाते हैं। जो लोग फलज्योतिष को विज्ञान मानते हैं उनका कहना क्या होता है? वे ऐसा कहते हैं कि "हम आपको आपका भविष्य बताते हैं, मतलब क्या करते हैं? हम आपको ग्रहगोलों द्वारा दिखनेवाले नियति के संकेत बताते हैं। जैसे कि पटरी से रेलगाड़ी दौड़ती है फिर भी बीच-बीच में आगे स्टेशन है, मोड़ है, आगे दुर्घटनाग्रस्त क्षेत्र है इस तरह के सूचना फलक लगाए होते हैं। अर्थात् आपको इशारा मिल जाता है। इसी तरह इनसान का जीवन नियति की पटरी पर चलता है। उसे इनसान बदल नहीं सकता। लेकिन नियति की पटरी पर आगे जाते समय उसे जो सहना होगा उसके संकेत हम कुंडली के माध्यम से उस तक पहुँचाते हैं और आगे जाकर जीवन में उसका लाभ होता है।"

यह बात बिलकुल ही झूठी है। कृपा करके उसे समझ लो। एक तो इस तरह से पहुँचाए गए संकेत निश्चित रूप से वैसे ही घटित हो जाएँगे इसके कोई सबूत आज तक इन ज्योतिषियों ने दिए नहीं हैं। अगर सबूत देने के लिए वे तैयार होंगे तो उस आवाहन के लिए अंधश्रद्धा निर्मूलन समिति सदैव तैयार रहेगी और दूसरी बात, मनुष्य का जीवन कैसे तय हो जाता है? सावित्रीबाई फुले के जन्म तक इस देश के स्त्रियों की कुंडली में दो हजार सालों तक शिक्षा का योग लगभग नहीं था। पिछले सौ सालों में अचानक एक के बाद एक शिक्षा के योग उनकी कुंडली में आ गए, यह किस वजह से हुआ? देश को आजादी मिली उस वक्त देश का औसतन आयुर्मान 30 साल का था। कई मानवी प्रयासों के बाद अब यह उम्र 57 साल हो गई है। तो इसका मतलब यह है कि पिछले 50 सालों में कुंडली में जो मृत्यु योग थे वह आगे चले गए? इसलिए ग्रह ही मानवी जीवन पर नियंत्रण रखते हैं अथवा ग्रह मनुष्य जीवन के संकेत देते हैं यह बात सच नहीं है। मनुष्य जीवन की जो विशेषताएँ होती हैं, उनमें से एक तो उसे माँ-बाप की ओर से जो रंगसूत्र और गुणसूत्र मिलते हैं उस पर और दूसरी जिस सामाजिक-पारिवारिक वातावरण में वह पलता है उस पर निर्भर होती है।

ज्योतिषियों को आवाहन

हम भविष्य बता सकते हैं ऐसा कोई दावा करता है तो महाराष्ट्र अंधश्रद्धा निर्मूलन समिति उन्हें पाँच लाख रुपयों का आवाहन देती है। क्या है यह आवाहन, लोग ज्योतिषियों के पास क्यों जाते हैं? लोग ज्योतिषियों के पास उनकी किस्मत में शिक्षा है? नौकरी कौन सी मिलेगी? पत्नी कैसी होगी? बच्चे कितने होंगे? जीवन में अकल्पित घटनाएँ होंगी क्या? धन प्राप्ति, विदेश यात्रा अथवा कोई दुर्घटना है क्या? आदि बातें जानने के लिए जाते हैं। जिस किसी ज्योतिषी की यह आवाहन स्वीकार करने की तैयारी होगी उसे हम बीस कुंडलियाँ देंगे। उनके आधार पर वह

ज्योतिषी कितना भी समय ले, मगर उसे कुछ प्रश्नों के जवाब देने पड़ेंगे। यही कि उस व्यक्ति का विवाह कब हो गया है? वह व्यक्ति कितने दर्जे तक पढ़ा है? उस व्यक्ति की आर्थिक स्थिति कैसी है? उस व्यक्ति के कितने लड़के और कितनी लड़कियाँ हैं? उसके जीवन में कोई महत्त्वपूर्ण घटना-दुर्घटना अथवा विदेश यात्रा या लॉटरी लगने जैसा कुछ घटित हुआ है क्या? उसके जीवन में कुछ अलग होनेवाला है क्या? अगर इसमें से 80 प्रतिशत उत्तर भी उसने सही दे दिए तो हम मान लेंगे कि 'ज्योतिष एक विज्ञान है। ऐसा मानने में थोड़ी-सी गुंजाइश है। उसी समय ये बीस कुंडलियाँ अलग-अलग पाँच विख्यात ज्योतिषियों को दी जाएँगी। हम जानते हैं कि वैद्यकशास्त्र शास्त्र क्यों है? अगर आपने भारत, पाकिस्तान या चीन के किसी भी डॉक्टर को खून में होनेवाले शुगर की रिपोर्ट दिखाई तो वह आपको मधुमेह (डायबिटीज) है या नहीं यह बता देगा। क्योंकि डायबिटीज के बारे में होनेवाले निकष हर जगह पर एक समान हैं। आपने यदि इंग्लैंड, अमरीका, फ्रांस के व्यक्ति को मरीज का एक्स-रे दिखाया तो वह क्षय है या नहीं यह आपको बता देगा क्योंकि उसके निकष समान हैं। अगर फलज्योतिष यह शास्त्र है तो पाँच अलग-अलग जगहों पर पाँच अलग-अलग ज्योतिषियों को बिठाकर हर एक को पाँच-पाँच जन्मपत्रिकाएँ दी जाएँगी। उनके उत्तर एक समान आ जाएँगे तो 'कम से कम उनके स्तर पर तो शास्त्र के निकष एक जैसे हैं' ऐसा मानने के लिए थोड़ी-सी जगह होगी। फिर भी ज्योतिष यह शास्त्र (विज्ञान) है ऐसा मानने के लिए हम तैयार हैं। लेकिन वास्तव में ऐसा दिखाई देता है कि 'इस प्रकार का आवाहन स्वीकार कीजिए' ऐसा कहने पर कुछ न कुछ कारण देकर लोग बात को वहीं छोड़ देते हैं या भाग जाते हैं और बाकी समय में 'फलज्योतिष' यह एक विज्ञान है, इस बात पर लंबे भाषण देते रहते हैं। तब 'यह सूर्य और यह जयद्रथ' इस न्याय से हम उसकी जाँच करना चाहते हैं। इस प्रकार की कई चुनौतियाँ इस बारे में बताई जा सकती हैं और किसी भी 'ज्योतिष यह शास्त्र है' ऐसा कहनेवाले अथवा उसके लिए परीक्षा देने के लिए खुद आगे आनेवाले इनसान का हम स्वागत ही करते हैं।

तीन बनावटी आधार

जिस समय इन लोगों की समझ में आता है कि पुराना विवेचन पर्याप्त नहीं होता या नहीं चल सकता तब वे आधुनिक आधार लेने की कोशिश करते हैं। यानी पुरानी शराब नई बोतल में भर दी जाती है। ये तीन आधार इस प्रकार बताए जाते हैं—पहला आधार, जिस प्रकार अमावस और पूर्णिमा के दिन समुद्र में ज्वार आने से पानी बढ़ जाता है उसी प्रकार चंद्र के मन का कारक होने की वजह से मन को भी ज्वार आ जाता है। समुद्र का ज्वार जिस प्रकार गुरुत्वबल की वजह से होता है,

उसी प्रकार अमावस और पूर्णिमा को व्यक्ति में जो प्रक्षुब्धता आती है, वह चंद्र की वजह से आती है। जैसे गुरुत्वबल का समुद्र पर परिणाम होता है, वैसे ही मानवी जीवन पर ग्रहगोलों का परिणाम होता है। यह बात सत्य है। इसका कारण यह है कि 'ग्रहगोलों का परिणाम, चंद्रगोल का परिणाम, गुरुत्वबल का परिणाम मानवी जीवन पर होता है।' लेकिन गौर करें कि यह परिणाम किस प्रकार का होता है, यह हमें अब विज्ञान के नियमों के कारण अच्छी तरह से पता चला है। दो पदार्थों के वस्तुमान के गुणन के समप्रमाण में और फासले के वर्ग के विपरीत अनुपात पर गुरुत्वबल का परिणाम निर्भर होता है। इसका मतलब यह कि कोई भी पदार्थ दूसरे पदार्थ पर गुरुत्वबल का परिणाम करता है। जैसा कि मैं अपनी बिल्डिंग में भाषण दे रहा हूँ तब उसके गुरुत्वबल का परिणाम चलता रहता है। और मेरे गुरुत्वबल का वह परिणाम जैसे भाषण सुननेवाले लोगों पर हो रहा है वैसे ही मेरी जेब में रखी कलम पर भी हो रहा है। आप इस बात को समझ लीजिए कि समुद्र का वस्तुमान इतना बड़ा है कि उसकी वजह से वह कुछ हद तक उछलने लगता है। लेकिन समुद्र के उसी पानी को किसी बर्तन में लेकर किनारे पर रख दिया जाए तो उसमें ज्वार नहीं आता। हर एक व्यक्ति का वस्तुमान समुद्र की तुलना में बहुत ही अल्प होने के कारण इस प्रकार का कोई भी परिणाम उन पर नहीं होता और अगर ऐसा परिणाम होता है ऐसा विज्ञान का कहना है तो हम जानते ही हैं कि पृथ्वी पर लगातार और अखंडता से उल्कापात होते रहते हैं। जिनकी वजह से पृथ्वी पर हर साल दस लाख टन वजन की धूल जम जाती है ऐसा माना जाता है। इसका अर्थ यह हुआ कि पृथ्वी का वस्तुमान बदलता रहता है। अर्थात् आपको पंचांग में ग्रैविटेशनल कॉन्स्टैंट (गुरुत्वबल स्थिरांक) देना पड़ेगा, जो ज्योतिषी कभी नहीं देते।

दूसरा मुद्दा आधुनिक भाषा में ऐसा प्रस्तुत किया जाता है कि विद्युत चुंबकीय क्षेत्र की वजह से मानवी जीवन पर परिणाम होते रहते हैं। विद्युत चुंबकीय क्षेत्र का यह मुद्दा भी बिलकुल टिक नहीं सकता। चंद्र और शुक्र का व्यक्तियों की कुंडली में महत्त्वपूर्ण स्थान है लेकिन उनका चुंबकीय क्षेत्र ही नहीं होता तो यह मुद्दा भी ख़ारिज हो जाता है।

तीसरा मुद्दा आता है ऊर्जा की लहरों का। ऊर्जा की लहरों द्वारा ज्योतिष का परिणाम गढ़ा जाता है या निर्माण किया जाता है। 'ऊर्जा लहरें पृथ्वी का चक्कर लगाकर दूसरी ओर पहुँच नहीं पातीं' लेकिन यदि ऊर्जा लहरों के द्वारा परिणाम किया जाता है ऐसा माना भी जाए तो रात के समय पैदा हुए बच्चों का कोई भविष्य नहीं होगा।

और एक मुद्दा बताया जाता है कि पृथ्वी पर 70 प्रतिशत पानी है। मनुष्य के शरीर में 70 प्रतिशत पानी है। इसी वजह से चंद्र का जैसे समुद्र पर परिणाम होता है वैसा ही परिणाम मनुष्य के शरीर पर भी होता है। अर्थात् यह उपमा निरर्थक है।

मनुष्य के शरीर में होनेवाली पानी की मात्रा और समुद्र के पानी की मात्रा का संबंध इस प्रकार से जोड़ना बहुत ही हास्यास्पद है।

फलज्योतिष विज्ञान नहीं : अन्य कारण

फलज्योतिष विज्ञान नहीं इसके बारे में और भी कई बातें बताई जा सकती हैं। दुनिया के 192 वैज्ञानिकों ने, जिनमें से 18 वैज्ञानिकों को नोबेल पुरस्कार से नवाजा गया है; एक पत्रक निकालकर घोषित किया कि फलज्योतिष को विज्ञान का दर्जा दिया जाए ऐसा उसमें कुछ भी नहीं है। दूसरी बात फलज्योतिष से बताए गए अनेक भविष्य गलत साबित हो चुके हैं। उनकी संख्या बड़ी मात्रा में है।

उदाहरणार्थ, 20 मार्च, 1977 को उस वक्त के 'तरुण भारत' अखबार के संपादक चं. प. भिशीकर ने भारत के प्रमुख अखबारों में दिए हुए चुनावों के नतीजे निकाले। तब पता चला कि वे सब के सब मुँह के बल गिर गए हैं। कांग्रेस लगातार सत्ता में आ रही थी। यह तब तक की राजनीति का अभिन्न कारण था। देश आपातकाल से गुजरा था, जिससे इंदिरा गांधी की सत्ता आ जाएगी ऐसा लग रहा था। असल में उस चुनाव में कांग्रेस का पानिपत हो गया था। मगर देखा जाए तो हमेशा से ही ऐसे भविष्य गलत साबित होते हैं और उनकी तादाद भी बहुत भारी मात्रा में है। इसके बारे में कोई नहीं बोलता और जो भविष्य साबित होते हैं उनका ढिंढोरा पीटा जाता है, उनका बोलबाला होता है। सन् 1995 में महाराष्ट्र राज्य में हुए चुनावों से पहले महाराष्ट्र के सभी प्रमुख ज्योतिषियों से हमने खत लिखकर यह पूछा था कि आप इन चुनावों के बारे में पहले ही आपका भविष्य कथन कर सकते हैं क्या? और दो बार रजिस्ट्री डाक से खत भेजने पर भी किसी एक ने भी इसका उत्तर देने का साहस नहीं दिखाया। ऐसी कई सारी बातें हैं जिनके बारे में फलज्योतिषी अगर पहले ही अपना भविष्य बता सकते हैं, तो हम कभी भी उन्हें आवाहन देने के लिए तैयार हैं। मगर यहाँ एक बात समझ लेनी चाहिए कि जिस समय केवल दो ही विकल्प मौजूद होते हैं, उस वक्त संभव-असंभव सिद्धांत के अनुसार उसमें से एक विकल्प सही होने की संभावना होती ही है। यानी अगर दो लोग चुनाव में खड़े होते हैं तो एक ज्योतिषी ऐसा कह सकता है, 'यह जीत जाएगा और दूसरा ज्योतिषी कह सकता है वह जीत जाएगा।' किसी एक का उत्तर सौ प्रतिशत सही निकलेगा ही। लेकिन इसका मतलब उत्तर सही है ऐसा नहीं होता बल्कि संभव और असंभव सिद्धांत के अनुसार की गई वह चालबाजी होती है। जब बहुविकल्पी उत्तर लगातार सही आने लगते हैं तब उसे विज्ञान का स्तर प्राप्त होता है।

समाचार-पत्रों में दिए जानेवाले भविष्य पर अगर हम नजर डालेंगे तो सहज ही जान पाएँगे कि फलज्योतिष के नाम पर केवल मनोरंजन या धोखाधड़ी की जाती है।

अपने गाँव में आनेवाले कोई भी दो समाचार-पत्र लीजिए और किसी भी गाँव में यह प्रयोग करके देखिए। उन दो अखबारों में एक ही राशि के व्यक्ति का एक ही दिन का अलग-अलग और कई बार तो बिलकुल उलटा भविष्य बताया दिखाई देता है। यानी अगर एक अखबार में 'गृहसौख्य' ऐसा लिखा होगा, तो दूसरे में 'गृहकलह' ऐसा लिखा होता है। एक में लिखा होता है 'धनप्राप्ति', तो दूसरे में लिखा होता है 'आर्थिक तंगी।' अब एक ही दिन में एक ही राशि के अलग-अलग भविष्य कैसे आते हैं? और उस पर लोग पागलों की तरह विश्वास क्यों रखते हैं? या फिर ऐसा सोचने में भी कोई हर्ज नहीं कि दुनिया के सभी लोग अगर बारह राशियों में विभाजित किए गए होंगे; तो इसका अर्थ धनप्राप्ति उस दिन दुनिया के 1/12 लोगों का भविष्य है। यानी दुनिया में जितनी आबादी है उसमें से 1/12 लोगों ने अगर उस दिन लॉटरी का टिकट या शेयर्स लिये तो उन्हें धन की प्राप्ति होनी चाहिए। मगर ऐसा आम तौर पर घटित नहीं होता। इस बात को हम अपने बुद्धि से भी समझ सकते हैं। लेकिन हम विवेक बुद्धि का इस्तेमाल सामान्य रूप से करते ही नहीं।

आकाश से ग्रहगोलों की किरणें अगर माँ के गर्भ पर प्रभाव डालती होंगी, तो हम अपने विवेक बुद्धि से ऐसा विचार क्यों नहीं करते कि 'ये किरणें इतने बड़े शून्य स्थान से आती हैं? इमारत की 10-12 मंजिलों से, सीमेंट, क्रांक्रीट के स्लैब से। फिर वे उस गर्भवती स्त्री की कमरे में आती हैं। लेकिन उस गर्भवती स्त्री के चार इंच मोटे पेट के अंदर होनेवाले बच्चे पर प्रभाव डालने के लिए वे रुक जाती हैं। और जब वह बच्चा बाहर आता है, जन्म लेता है उसी समय वे प्रभाव डाल सकती हैं। यह कैसे होता है? इन सब बातों में कोई भी बात तर्कसंगत नहीं है, यह हम आसानी से समझ सकते हैं। इसके बावजूद हम सोचते ही नहीं और उसमें जो विसंगति होती है उसे हम जान नहीं पाते। जैसा कि आप जानते ही हैं कि अंटार्कटिका में 6 महीने रात होती है और 6 महीने दिन। इसीलिए अभी वैज्ञानिकों ने वहाँ पर थोड़ी-बहुत मानवी बस्ती बसाई है। लेकिन कुछ राष्ट्रों का तो वहाँ पर 12 महीने डेरा होता है। जब अंटार्कटिका पर पूरी तरह से अँधेरा होता है, उस वक्त के 6 महीनों के समय में अगर कोई माता प्रसूत हो जाए तो उसके बच्चे का कोई भविष्य होगा या नहीं? मनुष्य ने चाँद पर पैर रखे हैं। कभी न कभी उस पर बसेरा हो जाएगा और वहाँ पर प्रसूत होनेवाली पहली माता के बच्चे की जन्मपत्री, कुंडली में चंद्र का स्थान क्या होगा? ऐसे प्रश्न भी हमारे मन में नहीं आते और अगर आते भी हैं तो हम उन्हें मानते नहीं हैं।

शाहू महाराज का किस्सा

बताया जाता है कि अपनी विवेक बुद्धि से सोचने पर राजर्षि शाहू महाराज को सौ साल पहले एक सवाल सूझा था। वाकया ऐसा था, 'एक बार उनके दरबार का

कामकाज शुरू हो गया था, इतने में बाहर एक बहुत ही प्रवीण और सही भविष्य बतानेवाला ज्योतिषी आया है, ऐसी खबर उन्हें उनके सिपाहियों ने दी। शाहू महाराज का इन बातों पर विश्वास नहीं था फिर भी उन्होंने कहा, "ठीक है, बुलाओ उसे।" वह ज्योतिषी दरबार में आ गया, उसने महाराज को प्रणाम किया। महाराज ने उसकी तरफ बिना देखे सिपाहियों को आदेश दिया कि "इसे गिरफ्तार किया जाए और कैदखाने में डाल दिया जाए।" अब महाराज की आज्ञा। आगे कौन बोल सकता है? इसलिए उसे बंदी बनाकर कैदखाने में डाल दिया। दूसरे दिन दरबार शुरू हो गया तो शाहूजी महाराज ने स्मरण कर उस ज्योतिषी को दरबार में बुलाया। उसका सम्मान किया। इस बात से वह ज्योतिषी संभ्रम में पड़ गया और उसने महाराज से कहा, "महाराज मेरी तो कुछ समझ में ही नहीं आ रहा है कि कल जब मैं यहाँ आया तो आपने मुझे गिरफ्तार करके कैदखाने में डाल दिया और आज मुझे छोड़कर मेरा सम्मान कर रहे हैं, ये बातें मेरी समझ से परे हैं।" तब महाराज ने कहा, "मैंने ये सब इसलिए किया क्योंकि तुम ये समझ सको कि तुम कुछ भी नहीं जानते या समझते हो। अरे, अगर तुम इतना भी नहीं जानते कि तुम्हारा कल तुम्हें गिरफ्तार किया जाने वाला दिन था और आज तुम्हारी रिहाई होनेवाली है तो दूसरों का भविष्य कैसे बता सकते हो? जिसे खुद का एक दिन का भविष्य पता नहीं चलता, वह ख्वामख्वाह सारी दुनिया का भविष्य बताने का धंधा क्यों कर रहा है?"

यह प्रश्न महाराष्ट्र के कई समाज सुधारकों ने बार-बार किया है। महात्मा फुले ने एक बार पूछा था कि "हर लड़ाई से पहले मुहूरत देखनेवाली पेशवाई डूब गई और बिना मुहूरत के लड़ाई लड़नेवाले गोरे लोग जीत गए। यह कैसे हुआ?" आगे जाकर वे कहते हैं कि "36 गुणों की जन्मपत्री मिलाकर हमारी माता-बहनों के विवाह होते हैं और फिर भी उनके मत्थे वैधव्य आ जाता है और कोई भी जन्मपत्री बिना देखे शादी-ब्याह करनेवाली गोरी मैडमों की गृहस्थी खुशहाल बन जाती है, यह कैसे?" इसका मतलब यह है कि फुले का ऐसा कहना था, "जब दो सैनिक आपस में लड़ते-भिड़ते हैं तब उनके पास होनेवाले शस्त्र और मनोबल पर युद्ध का नतीजा निर्भर होता है। आकाश के रिक्त स्थान में स्थित ग्रहगोलों पर नहीं। पति-पत्नी की गृहस्थी खुशहाल होगी या नहीं यह उनके जन्मपत्री के 36 गुणों पर निर्भर नहीं होता।" महात्मा फुले के जमाने में तो बचपन में ही विवाह होते थे। लड़की की उम्र 4-5 बरस और लड़के की 10 या 12 साल। उस समय बालमृत्यु का अनुपात भी बहुत अधिक था। स्वाभाविक रूप से कई स्त्रियों के मत्थे वैधव्य आ जाता था। जब तक इस देश में स्वास्थ्य व्यवस्था में सुधार नहीं होगा, बालविवाह की प्रथा समाप्त नहीं होगी, तब तक जन्मपत्री के गुण मिलें या न मिलें उसकी कोई कीमत नहीं है। महात्मा फुले या राजर्षि शाहू महाराज की विचार पद्धति में वैज्ञानिक दृष्टिकोण है, इस बात पर हमें गौर करना चाहिए।

फलज्योतिष कला

इतना सब बताने के बाद लोग कहते हैं कि "यह ठीक है। हम इससे सहमत हैं। लेकिन लोग भविष्य ही न देखें, ऐसा आपका कहना है?" लोग भविष्य देखें या न देखें यह हमारा विषय नहीं है। ज्योतिष विज्ञान है या नहीं यह हमारा विषय है। मतलब, "ज्योतिष विज्ञान नहीं वह एक कला है," ऐसा अगर कोई कहता है तो उससे हमारा विरोध नहीं। यह कैसी कला है? यह मनुष्य को जरूरी होनेवाले सहारे के स्वप्न बेचने की कला है। हर किसी को किसी न किसी सहारे की जरूरत होती है। जिस समय व्यक्ति निरुपाय होता है उस वक्त उसकी चाहतें बढ़ने लगती हैं, हर चीज को वह और अधिक पाना चाहता है। जैसे, अगर उसके पास प्लॉट होगा तो बँगला पाने की, दो पहिया गाड़ी होगी तो चार पहिया गाड़ी मिलने की। इसीलिए उसे सहारे की जरूरत होती है और अगर वह बहुत अच्छी परिस्थिति में होता है तो वैसी स्थिति जिंदगीभर बनी रहे इसके लिए सहारे की आवश्यकता होती है। यह मनुष्य के मन की कमजोरी है। यह बात उचित नहीं है। लेकिन इन सपनों को खरीदने के लिए उसकी ज्योतिषी सहायता करता है। ऐसी सहायता करना विज्ञान से मेल नहीं खाता। विज्ञान के लिए एक विशिष्ट पद्धति से विश्लेषण करना जरूरी होता है। अगर हर किसी बात के लिए अलग-अलग निकषों की जरूरत महसूस हो, जैसे ज्योतिष में होता है, तो वह विज्ञान नहीं होता, ऐसा अनेक सालों से ज्योतिष का अध्ययन करनेवाले वि. म. दांडेकर जैसे व्यक्ति बताते हैं। इस बात पर गौर करना चाहिए।

फिर भी ज्योतिष लोगों को पसंद आता है यानी क्या? ज्योतिष पर लोग भरोसा दिखाते हैं यानी क्या? इसका उत्तर हमें ज्योतिष से कैसे बताया जाता है, इस बात को समझ लें तो मिल सकता है। आप किसी भी मनुष्य का हाथ अपने हाथ में लीजिए और उसे ऐसा बता दीजिए कि "आप दिल से एकदम सीधे-सादे हैं। न ऊधो का लेना न माधो का देना। दूसरों का भला हो जाए ऐसा ही आपको लगता है। लेकिन आपके रास्ते में कोई आता है तो आप उसे नहीं छोड़ते।" ये सब सुनने पर वह मनुष्य अपना सिर जरूर हिलाता है क्योंकि वह खुद के बारे में ऐसा ही सोचता है। अगर आप किसी स्त्री से ऐसा कहेंगे कि "देखिए, आप घरवालों के लिए दिन-रात मेहनत करती हैं, मगर उन्हें आपकी जरा भी कद्र नहीं है।" तो वह स्त्री उस बात से एक मिनट में सहमत होती है और आगे बताया जाता है कि "आपके पति बिलकुल सीधे-सादे, सरल, भोले आदमी हैं, आपकी वजह से उनकी गृहस्थी खुशहाल है। वरना उनकी कुछ खैर नहीं थी।" अगर आप ऐसा कहेंगे तो भी उस स्त्री को ऐसा लगेगा कि यह बिलकुल सही है। अगर मैं नहीं होती तो यह घर-गृहस्थी चलती ही नहीं। मतलब, जो बातें हमें सही लगें या सब पर लागू हों वही बताई जाती हैं। हमारा

एक कार्यकर्ता भाषण में सबका भविष्य एक साथ बताता था। वह कहता था, "मैं अब भविष्य का पहला वाक्य बताता हूँ, जिस किसी का वह भविष्य नहीं हो या गलत हो, वे मुझे बताएँ। इसके आगे मैं भविष्य बताना छोड़ दूँगा।" लोग गौर से सुनते थे और वह कहता, "आप बहुत ही दिलदार आदमी हैं।" अब कौन कहेगा कि मैं दिलदार नहीं हूँ। कहने का मतलब यह कि इसी प्रकार भविष्य बताया जाता है, जिसके लिए विज्ञान का कोई आधार नहीं है।

विज्ञान का आधार न होना सिर्फ यही एक कारण फलज्योतिष को विरोध करने का नहीं है। उसमें दूसरा महत्त्वपूर्ण मुद्दा ऐसा है कि बहुत बार आपको ऐसा बताया जाता है, अदृश्य नियति द्वारा आपके जीवन की वस्तुस्थिति तय कर दी गई है और इस वजह से लोग खुद को किसी अज्ञात शक्ति के हाथों की कठपुतली समझने लगते हैं। हम महाभारत की वह कथा जानते ही हैं। पानी में देखकर मत्स्य को बेधने की शर्त रखी थी। कर्ण आगे बढ़ता है क्योंकि वह धनुर्धारी था। पानी में देखता है और ऊपर तीर छोड़ता है। मत्स्यबेध नहीं होता। मछली के नेत्र के पास तीर लगता है और नीचे गिरता है। द्रौपदी झट से कहती है, "अच्छा हुआ सूतपुत्र को वरने का संकट टल गया।" उस समय कर्ण का दिया हुआ उत्तर भारतीय इतिहास में अजरामर हुआ है। वही कहता है, "सूतो वा सूतपुत्रो वा यो वा को वा भवाम्यहम्, दैवाय कुले जन्म मदाय तु पौरुषम्।" मैं कौन हूँ, यह मुझे मालूम नहीं। मैं सूत हूँ या सूतपुत्र, यह मुझे पता नहीं। मैं किसके पेट से जन्म लूँ, ये तो मेरे हाथ में नहीं। मदाय तु पौरुषम्, मेरे पौरुषत्व के बारे में पूछो, मेरे समाज के बारे में पूछो, मेरे कर्तृत्व के बारे में पूछो। इस समाज में मनुष्य को अपनी सामर्थ्य पर, अपने कर्तृत्व पर विश्वास रखना चाहिए। जिस समय आप अपने हाथ में कुंडली लेते हैं, उस समय जाने-अनजाने में एक गडोलना अपने हाथ में लेते हैं। तब पूरी तरह से अवैज्ञानिक और निरुपयोगी होते हैं। जिस समय आप अपने हाथ में वह गडोलना लेते हैं, उस समय आपके हाथ में होनेवाली वह कुंडली दैववाद के बीज बो देती है। नसीब की कल्पना अंकुरित होती है और उसकी वजह से परिवर्तन की कल्पना सड़ जाती है। अंधविश्वास उन्मूलन का आंदोलन परिवर्तन का आंदोलन है और इसी वजह से वह इन सब बातों का विरोध करता है।

मन, मन की बीमारियाँ, भूतबाधा, देवी का संचार

भूत का निर्माण कैसे होता है?

यह ऐसा विषय है जो सभी उम्र के लोगों, पुरुष-महिलाओं में समान रूप में लोकप्रिय है। मेरा ऐसा अनुभव है कि जिस सभा में भाषण सुनने के लिए छोटे बच्चे, 20-25 उम्र के जवान, 40-45 साल के प्रौढ़ और साथ ही जिनकी आयु 60-70 साल की होती है ऐसे बूढ़े लोग भी आते हैं, जहाँ पुरुषों के साथ-साथ महिलाएँ भी होती हैं, वहाँ पर अन्य किसी भी विषय पर बात करने लगेंगे तो कुछ लोगों को वह विषय पसंद आता है और कुछ लोगों को नहीं। जिन्हें पसंद आता है वे उसे सुनते हैं और जिन्हें पसंद नहीं आता वे बाकी लोग सुन न पाएँ इसकी बराबर खबरदारी लेते हैं। मगर मन, मन की बीमारियाँ, भूतबाधा, देवी का संचार यह एक ऐसा विषय है जो सभी उम्र के लोग दिल से सुनते हैं और उसकी प्रशंसा भी करते हैं।

इसकी वजह यह है कि सात साल की उम्र से लेकर सत्तर साल की उम्र तक हमें 'भूत' इस बात की जितनी जानकारी पहले होती है वह बाद में भी उतनी ही होती है। बस उम्र के साथ-साथ उसमें कुछ किस्सों की मात्रा बढ़ती रहती है। मतलब, हमें क्या मालूम होता है? हमें मालूम होता है कि लोग मरते हैं। कुछ लोग दिल के दौरे से मरते हैं, कुछ किसी दुर्घटना से, कुछ लोगों का धोखे से खून किया जाता है, कुछ लोग आत्महत्या करते हैं। इनमें से जो पुण्यवान होते हैं वे सीधे स्वर्ग में जाते हैं और उनकी आत्मा मुक्त हो जाती है। जो पापी होते हैं, वे नर्क में जाते हैं। परंतु जिनके पाप और पुण्य इतने बलवान नहीं होते और जिनके जीवन की इच्छाएँ अतृप्त रहती हैं उनकी आत्माएँ त्रिशंकु की तरह बीच में ही लटकती रहती हैं और फिर खुद की दमित वासनाएँ किसी व्यक्ति के शरीर में प्रवेश कर अपनी इच्छाएँ पूर्ण करने का प्रयास करती हैं। अगर किसी नई दुलहन की मौत हो जाए तो वह किसी हट्टे-कट्टे नौजवान को बाधित करती है।

अब ये जो भूत होते हैं उनके भी नाम रखे जाते हैं। अगर कोई लालची ब्राह्मण मर जाए, तो उसका ब्रह्मसमंध होता है। सामान्य ब्राह्मण मर जाए तो उसका ब्रह्मराक्षस बनता है। किसी स्त्री की मौत प्रसूति के दौरान हो तो वह चुड़ैल बन

जाती है। टेलीफोन का काम करनेवाला भूत होता है, उसे हम कर्ण पिशाच कहते हैं! खँडहर, पनघट, श्मशान ये सब भूत-प्रेतों की हाउसिंग कालोनियाँ होती हैं और जिस प्रकार आजकल लोगों को गाँव में जगह की कमी महसूस होने लगी है, उसी प्रकार भूतों के राज्य में भी जगह की कमी सताने लगी है। इसी वजह से वे बरगद-पीपल के पेड़ पर भी रहने लगे हैं। आपके और हमारे यहाँ जैसे त्योहार होते हैं, वैसे ही भूत-प्रेतों के राज्य में भी अमावस और पूर्णिमा ये त्योहार होते हैं। आप या मैं अपने घर में मेहमान आने के बाद जिस प्रकार खाने के व्यंजन बनाते हैं, उसी प्रकार अगर भूत-प्रेतों से मुलाकात हो तो मांत्रिक बताता है कि भूत को नीबू देना पड़ेगा, पीले रंग का चावल देना पड़ेगा, उलटे पैरों का मुर्गा देना पड़ेगा क्योंकि वह उनके खाने का पसंदीदा व्यंजन है। जब यह सब बताया जाता है तब सामने बैठे श्रोताओं के चेहरे पर यह विषय पूरी तरह समझ में आ रहा है ऐसे भाव प्रतीत होने लगते हैं और फिर श्रोता भी बोलने लगते हैं। वे संवाद कुछ इस प्रकार के होते हैं—

राम का नाम लेने पर भूत भाग जाता है।
भूतों का सिर नहीं होता।
भूत की आँखें सीने पर होती हैं।
भूत की परछाईं नहीं होती।
भूत की परछाईं नहीं दिखती।
भूत के पाँव उलटे होते हैं।

महाराष्ट्र में मुझे सर्वत्र यही अनुभव मिला जब भी 'भूत के पाँव' ऐसा कहकर बोलनेवाला रुकता है, उस वक्त श्रोताओं से कोई न कोई झट से 'उलटे होते हैं' ऐसा कहता है। अब भूत के पैर उलटे होते हैं ऐसा किसने बताया? किसी को बताने की जरूरत ही क्या है? ये तो हमें मालूम है। भूत को देखे बिना भी आपको यह बात मालूम है, क्योंकि भूत के पैर उलटे नहीं होते बल्कि आपकी खोपड़ी उलटी होती है और अंधविश्वास उन्मूलन आंदोलन उस खोपड़ी को सीधा करने का आंदोलन है।

आभास का भूत

भूत होता है यानी क्या होता है? भूत के प्रमुख दो भेद होते हैं—पहला, पाखंड, ढकोसला, भ्रम या आभास का भूत और दूसरा, मानसिक बीमारी का भूत। इसमें जो पहला प्रकार है पाखंड या भ्रम का भूत, इससे संबंधित चार बातें होती हैं। पहली बात—पाखंड या ठगाई, दूसरी—संस्कार, तीसरी—सूचना वर्तन और चौथी इंद्रियजन्य भ्रम। इन चारों में से किसी एक बात की वजह से या इन चारों के एक साथ आने से 'भूत' इस कल्पना की निर्मिति होती है। यानी कैसे? तो हम इसमें से हर एक बात का उदाहरण देखेंगे, जिससे यह मुद्दा स्पष्ट हो जाएगा।

पाखंड

मैं आपको सतारा के पास घटी एक घटना बताता हूँ। सतारा एम.आई.डी.सी. में काम करनेवाले मजदूरों की रात के समय की शिफ्ट खत्म हो गई। उस दिन महीने की पहली तारीख थी इसलिए उन्हें तनख्वाह मिल गई थी। तनख्वाह लेकर मजदूर अपने-अपने गुटों के साथ अपने गाँव जा रहे थे। उसी रास्ते पर एक कुआँ पड़ता था, जिसमें पंद्रह दिन पहले उसी गाँव की एक युवती ने आत्महत्या की थी। सब मजदूर आपस में बातें करते चले जा रहे थे। वे सब कुएँ से आगे निकल आए और थोड़ा आगे आने पर उनमें से वामन नाम का एक मजदूर पेशाब को रुका। जब बड़ी देर तक वह न आया, तो उसके बाकी मित्र भी रुक गए और तभी 'भागो-भागो, बचाओ-बचाओ, मर गया-मर गया, अब मैं जिंदा नहीं बचूँगा' ऐसी वामन की आवाज आने लगी।

उन्होंने भागकर देखा तो उनका मित्र कुएँ में गिर गया था, पानी में भीगा था और ठंड से काँप रहा था। उन्होंने उसे बाहर निकाला और उससे पूछा, "क्या हुआ?" तब उसने कहा, "मैं पेशाब करके वापस आ ही रहा था कि उतने में किसी ने मेरी कॉलर बड़ी मजबूती से पकड़ा। मैंने किसी तरह पीछे मुड़कर देखा तो वह अपनी पुष्पी थी।" पुष्पी उनके गाँव की नवविवाहिता थी। जिसने 15 दिन पहले उसी कुएँ में आत्महत्या की थी। "वह नख-शिख सफेद वेश में थी और उसका एक हाथ पूरा 15 फुट लंबा था, जिससे उसने मेरी गिरेबान पकड़ी थी और मुझे घसीटते हुए इस कुएँ में धकेल दिया।" वह बीच-बीच में, "मुझे भूत ने पकड़ लिया, अब मैं बच नहीं पाऊँगा।" इस तरह की असंगत बातें करने लगा। उसके दोस्त उसे घर ले आए। दूसरे दिन पूर गाँव में बवाल खड़ा हो गया कि 'वामन को पुष्पी का भूत लग गया।' चर्चाएँ शुरू हो गईं। उसके घर की ओर लोगों का ताँता लग गया। उसकी पूछताछ होने लगी। वह लोगों को पूरी बातें बताता था। बीच-बीच में असंगत बातें भी करता था।

हमारे एक कार्यकर्ता संजय देशमुख उससे मिलने गए। वामन ने दूसरे लोगों की तरह उसे भी सब बातें बताईं और कहा कि "तुम विश्वास नहीं करोगे। मैं केवल किस्मत से बच गया हूँ।" संजय उससे बार-बार पूछ रहा था। उस पर उसने वह युवती कैसे पूरी तरह से सफेद थी, उसके हाथ की सफेद चूड़ी, कान की सफेद बालियाँ, सफेद साड़ी, सफेद चोली, सफेद चप्पल, सफेद बाल इसका रसीला विवेचन किया। दो मिनट रुककर संजय बोला, "बाकी सब तो समझ में आता है, मगर इस बात पर विश्वास नहीं होता कि पुष्पी तो 15 दिन पहले मर गई। वह जवान थी। फिर उसके बाल सफेद कैसे हो गए? उसके बाल तो काले ही होने चाहिए।" इतना बोलकर संजय वहाँ से वापस घर आया। उसके बाद जो लोग वामन से मिलने जाते थे, उन सबके लिए बाकी सब किस्सा तो वही कायम

रहा लेकिन बाल सफेद की जगह काले हो गए। इसके बाद सच जानने के लिए हमारे कार्यकर्ताओं ने वामन के घर जाकर असल में उसका कॉलर पकड़ा और फिर उसने सचाई कबूल की।

वामन शराबी था। एक तारीख को तनख्वाह उसे मिल गई थी। उसने कई लोगों से रुपये उधार लिये थे। तनख्वाह होने के कारण लोगों का घर पर ताँता लग जाएगा इस विचार से उसने भूतबाधा होने के पाखंड की तरकीब निकाली थी। पेशाब को गए वामन ने पेड़ के नीचे अपना बटुआ छुपाया था और खुद जाकर कुएँ में गिरकर 'मर गया-मर गया' ऐसे चिल्लाने लगा था। और फिर उसे भूतबाधा होने के कारण उसका उस महीने की उधारी देना टल गया था। अब एक तरफ तनख्वाह के पैसे पूरे महीने भर शराब के लिए काम आने का फायदा और दूसरी तरफ बेचारा मर जाता पर सिर्फ तनख्वाह ही चली गई, कोई बात नहीं हमें हमारा आदमी मिल गया, इस तरह की घरवालों की हमदर्दी मिल गई। ये सब बना-बनाया नाटक था। इसे कहते हैं ढोंग का भूत। अर्थात् इस प्रकार की कई कहानियाँ अलग-अलग प्रकार से बताई जाती हैं, यह आप भी जानते होंगे। हर वक्त ऐसा ही होता है, ऐसा नहीं; पर ज्यादातर ऐसा ही हो सकता है।

संस्कार

भूत की निर्मिति में हममें होनेवाले संस्कार यह एक महत्त्वपूर्ण बात है। संस्कारजन्यता इसका अर्थ क्या है? बचपन से हमारे घर में हमारे मन में ऐसे संस्कार दिए जाते हैं कि इस संसार में भूत होता है। आगे जाकर जब हम बुद्धिवादी बनते हैं, तब इसी संस्कार को हम अपनी बुद्धि की सहायता से खुद के मन से मिटाने का प्रयास करते हैं। पर वह पूरी तरह से मिट नहीं सकता और जब कभी अचानक ऐसी परिस्थिति का सामना करना पड़ता है, तब वह संस्कार फिर से जाग जाता है। एक वैद्यकीय कॉलेज में घटी घटना मैं आपको बताता हूँ। मेडिकल कॉलेज में पढ़ रहे पहले वर्ष के छात्रों को शव विच्छेदन करना पड़ता है। यह उनके पाठ्यक्रम का एक हिस्सा होता है। पहले वर्ष में पढ़नेवाले छात्रों के बीच जब इस बात पर चर्चा चल रही थी, तब एक छात्र बड़े भरोसे से कहने लगा कि "दुनिया में भूत नहीं होता।" उसके बाकी दोस्तों ने कहा कि "भूत होता है।" चर्चा बढ़ गई तो उसने आवाहन देते हुए कहा कि "भूत नहीं होता, इस बात पर मुझे पूरा भरोसा है।" तब उसके बाकी मित्रों ने कहा, "तुम आवाहन दे ही रहे हो, तो हम भी शर्त लगाते हैं कि अमावस के दिन तुम जिस कमरे में लाशें रखी हैं, वहाँ जाकर किसी एक लाश के हाथों पर पेड़ा रखकर आ जाओ।" वह शूरवीर भी अपनी जिद पर डटा था, उसने यह आवाहन स्वीकार कर लिया।

अमावस की रात को 11:30 बजे जेब में पेड़ा लेकर वह निकल पड़ा। वह

जहाँ लाशें रखी जाती थीं उस कमरे तक पहुँच गया। पहरेदार ने उस कमरे का दरवाजा जानबूझकर पहले से ही खुला छोड़ रखा था। उस शूरवीर ने दरवाजा खोल दिया। उस कमरे में दस टेबल थे, जिन पर विच्छेदन के लिए अलग-अलग जगहों पर लाशें रखी थीं। असल में बाकी के समय में कॉलेज छूट जाने के बाद वे लाशें फार्मालिन टैंक में रखी जाती थीं। लेकिन उस दिन चपरासी को पैसे देकर उन लाशों को वहीं टेबल पर रखवा दिया गया था। इस मित्र ने बड़े धैर्य से जेब से पेड़ा निकाला। दरवाजे के करीब होनेवाले टेबल पर एक लाश पड़ी थी, उसके हाथ पर पेड़ा रख दिया और वह पीछे मुड़ गया। वह दरवाजे तक पहुँचा ही था कि दूसरी तरफ से दूर कोने में रखे हुए एक टेबल से आवाज आई, "मुझे पेड़ा नहीं दोगे क्या?" यह शूरवीर पेड़ा क्या देता? उसके तो पागल होने की बारी आ गई। वह वहाँ से घबराकर बाहर निकला और सीधे बाहर खड़े अपने दोस्तों के बीच 'भूत लग गया रे बाबा' कहते हुए गिर गया।

क्या हुआ होगा, आप समझ सकते हैं। ऐसा हुआ था कि उस कमरे के दूसरे छोर में रखे टेबल के पीछे एक खिड़की थी। कुछ शैतानी दिमागवाले दोस्तों ने उस खिड़की में पहले से ही टेपरिकॉर्डर रखा था, जिसे शुरू करके यह आवाज निकाली थी। उस दोस्त को धक्का किस वजह से लगा? समझ लीजिए कि उस मित्र को यकीन था कि दुनिया में भूत-प्रेत नहीं होते। बचपन में मिले भूत के संस्कारों को उसने अपने दिमाग से निकाल डाला था। और उसे जो धीरज औरी धैर्य मिला था बुद्धिवादी विचार से, उसकी सहायता से उसने बड़ी शांति से एक लाश के हाथ पर पेड़ा रख दिया था। यह सब उसे अपेक्षित ही था लेकिन जिस समय उसे अनपेक्षित परिस्थिति का सामना करना पड़ा, एक खाली कमरा जहाँ कोई नहीं था, वहाँ एक कोने से टेबल पर लिटाई एक लाश से 'मुझे पेड़ा नहीं दोगे क्या?' ऐसी आवाज निकली। तब उसमें बचपन में मिले भूत-प्रेतों के संस्कार फिर से जाग गए और 'अब अपनी खैर नहीं' ऐसी उसकी धारणा बन गई। इस तरह लंबे समय तक हम पर असर करनेवाले संस्कार सच्चे-झूठे भूत का निर्माण करने में सहायता करते हैं।

सूचना वर्तित्व

तीसरी महत्त्वपूर्ण बात है 'सूचना वर्तित्व' की। मनुष्य सूचना स्वीकारने वाला प्राणी है। दी गई सूचनाओं को स्वीकार करना और उनके मुताबिक कार्य करना यह इनसान की विशेषता है। इसको ऐसे समझ लीजिए कि हम बढ़िया रबड़ी खाकर अपने पेट पर हाथ फेरते हुए बैठे हैं और उसी वक्त अंदर से घबराए हुए चेहरे से कोई आकर बताता है कि "हाय राम! अभी जो रबड़ी आप सब लोगों को परोसी थी, उसका बर्तन खाली हो जाने के बाद उसमें मरी हुई बड़ी छिपकली मिली।"

अब होता क्या है कि रबड़ी खाकर मजे से पेट पर हाथ फेरनेवाले दो-चार लोगों को कुछ अलग-सा प्रतीत होने लगता है। पेट में कुछ गड़बड़ हो रही है ऐसा लगता है। उल्टी हो जाएगी ऐसा महसूस होने लगता है। ये सब अगले दस मिनटों में शुरू हो जाता है।

जबकि असल में उन लोगों ने न छिपकली देखी थी, न खाली बर्तन फिर भी वे इस सूचना को स्वीकार करते हैं और उसके अनुसार बर्ताव करते हैं अथवा अपने आप वैसा बर्ताव होने लगता है। यह हम सभी के बारे में हर जगह पर होता रहता है। जैसे, जब माधुरी दीक्षित टेलीविजन के एक विज्ञापन में अपनी खूबसूरती का राज बताते समय ऐसा कहती है कि 'मैं सुंदर दिखती हूँ क्योंकि मैं लक्स साबुन इस्तेमाल करती हूँ' तो इस विज्ञापन को देखने के बाद हम दुकान से लक्स साबुन लेकर आते हैं और बदन पर रगड़-रगड़कर नहाते हैं तो उसके बाद आईने में देखते हैं तो हम जैसे के तैसे दिखाई देते हैं, हममें कोई बदलाव नहीं होता। फिर भी हम लक्स खरीदते हैं। क्यों? क्योंकि हम ऐसा सोचते हैं कि 'जाने दो और एक मौका लेते हैं, माधुरी दीक्षित जैसा दिखने का।' इसी तरह भूत की सूचना को जब लोग स्वीकार करते हैं, तब भूत की कल्पना की निर्मिति होना शुरू होता है।

इंद्रियजन्य भ्रम

चौथा महत्त्वपूर्ण हिस्सा 'इंद्रियजन्य भ्रम' का है। हम जानते हैं कि हमें जो ज्ञान प्राप्त होता है वह अलग-अलग ज्ञानेंद्रियों की सहायता से होता है। मगर कभी-कभी इन ज्ञानेंद्रियों को भी भ्रम हो सकते हैं जैसे, अंधेरे कमरे में अगर कोई रस्सी पड़ी हो तो वह साँप है ऐसा हमें लगने लगता है। अथवा गर्मी के दिनों में भरी धूप में कोलतार की सड़क पर पानी की लहरें होने का एहसास होता है। वास्तव में वह मरीचिका होती है। रात के समय में जब आसपास के अँधेरे को चीरते हुए कोई बस जा रही होती है तो उसकी हेडलाइट से सड़क के किनारे पर खड़े होनेवाले पेड़ और पत्थरों की चित्र-विचित्र परछाइयाँ हमें दिखाई देती हैं। ये सब बातें भूत-प्रेतों के अस्तित्व के लिए, उनकी निर्मिति के लिए परिणामकारक साबित कैसे होती हैं, कुछ समय एक-दूसरे से मिलकर काम कैसे करती हैं, इसका एक अच्छा उदाहरण डॉ. अब्राहम कोवूर की पुस्तक में दिया गया है।

कोवूर का उदाहरण

अब्राहम कोवूर को अंधविश्वास उन्मूलन आंदोलन का पितामह कहा जा सकता है। उन्होंने आजीवन अलग-अलग अंधविश्वासों के खिलाफ लड़ने की प्रतिज्ञा प्रबलता

से जारी रखी। इसमें उनकी पत्नी ने भी उनका ठोस सहयोग दिया।

अंधविश्वासों के कारण लोग जिन बातों को नकारते थे, उन चीजों को जान-बूझकर कोवूर आचरण में लाने की कोशिश करते थे। ऐसा साहस करनेवाली यह जोड़ी मूलतः भारत की थी। लेकिन बाद में उन्होंने श्रीलंका का नागरिकत्व स्वीकारा। उन्होंने अपने जीवन में घटित एक घटना लिखी है, जिससे भूत-प्रेतों के अस्तित्व के बारे में कुछ देर पहले विवेचित की गई बातें अच्छी तरह से स्पष्ट हो सकती हैं।

वाकया ऐसा था। श्रीलंका में रिचमंड हिल नामक एक हिस्सा है। उस पहाड़ी पर अब्राहम कोवूर का कॉलेज था। उस पहाड़ से एक रास्ता नीचे की तरफ जाता था। पहाड़ के नीचे छात्रों के लिए छात्रावास थे। एक दिन शाम के वक्त टहलते हुए कोवूर अपनी पत्नी के साथ एक छात्रावास में चले गए। वहाँ छात्रों के साथ उन्होंने अलग-अलग बातों पर चर्चा की। भूत-प्रेत नहीं होते यह समझाया। रात को साढ़े ग्यारह बजे जब वे वहाँ से वापस लौटने के लिए निकले तब उनकी समझ में आया कि छात्रों में हलचल शुरू हुई है। उन्होंने छात्रों से पूछा, "क्या हुआ?" तब छात्र कहने लगे, "सर, आप हमारे बहुत ही प्रिय अध्यापक हैं। आपसे हमें कुछ कहना है।" कोवूर ने कहा, "हाँ, कहिए।" छात्रों ने कहा, "आप जिस रास्ते से पहाड़ से नीचे जानेवाले हैं उसी रास्ते में बीचोबीच एक बड़ा बरगद का पेड़ है, जो अगियाबेताल नाम से इस इलाके में मशहूर है। कई लोगों को उस पेड़ के नीचे अलग-अलग बड़े-बड़े पशु-पक्षियों के रूप में उस बेताल के दर्शन हो चुके हैं। उसके परिणाम भी वे लोग भुगत चुके हैं। आप हमारे प्रिय अध्यापक हैं इसलिए हमारी आपसे विनती है कि आप अभी मत जाइए।" लेकिन कोवूर या उनकी पत्नी ऐसी बातों पर विश्वास करनेवाले नहीं थे। वे हँस दिए और हाथ में टॉर्च लेकर उसी रास्ते से चल पड़े।

रास्ते में चलते समय वे बातें कर रहे थे कि लोग गलत कल्पनाओं के आधार पर किसी भी ऐसे-वैसे भ्रम पर विश्वास करते हैं। इस तरह की बातें करते हुए वे आराम से चले जा रहे थे, तभी दूर से वह पेड़ दिखाई देने लगा और अचानक ही कोवूर की पत्नी बड़े जोर से चिल्लाई। सामने की ओर उँगली उठाते हुए "वह देखिए हाथी" ऐसा कहने लगी। अब्राहम कोवूर की पत्नी को जंगली जानवरों से बहुत डर लगता था और उसी कारण सामने एक जंगली हाथी रास्ता रोके खड़ा है ऐसा सोचकर वह डर से काँपने लगी थी। अब्राहम कोवूर ने जिस दिशा में उनकी पत्नी ने उँगली दिखाई थी, उस दिशा में देखा। उस बड़े अगियाबेताल पेड़ के नीचे एक बड़ा हाथी खड़ा था।

बीवी डर से काँप रही थी और अब्राहम कोवूर को क्या किया जाए यह समझ में नहीं आ रहा था। ऐसी स्थिति में आगे जाएँ और अगर उस हाथी ने हमला कर

दिया और कुछ भला-बुरा हो गया तो लोग कहेंगे कि "बेताल ने इन्हें फटकार दी। अब भुगतो अपने कर्मों का फल।" और अगर वापस जाएँ तो छात्र कहेंगे कि "हमने पहले ही कहा था उस रास्ते से मत जाइए।" अब क्या करें? इसी सोच में डूबे कोवूर ने आँखें बड़ी करके उस ओर देखा जहाँ हाथी था। अभी भी उनकी बीवी डर से काँप रही थी। सामने दिखनेवाले हाथी का निरीक्षण करते हुए कोवूर समझ गए कि यह कुछ अलग ही मामला है। क्योंकि वह जंगली हाथी मुँह से 'घू-घू-घू-घू' ऐसी आवाज निकाल रहा था और एक थोड़ी-सी अलग बात यानी उस हाथी का सिर्फ बायाँ कान ही हिल रहा था। क्या किया जाए? यह अब तक कोवूर के ध्यान में नहीं आ रहा था क्योंकि उनके हाथ में जो टॉर्च थी उसकी रोशनी उस हाथी तक पहुँच नहीं रही थी। अचानक उनके दिमाग में ऐसा विचार आया कि अगर इस हाथी को किसी इनसान ने पाला होगा तो कोई इनसान उसके आसपास ही होगा।

ऐसा सोचकर उन्होंने जोर से आवाज लगाई, "कौन है वहाँ?" कोई परिणाम नहीं हुआ। लेकिन कुछ देर बाद उनकी समझ में आया कि हाथी की आवाज रुक गई है। फिर आगे क्या होगा और हाथी वहाँ से दूर कैसे जाएगा इस बात की कुछ भी कल्पना करना मुमकिन नहीं हो रहा था। उन्होंने फिर से आवाज लगाई। तब भी कोई जवाब नहीं। तब उनकी समझ में आ गया कि वहाँ कुछ अलग ही हो रहा है। क्योंकि हाथी का बायाँ कान हिलना बंद होकर दायाँ कान हिलने लगा था और फिर उसके दाएँ कान से एक सफेद आकृति बाहर आ गई और कोवूर की तरफ धीरे-धीरे बढ़ने लगी।

यह सब पढ़ते हुए आप मन-ही-मन में सोचते होंगे, 'अगर हम वहाँ होते तो सबसे पहले वहाँ से दुम दबाकर भाग जाते और बाद में आराम से उस पर सोचते।' मगर जिन्हें आंदोलन चलाना होता है, वे ऐसा नहीं कर सकते। जब वह सफेद आकृति कोवूर की तरफ बढ़ने लगी और नजर के दायरे में आ गई तब जाकर पता चला कि वह एक इनसान है। पास आए उस आदमी से अब्राहम कोवूर ने पूछा "आप कौन हो और इतनी देर रात में अपने हाथी को लेकर यहाँ क्या कर रहे हो?" तब वह आदमी अब्राहम कोवूर के पास आया और कहने लगा, "क्या आप पगला गए हैं? कौन सा हाथी? मेरे साथ आइए" और वह कोवूर को पेड़ के पास ले गया। उस पेड़ के नीचे पुराने जमाने की एक बड़ी काली डॉज गाड़ी खड़ी थी।

कोवूर के देखे भूत की निर्मिति कैसे हो गई?

क्या हुआ था इस बात को पहले आप समझ लीजिए। मेरी बताई सब बातें, सभी

संदर्भ इस उदाहरण में लागू होते दिखाई देंगे। उस गाड़ी का मालिक प्रिंसिपल साहब से मिलने आया था। गाड़ी पुरानी होने के कारण पहाड़ पर चढ़ नहीं रही थी। इसीलिए उसे पेड़ के नीचे खड़ी करके गाड़ी का मालिक पैदल ऊपर गया था। गाड़ी में ड्राइवर सो गया था। अब्राहम कोवूर और उनकी पत्नी के मन में भूत होते हैं यह संस्कार बचपन से ही था। यह पहली बात। दूसरी बात, उस अगियाबेताल पेड़ के नीचे भूत अलग-अलग पशु-पक्षियों के रूप में दिखाई देता है, ऐसी सूचना उन्हें छात्रों के द्वारा मिली थी और उसे उन्होंने स्वीकार कर लिया था। तीसरी बात, सामने खड़ी काली गाड़ी टॉर्च की रोशनी कम होने के कारण और आकार सादृश्यता के कारण, उसके बारे में इंद्रियजन्य भ्रम की निर्मिति हुई और अब्राहम कोवूर की पत्नी को वह हाथी जैसी लग गई और वह 'जंगली हाथी-जंगली हाथी' ऐसा चिल्लाई। चौथी बात, कोवूर की पत्नी के जोर से चीखकर 'वह देखिए हाथी' ऐसा कहने की वजह से और उँगली निर्देश के कारण कोवूर ने भी उस सूचना को स्वीकार किया और उनकी भी हाथी होने की विचार प्रक्रिया शुरू हो गई। पाँचवीं बात, हाथी होने की कल्पना स्वीकार करने के बाद उस गाड़ी में जो ड्राइवर था वह मजे में सोते हुए खर्राटे ले रहा था। उसके खर्राटे जंगली हाथी के आवाज की तरह लगे। छठी बात, सोते समय उसने हवा आने के लिए गाड़ी का बाईं ओर का दरवाजा खुला रखा था जो हवा के कारण हिल रहा था। वह हाथी के बाएँ कान के हिलने की तरह लग रहा था। सातवीं बात, जब अब्राहम कोवूर ने 'कौन है वहाँ पर?' ऐसी जोर से आवाज लगाई तब उस ड्राइवर की नींद टूट गई, मतलब खर्राटे लेना बंद हो गया, यानी हाथी का घू-घू करना रुक गया। आठवीं बात, अब्राहम कोवूर ने फिर से जब 'कौन है रे, वहाँ पर?' ऐसा पूछा तब जग गए ड्राइवर ने मामला क्या है, यह देखने के लिए अपने पैरों की तरफ यानी बाईं ओर होनेवाला दरवाजा बंद कर दिया, यानी हाथी का बायाँ कान हिलना बंद हो गया। फिर ड्राइवर ने अपने सिर की तरफ होनेवाला यानी दाहिना दरवाजा खोल दिया जिससे हाथी का दायाँ कान हिलने लगा और नौवीं बात, जब ड्राइवर उस दरवाजे से नीचे उतरने लगा तब हाथी के कान से एक सफेद आकृति बाहर आ रही है ऐसा अब्राहम कोवूर को दिखाई दिया। ये सब उन्होंने लिखकर रखा, इसी वजह से आज हमें यह बात समझ में आती है कि संस्कार होना, सूचनाएँ मिलना, उसके बाद दृष्टिभ्रम होना और इन सब बातों से भूत नामक कल्पना का मानसिकता में प्रबल होते जाना आदि बातों का घटित होना कैसे संभव है। अगर यह सब लिखा न होता, तो आप ऐसा ही कहते, "क्या कहते हो जनाब, भूत नहीं होता? आपके उस अब्राहम कोवूर को भी जिंदगी में एक बार भूत दिखाई दिया था ना!" यह हो गया भूत के बारे में आभास या भ्रम का प्रकार।

'मन' क्या है?

आंदोलन तथा हमारी दृष्टि से भी अधिक महत्त्वपूर्ण होनेवाली बात है 'मानसिक बीमारी'। इसके लिए पहले हमें 'मन' क्या है, यह समझ लेना चाहिए। मन क्या है? इस बात को जानने का प्रयास आज तक कई दार्शनिकों ने, कई आध्यात्मिक पुरुषों ने और कई ख्यातलब्ध मनोवैज्ञानिकों ने भी किया है। फिर भी मन को समझ लेने में कई सीमाएँ होने का एहसास हुआ है। इसकी वजह यह है कि 'जिसका अध्ययन करना है वह भी मन है और जिसके आधार पर अध्ययन करना है वह भी मन ही है।' यह समस्या इस अध्ययन में उत्पन्न होती थी। पर इस समस्या को कुछ हद तक पिछले कुछ दशकों में मनोविशेषज्ञों ने मात दे दी है। ऐसा मन के अनुसंधाताओं ने किया है और इसी कारण इस दशक में, सन् 1990-2000 तक मन पर अत्यधिक प्रकाश डालने की संभावना है। फिर भी मन के बारे में जो बातें निश्चित रूप से साबित हो चुकी हैं उन्हें हमें समझ लेना चाहिए। बहुत बार ऐसे ही, बिना वजह की बातें करते समय या फिल्म देखते समय 'हाय मेरे दिल' इस शब्द का उच्चारण होने के बाद सीने पर बाईं तरफ रखा हुआ हाथ हमें दिखाई देता है। तब हमें अपना दिल सीने में बाईं तरफ होने का एहसास होता है। अब यहाँ एक बात समझ लेनी चाहिए कि सीने में बाईं तरफ दिल वगैरह कुछ नहीं होता बल्कि एक स्नायु का पंप होता है, जिससे शरीर के सभी अंगों तक खून पहुँचाया जाता है और उसी पंप की सर्जरी (शल्यक्रिया) करने का समय आता है तो उस दौरान दूसरा पंप उसका कार्य करता है। इसी कारण जिसे हम मन कहते हैं उसका हमारे सीने में होने का कोई संबंध ही नहीं है। हमारा मन हमारे मस्तिष्क में होता है। इस मस्तिष्क में लगभग एक हजार करोड़ मज्जा-पेशियाँ (ज्ञानतंतु) होती हैं। उनका बहुत ही क्लिष्ट जाल होता है। वे एक-दूसरे से जुड़ी होती हैं और ज्ञानेंद्रियों से हमें जो जानकारी प्राप्त होती है वह विद्युत रासायनिक स्पंदनों द्वारा मस्तिष्क में जो विविध ज्ञानतंतु होते हैं उन तक पहुँचाई जाती हैं। उस समय विचार-प्रक्रिया शुरू हो जाती है और पूर्वज्ञान के आधार पर कौन सी कृति करनी है इसका निर्णय दिया जाता है। हमारे मन का मतलब होता है 'हमारे दिमाग में स्थित इन विद्युत रासायनिक स्पंदनों का जाल।' हमारी भाव-भावनाएँ, वासनाएँ, स्मृति, कल्पनाएँ, बुद्धि, संवेदनाएँ आदि सब इससे निर्माण होती हैं और इसलिए आधुनिक वैद्यकशास्त्र के अनुसार जब तक इनसान की पेशियों का विघटन शुरू नहीं होता तब तक इनसान जिंदा है ऐसा माना जाता है। अगर तीन मिनट से ज्यादा देर तक इनसान के दिमाग की पेशियों को खून मिलना बंद हो जाए तो उनका विघटन होना शुरू हो जाता है और इनसान 'जिंदा' इस संज्ञा को प्राप्त नहीं रह पाता।

आत्मा नहीं है

इसके साथ ही भूत-प्रेतों के संदर्भ में एक और बात का स्पष्टीकरण देना चाहिए। हमारी ऐसी कल्पना होती है कि 'मनुष्य के मरने के बाद उसके शरीर से आत्मा नामक कोई चीज बाहर निकलती है और वह जो अत्यंत सूक्ष्म होनेवाली आत्मा नामक चीज है, वह किसी दूसरे शरीर में प्रवेश करती है। इसी वजह से हमारे जीवन की निरंतरता रहती है और इनसान का पुनर्जन्म संभव है।' लेकिन अगर हमने ऐसा माना कि इनसान के इनसानियत की पहचान होनेवाली बुद्धि, वासना, भावना, कल्पना, स्मृति आदि बातें मस्तिष्क में होती हैं और जब उनका विघटन होने लगता है तब मनुष्य की मौत हो जाती है तो इनमें से एक भी चीज बाहर नहीं जाती। इसी वजह से उसके किसी दूसरे के शरीर में प्रवेश करने की संभावना ही नहीं होती। इस वैज्ञानिक दृष्टि से विचार किया जाए तो आत्मा नामक संकल्पना और पूर्वजन्म की स्मृतियों की संभावना भी स्वीकार नहीं की जा सकती और इन बातों पर चर्चा करना भी हमें रास नहीं आता। क्योंकि अनुभव ऐसा है कि अनेक कॉलेजों में भाषण देने के बाद प्राध्यापक लोग ऐसा पूछते हैं कि "आपका बाकी सब विवेचन रास आया मगर आत्मा नहीं होती, यह बात बतानी ही चाहिए थी क्या?" जबकि आत्मा के न होने की बात हम बताएँ इसका तो प्रश्न ही नहीं होता। आत्मा होती ही नहीं है इसके बारे में सौ साल पहले गोपाल गणेश आगरकर ने विवेचन किया है। हाल ही में हमने उनकी जन्मशती मनाई। इसलिए अगर आत्मा नहीं होती तो आत्मा का अपनी कोई अतृप्त वासना पूरी करने के लिए भूत योनि में जाना, पिशाच योनि में जन्म लेना यह बात भी असंभव है।

मन का रूपक

मन के बारे में इस बात को जान लेने के बाद उसकी पूरी रचना के बारे में होनेवाले एक रूपक को हमें समझना चाहिए, जिससे हमें मन की बीमारियाँ समझने में ज्यादा आसानी होगी। हम सबने पाठशाला में हिमनग के बारे में पढ़ा ही है। अध्यापक बताते हैं कि 'हिमनग का 1/8 हिस्सा पानी के ऊपर होता है और 7/8 हिस्सा पानी के नीचे।' मनुष्य का मन कैसा होता है? मनुष्य का मन भी इसी हिमनग के समान होता है। यह जो 1/8 हिस्से का ऊपरी मन होता है उसे हम कॉन्शस कहेंगे, संवेदना कहेंगे, प्रकट मन कहेंगे, बाह्य मन कहेंगे और जो 7/8 हिस्सा होता है उसे हम सबकॉन्शस कहेंगे; अप्रकट, अजाग्रत, अंतर्मन ऐसा कहेंगे। समझ लीजिए कि इनसान के दिमाग में इस तरह के हिस्से नजर नहीं आते। लेकिन मन का कार्य समझने हेतु हम इस रूपक का प्रयोग कर रहे हैं। आप रास्ते से कहीं जा रहे होते

हैं तब सामने से आ रहा एक व्यक्ति आपको दिखाई देता है। वह व्यक्ति पिछले 15-20 सालों से आपको नजर नहीं आया था। उसकी तसवीर भी आपने देखी नहीं थी। फिर भी उसे देखने के बाद आपके मन में आता है, 'अरे! यह तो गणपत है, जो हमारे साथ स्कूल में पढ़ता था।'

हम एक ही बेंच पर बैठते थे, कई अध्यापकों की कही बातें हमने टाली थीं, बहुत बार धींगामुश्ती की थी जिसके लिए मार भी पड़ी थी। ऐसा सोचते-सोचते आप उसे जोर से आवाज लगाते हैं, 'अरे गणपत, तुम यहाँ कैसे?' जिस गणपत को आपने पिछले बीस सालों से बिलकुल भी देखा नहीं था, उसके आपके सामने आने के बाद आपको वह सब कुछ याद आ गया। ये बातें आपको कैसे याद आ गईं? असल में उनकी स्मृति आपके अंतर्मन में थी।

मतलब हमारे मन का 7/8 हिस्सा एक बहुत बड़ा गोदाम होता है। उसमें हमारे जन्म से लेकर अब तक की कई भाव-भावनाएँ, स्मृति कल्पनाएँ सँभालकर रखी जाती हैं। जीवन में हमें कई अपेक्षा भंग, निराशा, गमों का सामना करना पड़ता है उन सबको भूलकर जीना यह बात जिंदगी के लिए जरूरी होती है। इसलिए हम उन सब बातों को अपने अंतर्मन के गोदाम में डाल देते हैं। अंतर्मन के गोदाम में डाल देते हैं इसका मतलब क्या है? इसका मतलब यह है कि आपमें से हर कोई खुद से ईमानदारी से यह प्रश्न पूछकर देखें कि जब आपके घर में आपकी शादी को लेकर चर्चाएँ शुरू हो गई थीं तब आपकी अपने पति या पत्नी को लेकर जो अपेक्षाएँ थीं, क्या वे पूरी हो गईं? क्या आपको मनचाहा पति या पत्नी मिल गई? अगर आप ईमानदार होंगे तो आपका उत्तर होगा 'नहीं'। नौकरी करते समय अगर किसी व्यक्ति पर उसका वरिष्ठ अफसर गुस्सा होता है, चीखता-चिल्लाता है; तब वह व्यक्ति भी मन में काफी क्रोधित होता है। लेकिन वरिष्ठ के खिलाफ वह कुछ बोल नहीं पाता। अपने भी दिन आएँगे ऐसा सोचकर अपने गम को भूलने के लिए अपने अंतर्मन में उस बात को फेंक देता है। इसी प्रकार मनुष्य का मस्तिष्क एक प्रकार का गोदाम है जिसमें कई सारी बातें होती हैं।

अब कोई भी गोदाम कब तक ठीक रहता है? जब तक उसमें सामान ठीक से रखा जाता है और उस पर पहरा देनेवाला गोदाम प्रहरी जब तक तेज-तर्रार और जाग्रत रहता है तब तक। इनमें से एक भी चीज की कमी हो जाए अथवा दोनों चीजें बिगड़ जाएँ जैसे—गोदाम में उसकी क्षमता से ज्यादा और अस्त-व्यस्त सामान भर दिया जाए या फिर गोदाम के पहरेदार की आँख लग जाए तब गोदाम में रखे सामान के पैर निकल आते हैं। वही बात हमारे अंतर्मन और बाह्य मन के साथ होती है।

मन की बीमारी, भूत का संचार

हमारे अंतर्मन में कई तनाव अधिकतम मात्रा में एकत्रित होने लगते हैं। घर में ऐसी कुछ घटनाएँ घटित होती हैं कि जिनकी वजह से मन के तनाव और चिंताएँ बढ़ जाती हैं। जैसे, किसी की प्रॉपर्टी अचानक चली जाती है। किसी के साथ कुछ हादसा होता है। घर में झगड़ा हुआ होता है। किसी की मौत होती है। इसी कारण निर्माण हो गई प्रक्षुब्धता को सहने का काम स्वाभाविक तौर पर अंतर्मन पर निर्भर होता है। इसके साथ ही हमारे यहाँ ये सब तकलीफें महिलाओं को ज्यादा सहनी पड़ती हैं। कुल-मिलाकर देखा जाए तो हमारे समाज में स्त्रियों को हमेशा से ही दोयम दर्जा दिया जाता है। इसी वजह से उनकी मानसिक घुटन होती है। जिसके कारण स्त्रियों का मन के बीमार पड़ने की संभावना हमेशा ही ज्यादा रहती है। इन सब बातों की वजह से जो लोग दूसरों के विचार से चलते हैं, खुद के निर्णय खुद नहीं ले पाते, दूसरों के द्वारा दी गई सूचनाओं का आसानी से स्वीकार करते हैं, परंपरागत विचारों के कारण ऐसी बातों पर जिनका विश्वास होता है, ऐसे व्यक्ति के अंतर्मन और बाह्यमन के बीच होनेवाला सुसंवाद जल्दी खत्म हो जाता है। मगर कई बार ऐसा होता है कि कोई भी बाह्य तनाव न होते हुए भी व्यक्ति जैसे उस पर कोई सवार हो गया है ऐसा बर्ताव करने लगता है। इसकी वजह यह होती है कि 'हमारे मस्तिष्क में होनेवाले अंत:स्राव के रसायनों में होनेवाले बदलाव।'

ऐसा व्यक्ति अलग-सा बर्ताव करने लगता है। उसकी आवाज में बदलाव आ जाता है, चेहरे के भाव बदलते हैं। वह चुटकियाँ बजाने लगता है, गोल-गोल चक्कर काटने लगता है। आँखें बंद करने लगता है। हाथ में हाथ गुँथाकर अभुआने लगता है। आँखें बंद करने लगता है। 'अंबाबाई' की जयकार लगाकर चिल्लाने लगता है। ऐसे समय जिस काम से साधारण व्यक्ति थक जाता है ऐसा काम वह व्यक्ति घंटों तक करता रहता है। तो कई बार किसी से मिले बिना, कोई भी हलचल किए बिना एक ही जगह पर घंटों तक बैठा रहता है। कुछ दिन, कुछ समय पहले जो व्यक्ति अच्छा बर्ताव कर रहा था उसके बर्ताव में आए अचानक बदलावों के कारण स्वाभाविक रूप से हमारे मन में जो पहली आशंका निर्माण होती है, वह यह होती है कि 'उस व्यक्ति को किसी बाहरी चीज की बाधा हो गई है। किसी दुष्ट शक्ति का उस पर असर हुआ है। कुछ समय के लिए उस पर किसी आत्मा ने नियंत्रण प्राप्त किया होगा।'

शरीर में संचरित हुई देवी अँगड़ाई लेते हुए, किसी देवी का जयघोष करते हुए, अपने शरीर पर होनेवाले कपड़ों की परवाह न करते हुए बाल खुले छोड़कर कुछ समय तक अभुआने लगती है। ये सब जो प्रकार होते हैं, जिन्हें हम भूत लगना ऐसा कहते हैं, उस समय असल में क्या होता है इसे हमें समझ लेना चाहिए।

मानसिक बीमारी के प्रकार

इसमें मुख्य रूप से दो प्रकार होते हैं—पहला, सौम्य मानसिक बीमारी और दूसरा, तीव्र मानसिक बीमारी। इन दोनों प्रकारों में भी भूत का लगना और शरीर में संचारना ये दो बातें अलग-अलग स्वरूप की हो सकती हैं। वे कैसी होती हैं, इसे हम कुछ उदाहरणों के आधार पर देखते हैं। एक तो दिमाग में जो रासायनिक द्रव होते हैं उनमें अचानक कमी होना या उनकी मात्रा में वृद्धि होना। कई बार यह बात अपने-आप ही किन्हीं बाह्य कारणों की वजह से घटित होती है। मगर बहुत बार इसकी वजह बाहरी बातें ही होती हैं। उनमें सामाजिक परंपराएँ, रूढ़ियों के पालन का हिस्सा ज्यादा होता है। परंपरा से चली आ रही कल्पनाओं में भ्रम का हिस्सा अधिक मात्रा में होता है। अथवा विशिष्ट काल में उस व्यक्ति के मन का विघटन होता है, मतलब कुछ समय के लिए वह व्यक्ति मन का मरीज बन सकता है, मगर इनमें से हर एक बात को मनोरुग्ण का नाम नहीं दिया जा सकता।

सौम्य मानसिक बीमारी

सौम्य प्रकार की जो मानसिक बीमारियाँ होती हैं, उन्हें हम 'न्यूरॉसिस' कहते हैं। न्यूरॉसिस या सौम्य मानसिक बीमारी के चार प्रकार होते हैं। पहला, झूठ की देवी का संचार होना, दूसरा, परंपरागत मान्यता प्राप्त बर्ताव, तीसरा, अलग-अलग इंद्रियों का निरंतर उद्दीपन होना और इसी वजह से प्राप्त होनेवाली स्वसम्मोहन या वशीकरण की अवस्था और चौथा प्रकार है हिस्टीरिया या प्रासंगिक मनोविघटन। शरीर में देवी का संचारना यह इन चार प्रकारों में से एक प्रकार है। जिसकी हम उदाहरणों के साथ जानकारी लेंगे।

देवी का शरीर में संचार होने का पाखंड करना

इसमें से पहला प्रकार है किसी देवी का शरीर में संचार होने का पाखंड करना। इसका एक उदाहरण मैं आपको बताता हूँ, जिससे आपकी समझ में आ जाएगा कि कुछ व्यक्तियों के शरीर में जो देवी आती है (असल में वह लाई जाती है) वह किसी भी मानसिकता के कारण या मानसिक बीमारी के कारण नहीं आती। तो शरीर में देवी का संचारना यह उनके धंधे का एक हिस्सा होता है। एक बार महाराष्ट्र के एक गाँव में ऐसा हो गया कि एक आदमी के शरीर में हनुमान जी का संचार हुआ। अब हनुमान जी का शरीर में संचार होना यह कोई विशेष बात नहीं है। पर हनुमान के संचारने के बाद गाँव की महिलाएँ भी वहाँ अपनी समस्याएँ लेकर जाती थीं। उनके

उत्तर भी वह आदमी देता था, यह भी कोई विशेष बात नहीं। किंतु प्रश्नों के उत्तर देनेवाला वह व्यक्ति जिसका उपनाम भी बुवा ही था और जो बुवाबाजी (गुरुडम) का व्यवसाय करता था। वह उन महिलाओं के गले पड़ता था और उनके कान में प्रश्नों के उत्तर देता था। अब इस पर आपत्ति कौन जताए? शरीर में कौन आ रहा था? तो साक्षात् ईश्वर हनुमान! शरीर में देवी या देवता का संचार होने के बाद जो बर्ताव किया जाता है, उसके लिए वह व्यक्ति जिम्मेदार नहीं होता तो खुद देवता जिम्मेदार होते हैं और देवता या ईश्वर कुछ अलग बर्ताव कर ही नहीं सकते और करें तो भी उसके पीछे जरूर कुछ न कुछ वजह होगी, ऐसी धारणा हमारे समाज में होती है। हमारे एक कार्यकर्ता ने इस बात पर एक खास इलाज ढूँढ़ निकाला।

हमारा यह कार्यकर्ता शनिवार के दिन मंदिर में गया। वह पाखंडी साधु भी अपने साथियों के साथ वहाँ आ पहुँचा। उसके साथी ने जेब से भभूत निकालकर उस कमरे में चारों ओर फूँक दिया। उसके दो-चार कण हमारे कार्यकर्ता पाटील की देह पर भी गिरे। थोड़ी देर में बुवा के शरीर में हनुमान जी का संचार हुआ। वह 'हूँ-हूँ' करके अभुआने लगा और हमेशा की तरह उसने दो महिलाओं के प्रश्नों के उत्तर भी दिए। इतने में अँगड़ाई लेते हुए हमारे कार्यकर्ता पाटील भी उठ खड़ा हुआ और धीरे-धीरे उसके शरीर में भी हनुमान जी का संचार होने लगा। अब हनुमान को एक समय में एक ही आदमी के शरीर में संचार करना है ऐसा तो कोई नियम तो था नहीं। शरीर में हनुमान जी संचारने के बाद बुवा महिलाओं के प्रश्नों का उत्तर देता था। हमारे कार्यकर्ता ने हनुमान जी संचारने के बाद बस इतना ही किया कि महिलाओं के बजाय उस बुवा की गर्दन पकड़ी। जोर से उसको अपनी बाँहों में जकड़ लिया। एक-दो बार उठाकर पटक भी दिया। ऐसा कौन कर रहा था? तो शरीर में संचारित हनुमान। दो-तीन बार उठाकर पटकने के बाद उस पाखंडी साधु की समझ में आया कि अब यह अपने बस की बात नहीं है और उसी वजह से उसके शरीर में संचारित हनुमान जी ने जो उड़ान भर ली, फिर कभी वह वापस आया ही नहीं। यह हो गया किसी देवी या देवता का शरीर में संचार होने का पाखंड करना।

परंपरागत मान्यता प्राप्त वर्तन

शरीर में किसी का संचार होने का जो दूसरा तरीका होता है, उसे परंपरागत मान्यता प्राप्त बर्ताव कहते हैं। इस प्रकार में किसी एक विशिष्ट दिवस को, विशिष्ट समय पर शरीर में देवी या देवता का संचार होता है। यह विशेष दिन कभी अमावस और पूर्णिमा को आता है, तो कभी-कभार गाँव के मेले के समय आता है, तो कभी-कभी किसी पशु हत्या के वक्त होता है। इसका कारण यह है कि जो इस प्रकार का बर्ताव करते हैं, उनके मन में वैसे संस्कार हुआ करते हैं। उन्हें ऐसी सूचना मिलते ही उनके

शरीर में देवी-देवता का संचार होता है। उस्मानाबाद जिले में 'चिवरी' नामक एक गाँव है। वहाँ बड़ी धूमधाम से लक्ष्मी माता का मेला लगता है और वहाँ देवी के नाम पर बड़ी मात्रा में पशु हत्या की जाती है। लगभग 200 भैंसों को मार दिया जाता है।

इस पशु हत्या को रोकने के लिए हमने लगभग चार सालों तक प्रयास किया। उसके बाद वहाँ के जिलाधीश ने हमें आश्वासन दिया कि "इस साल केवल मुख्य सम्मान के भैंसे की ही बलि चढ़ा दी जाएगी और बाकी भैंसों को छोड़ दिया जाएगा।"

यह सब वास्तव में होता है या नहीं यह देखने के लिए कुछ कार्यकर्ताओं के साथ हम वहाँ रुके थे। रात का 12 से 12:30 के बीच का समय होगा। लक्ष्मी माता के मंदिर के सामने एक बड़ा मैदान था। मैदान में 20-25 हजार लोग इकट्ठा हो गए थे। वहीं पर मैदान के बाईं ओर 5-7 हजार स्त्रियाँ मेला देखने आई थीं। रात के 12:30 बजे देवी की पालकी निकली। ढोल, ताशा, डफ की जोर-जोर से आवाजें सुनाई देने लगीं। पलीतों और मशालों के साथ गाँव से निकली देवी की पालकी रात के दो बजे के आसपास मंदिर के सामने आ गई। उस वक्त जो दृश्य मैंने देखा था, उसे जिंदगीभर नहीं भूल पाऊँगा। मैंने डफ की आवाज सुनी, लक्ष्मी माता का जयघोष सुना, साथ ही साथ जलते पलीते भी देखे और वहाँ पर बैठी 5-7 हजार महिलाओं में से अचानक 1000-2000 तक महिलाएँ 'लक्ष्मी माता की जय' ऐसा चिल्लाते हुए एकदम आगे आ गईं। उनके हाथ हाथों में गुँथ गए थे और वे सब एक साथ 'हूँ-हूँ' करके अभुआने लगी थीं। क्यों? क्योंकि लक्ष्मी माता की पालकी के मंदिर के सामने आने के बाद 'हूँ-हूँ' करके अभुआना वहाँ की परंपरा का एक हिस्सा था। उसे वहाँ मान्यता थी।

उसके बाद जब वह पशु हत्या बंद हो गई तब क्या होने लगा? मैं आपको पिछले साल का उदाहरण बताता हूँ। हर साल हम बस से सोलापुर से चिवरी जाते हैं। उस गाड़ी में अन्य लोगों के साथ हमारे कार्यकर्ता भी होते हैं। उसमें बूढ़ी औरतों से लेकर जवान लड़कियाँ भी होती हैं। अब जो बूढ़ी औरतें होती हैं वे ज्यादातर माता अथवा सासू माँ ही होती हैं और जो जवान युवतियाँ होती हैं उनमें एक तो लड़की या बहू होती है। जैसे-जैसे गाड़ी चिवरी की दिशा में बढ़ने लगती है वैसे-वैसे सास या माँ अपने पास होनेवाला भंडारा (हल्दी) निकालकर बहू या बेटी के माथे पर लगाती है और थोड़ी ही देर में उस लड़की के शरीर में लक्ष्मी माता का संचार होने लगता है। यह बात हम कई सालों से देख रहे थे। लेकिन पिछले साल ऐसा हुआ कि पूरी गाड़ी में हमारे ही 40-45 कार्यकर्ता थे और केवल एक ही बूढ़ी औरत और उसकी बेटी थी। जैसे गाड़ी चिवरी की ओर बढ़ने लगी, वैसे ही उस बूढ़ी औरत ने भंडारा निकालकर अपनी बेटी के माथे पर लगाया। देखते-देखते उस लड़की की पलकें भारी होने लगीं और आँखें बंद हो गईं। उसने अभुआना शुरू कर दिया। अब सच कहा जाए तो उस लड़की की माँ ने इधर-उधर देखा। उसे ऐसा

लग रहा था कि गाड़ी में बैठे हम सब लोग उस लड़की के शरीर में संचारित देवी को बड़े आदरभाव से प्रणाम करेंगे। लेकिन हममें से किसी ने भी ऐसा कुछ नहीं किया। वह अचंभित हो गई। पर लड़की के शरीर में संचारित देवी कुछ ज्यादा ही अभुआने लगी और अगर ऐसी अवस्था में गाड़ी चिवरी तक पहुँचती तो वहाँ पहुँचते ही वह लड़की जमीन पर लोटते हुए, अभुआते हुए देवी के पास निश्चित तौर पर चली जाती। मगर बीच में ही एक स्थान पर गाड़ी रुक गई। ड्राइवर और कंडक्टर उतरकर नीचे गए थे। अब गाड़ी में सिर्फ हमारे कार्यकर्ता और वे दोनों थीं। हमारा एक हट्टा-कट्टा कार्यकर्ता उस लड़की के पास गया। उसके सामने खड़ा हो गया और जोर से चिल्लाकर उसने कहा, "ऐ चुप बैठती है या नहीं? शरीर में आए देवी के पाखंड को बंद कर दो वरना दो तमाचे दूँगा।" उसके ऐसा चिल्लाने के बाद उस लड़की का अभुआना कम हो गया, उसके गुँथे हाथ नीचे आ गए, शरीर की बेहोशी रुक गई और जोर-जोर से 'लक्ष्मी माता की जय' ऐसा कहकर वह औरत 'ठीक है बाबा रहने दो, रहने दो' ऐसा कहते-कहते पूर्व स्थिति में लौट आई। क्या हुआ? उसके शरीर में देवी का संचार होकर अभुआने को परंपरागत मान्यता थी। यह मान्यता जब टूट गई, तो स्वाभाविक रूप से शरीर में देवी का संचार होकर अभुआने में कुछ नयापन नहीं रह गया। शायद कोई आफत आ जाएगी ऐसी संभावना का निर्माण होने के कारण उसके शरीर में हुआ देवी का संचार रुक गया।

इंद्रिय उद्दीपन और सम्मोहन

शरीर में देवी या देवता के संचारने का जो तीसरा प्रकार है, वह इंद्रिय उद्दीपन का होता है। यह इंद्रिय उद्दीपन कई बार बाहरी संवेदनाओं से होता है या फिर कई बार व्यक्ति खुद उस प्रकार की सूचनाओं को स्वीकार करके इंद्रियों को उद्दीपित कर सकती है। जैसा कि हम देखते हैं कि नवरात्रि में देवी का मंडप होता है। राक्षस को मारने लिए हाथ में लिया त्रिशूल होता है। संतोषी माँ और अंबामाता की आरती जोर-जोर से चलती रहती है और अगल-बगल में देवी के संचारने के कारण महिलाओं का अभुआना शुरू हो जाता है। इन सब बातों की वजह से व्यक्ति की ज्ञानेंद्रियाँ उद्दीपित होती हैं। वहाँ चल रही आरती के कारण कानों का उद्दीपन होता है। वहाँ जल रही धूपबत्तियों के कारण नाक का उद्दीपन होता है। वहाँ के मोहित करनेवाले वातावरण के कारण मन का उद्दीपन होता है और इसी वजह से व्यक्ति की संवेदनाओं में कुछ मात्रा में एक प्रकार की एकतानता और चेतनाहीनता आ जाती है, जिसके कारण व्यक्ति धीरे-धीरे सम्मोहन की अवस्था में चला जाता है और अभुआने लगता है। जब वह व्यक्ति किसी देवी या देवता के सामने अभुआता है तब वह एक प्रकार के सम्मोहन में जा चुका होता है। अगर

आप भी इस अवस्था का अनुभव लेना चाहते हैं तो हमारे कार्यकर्ताओं की सूचना का अनुसरण करेंगे तो आपको भी यह सम्मोहन की अवस्था प्राप्त हो सकती है। धीरे-धीरे आपका पूरा बदन ढीला हो जाएगा। पलकें भारी हो जाएँगी और अगर आपको ऐसी सूचना दी जाएगी कि आपके सामने देवी खड़ी है, वह आपके शरीर में संचार करनेवाली है उसे देख लीजिए, तो आपके सम्मोहन अवस्था में होने के कारण आपको बंद आँखों के सामने देवी दिखाई देने लगती है और आपको जलते धूप और दीप दिखाई देते हैं। आप वहाँ पर चल रही प्रार्थना सुनते हैं। ये सब बातें आप तक सूचना के द्वारा पहुँचने के कारण अगर आपको ऐसी सूचना दी जाए कि मेरे एक-दो-तीन कहने के बाद हाथों में हाथ गूँथकर शरीर में संचारित देवी के नाम से 'अंबामाता की जय' ऐसा कहकर अभुआना शुरू कर दो तो आप में से हर कोई जिसने भी प्रामाणिकता से इन सूचनाओं को स्वीकार किया होगा वह मेरे सिर्फ एक-दो-तीन कहने पर हाथों में हाथ गूँथकर अभुआना शुरू कर देगा। अगर आप देखना चाहते हैं तो इसकी वीडियो शूटिंग भी की जा सकती है, आपको दिखाने के लिए। इसी कारण इस प्रकार से होनेवाला इंद्रियों का उद्दीपन और किसी एकाध इंद्रिय का ज्यादा होनेवाला उद्दीपन और उसके कारण अगर वह इंद्रिय थक जाए तो उस व्यक्ति को सम्मोहन की अवस्था में जाने के लिए अपने-आप सहायता होती है। देवी या देवता का शरीर में संचार होने का यह तीसरा प्रकार है।

प्रासंगिक मनोविघटन

शरीर में देवी का संचार होने का चौथा प्रकार हमारे आंदोलन की दृष्टि से और मानसिक स्वास्थ्य की दृष्टि से सबसे महत्त्वपूर्ण प्रकार है, जिसे हम प्रासंगिक मनोविघटन हिस्टीरिया कहते हैं। इस पूरे प्रकार को न्यूरॉसिस भी कहते हैं। न्यूरॉसिस का अर्थ है सौम्य मानसिक बीमारी। कुछ समय के लिए शरीर में देवी का संचार होना यह इस बीमारी की एक विशेषता है। इस प्रकार को हिस्टीरिया कहते हैं। अब परिस्थिति कैसी होती है? किसी एक स्त्री की शादी को पाँच-सात साल होने के बावजूद भी उसको बच्चा नहीं होता है और हमारे समाज की मान्यता के अनुसार इसका पूरा दोष उस स्त्री को दिया जाता है। अब इसमें दोष पति का भी हो सकता है ऐसा कोई नहीं सोचता और बच्चा न होने के कारण उस स्त्री को पड़ोसियों के ताने सुनने पड़ते हैं। सास की बातें सुननी पड़ती हैं और रात को शराब पीकर घर आनेवाले पति की मार खानी पड़ती है।

इन सब बातों से बचने का कोई उपाय भी उसे दिखाई नहीं देता। एक ओर पति चिकित्सा के लिए तैयार नहीं होता जिसकी वजह से कोई इलाज संभव नहीं होता। दूसरी तरफ हमेशा के लिए मायके जाकर रहना भी मुनासिब नहीं होता।

ऐसे समय में उस स्त्री के मन में बहुत भारी तनाव आ जाता है और फिर किसी शुक्रवार के दिन शाम के वक्त पड़ोस से उसे अंबामाता की प्रार्थना सुनाई पड़े, घंटे की आवाज सुनाई दे, भक्तजन दिखाई दें, तो देखते-देखते उसका शरीर भारी होने लगता है, आँखें बंद होने लगती हैं, हाथ हाथों में गुँथकर ऊपर जाने लगते हैं, शरीर पर होनेवाले कपड़ों तक का खयाल नहीं रहता, बाल खुल जाते हैं और वह अंबा माता कहकर अभुआने लगती है। जब वह अभुआने लगती है, तब उसके साथ दूसरे लोगों का जो व्यवहार होता है उसमें फर्क आ जाता है। उसे ताने सुनानेवाली सास उस दिन उसे बिलकुल नहीं सताती क्योंकि उसके शरीर में देवी माँ का संचार हुआ है, इसलिए। उसे शराब पीकर लात मारनेवाला उसका पति भी उस दिन उससे दूर रहता है। गलती से देवी को लात लगने की संभावना के कारण। मतलब, सच कहा जाए तो खुद के टूटनेवाले व्यक्तित्व को इस प्रासंगिक मनोविघटन की सहायता से सँभालने का उस स्त्री का प्रयास होता है।

हम और एक उदाहरण देखते हैं। एक गाँव में हमारे एक कार्यकर्ता के अस्पताल में घटित यह मामला है। गाँव में रहनेवाला एक अमीर परिवार, अपनी बहू को भयानक तकलीफ देता था, जिसकी वजह से उस परिवार की पहली बहू का देहांत हो गया था। उसके बाद दूसरी बहू ब्याहकर घर में लाई गई थी। जो पहली बहू थी उसके बारे में सिर्फ इतना ही पता था कि उसका छल तो होता ही था, पर वह भी मुँहफट स्त्री थी। उसके मुँह से गालियाँ हमेशा चलती रहती थीं। दूसरी बहू बिलकुल गरीब गाय थी। इसी वजह से वह खामोशी से तकलीफों को सह रही थी। ऐसे में एक-दो साल बीत गए।

एक दिन शाम के वक्त नदी से कपड़े धोकर आने के बाद अचानक उसका शरीर काँपने लगा। जैसे उसके होश उड़ गए और वह जोर-जोर से चिल्लाने लगी। उसके चेहरे के भाव बदल गए। उसकी आवाज पहली बहू की तरह आने लगी। उसकी बातों को सुनकर पड़ोसी अचंभित हो गए क्योंकि कभी भी किसी को गलत या बुरा न बोलनेवाली वह स्त्री अचानक गालियाँ दे रही थी और सभी को ऐसा लगने लगा कि पनघट से शाम को घर आते समय रास्ते में जो पेड़ है, जिस पर लटककर पहली बहू ने जान दे दी थी, उसका भूत इसे लग गया होगा। यह बात पति को भी मालूम हो गई। आज आपकी पत्नी का नूर कुछ अलग ही नजर आ रहा है ऐसा लोगों ने उसे बताया। पति जानता था कि उसकी पत्नी सीधी-सादी, भोली औरत है और वह ऐसा कुछ भी नहीं कर सकती और अगर वह अपनी पत्नी के सामने जाए तो उसका भूत झट से उतर जाएगा। इसी सोच में वह हमेशा की तरह बड़े चाव से घर गया और जोर से अभुआती अपनी पत्नी के सामने खड़ा हो गया और कहने लगा, "ऐ हरामिन, क्या तमाशा लगा रखा है।" लेकिन हमेशा से उसकी बातों को सुननेवाली उसकी बीवी आज अलग ही रूप में थी। उसने लोगों

के सामने अपने पति की कमीज पकड़कर “क्यों रे भड़वे,” ऐसा कहा और कमीज ऊपर से नीचे तक एक ही झटके से फाड़ दी। उसकी पत्नी दूसरों के सामने उसका अपमान करेगी, कमीज फाड़ देगी, गालियाँ देगी ऐसा उसने बिलकुल भी सोचा नहीं था। यह बात उसके दिमाग से परे थी और इसी वजह से पायजामे में उसके पाँव काँपने लगे। दूसरी तरफ, “मुझको आप लोगों ने तकलीफ देकर मार डाला और अब इसको भी बर्बाद करने का आपका इरादा लगता है। याद रखिए, अगर इसको तकलीफ दी तो एक-एक को देख लूँगी,” इस तरह वह बोलती जा रही थी।

यह मामला दो-ढाई घंटों तक चलता रहा। उसके बाद थकी-माँदी वह दूसरी बीवी निश्चल पड़ी रही। वह आठ से दस घंटे तक उसी स्थिति में रही। दूसरे दिन सुबह जब वह जाग गई तब जो कुछ घटित हुआ था उसमें से उसे कुछ भी याद नहीं था। वह हमेशा की तरह भोली औरत बन गई थी। असल में हुआ क्या था? गौर करें उस पत्नी के मन में छल, तकलीफ की वजह से तनाव बन आया था। उसकी अभिव्यक्ति के लिए उसके मन का प्रासंगिक विघटन हो चुका था और खुद पर किसी बाहरी शक्ति ने यानी पहली बीवी की आत्मा ने काबू पा लिया है, ऐसे परंपरा से चलते आए भ्रम को उसने अपना लिया था, जो बिलकुल सही था। उसमें झूठ का जरा-सा भी अंश नहीं था। उसके अबोध मन में यह सब घटित हो चुका था। यह कैसे घटित हो रहा है, यह उसे भी मालूम नहीं था। इसलिए यह एक सच्चा पाखंड था और जो वेदना थी वह उस महिला की थी। वेदना के, दर्द के उपाय ढूँढ़ना, यही उस ढकोसले को समाप्त करने का सही मार्ग था।

उपचार कौन सा?

ऐसे समय में इस प्रकार की महिलाएँ जिनके शरीर में बार-बार देवी का संचार होता है या जिन्हें इस प्रकार की समस्या का सामना करना पड़ता है, वे स्त्रियाँ देवऋषि को छोड़कर आपके या किसी मनोविशेषज्ञ के पास आ जाती हैं तो उसके लिए कौन से उपाय करने चाहिए? ऐसे मरीज के लिए उपाय करते समय दो हिस्से होते हैं। पहला, विशेषज्ञ डॉक्टर उस व्यक्ति से बात करता है, उसके घरवालों से बात करता है, साथ-साथ उसे कुछ दवाइयाँ भी देता है जिससे कुछ हद तक उसे अच्छा लगने लगता है। लेकिन यहाँ और एक बात को समझना जरूरी होता है। वह यह कि जिन कारणों की वजह से उस स्त्री के शरीर में देवी का संचार होता है, उस वस्तुस्थिति को बदलना सबसे जरूरी होता है। जब तक तनावपूर्ण वातावरण में रहकर उसके व्यक्तित्व का विघटन होता रहेगा, वह तनावपूर्ण स्थिति बदल न दी जाए तब तक प्राप्त परिणाम के प्राथमिक स्वरूप के या साधारण होने की आशंका बनी रहती है। इस जगह पर बड़ी मात्रा में सामाजिक कार्यकर्ताओं का, अंधविश्वास

उन्मूलन आंदोलन से जुड़े या फिर नई संवेदनाओं का स्वीकार करनेवाले लोगों का सहभाग अधिक महत्त्वपूर्ण होता है। दूसरा, इसमें गलत उपचारों से उस व्यक्ति को बचाना उपाय और आंदोलन की दृष्टि से महत्त्वपूर्ण हिस्सा होता है। आज भी एक ओर हमारे समाज में मनोविशेषज्ञों की संख्या कम है और साथ ही दूसरी तरफ इस प्रकार की मानसिक बीमारियों के उपचार के लिए डॉक्टरों के पास जाने की इच्छा, समझदारी भी लोगों में कम है।

उपचार के लिए लोग मांत्रिक के पास क्यों जाते हैं?

हमें इस पर सोचना चाहिए कि लोग उपचार के लिए मांत्रिक के पास क्यों जाते हैं? जब आपके पड़ोस का कोई व्यक्ति बीमार पड़ जाता है; तब अगर उसे बुखार आ जाता है तो आप उसे देखने जाते हैं। अगर उसे अस्पताल में एडमिट करके सलाइन लगाया जाता है तो उसके लिए फल लेकर जाते हैं और अगर उसका कोई बड़ा ऑपरेशन होता है, तो आप उसके पास जाकर कोई समस्या है क्या? कुछ मदद चाहिए क्या? इस तरह से अपनापन जताते हुए चिंता से उसकी पूछताछ करते हैं। यानी जिस अनुपात में शरीर की बीमारी होती है उसी मात्रा में उसे मिलनेवाली सहानुभूति होती है। लेकिन जब हमारे पास होनेवाला कोई व्यक्ति अचानक ही पलकें बंद करने-खोलने लग जाए, स्वयं से ही बातें करने लग जाए, खुद की स्वच्छता की चेतना खो जाए, चुटकियाँ बजाकर बातें करने लग जाए और गोल-गोल घूमकर चक्कर लगाए; तो उसकी ओर निशाना करके हम उपहास से 'स्क्रू ढीला हो गया है' ऐसा कहते हैं। मतलब शरीर का बीमार होना, बुखार आना सहानुभूति दिलानेवाली बात होती है और मन की बीमारी उपहास की। उसी वजह से 'मेरा मन बीमार पड़ गया है' ऐसा कहने के बजाय 'किसी दुष्ट शक्ति ने मेरे ऊपर कब्जा कर लिया है' ऐसा कहना स्वाभाविक रूप से ज्यादा आसान होता है।

ऐसे समय में जब व्यक्ति किसी साधु, बाबा, ओझा, मांत्रिक, देवऋषि, भगत के पास जाता है, तब उसकी इस कल्पना को ये लोग और भी अधिक मजबूत बनाते हैं। लोग मांत्रिक के पास जाते हैं क्योंकि उसमें कोई अप्रतिष्ठा नहीं होती। ऐसे मांत्रिक, भगत, साधु या बाबा पड़ोस के गाँवों में, इलाके में होते ही हैं, जिसकी वजह से वे आसानी से उपलब्ध होते हैं। हर बार ऐसा नहीं होता लेकिन तुलना में वे काफी सस्ते होते हैं। उनसे चिकित्सा या उपचार पाने के लिए नगद पैसों की ही जरूरत नहीं होती। साथ ही मरीज को समझ में आए ऐसी भाषा में वे उससे बातें करते हैं।

मांत्रिक या देवऋषि की बातें मरीज को जितनी अपनी लगती हैं; उतनी वैद्यकीय उपचार करनेवाला व्यक्ति जो बोलता है वे बातें मरीज या उसके रिश्तेदारों के पल्ले नहीं पड़तीं। मांत्रिक, बाबा का व्यक्तित्व प्रभावी होता है और कई बार ये लोग उस

इलाके के सांस्कृतिक लीडर होते हैं। अब 'गुरु' इस कल्पना का हमारी भारतीय सामाजिक परंपरा में जो स्थान है, 'आपके जीवन में आनेवाली हर एक समस्या का हल ढूँढ़नेवाला, सहायता करनेवाला, मार्गदर्शन करनेवाला, सच्ची राह दिखानेवाला आदमी' यानी 'गुरु' इस तरह गुरु शब्द की ओर देखा जाता है। उन इलाकों में काम करनेवाले ये लोग, उनके कारण निर्माण गुरु का आधार लेने की समाज की जो परंपरागत मानसिकता है, उसे पूरी करते हैं। इसी कारण मरीज को सहारा मिलने की संभावना निर्मित होती है।

साधु, भगत, देवऋषियों का उपचार

ये लोग मानसिक बीमारी का उपचार कैसे करते हैं? इसके दो प्रकार होते हैं—एक होती है दैवी उपचार पद्धति। ये साधु, बाबा, भगत, देवऋषि उस बीमार व्यक्ति की कुंडली को, उसके पूर्वजन्म को, उसके पहले कर्मों को दोष देते हैं और फिर उपचार के रूप में भभूत, कर्मकांड जैसी बातें बताते हैं। और दूसरे प्रकार में भगत, देवऋषि, मांत्रिक भूत को, बाहरी बाधा को दोष देते हैं। वे उस बाहरी शैतानी शक्ति से संपर्क करके मरीज को उस ट्रान्स में ले जाते हैं और सम्मोहन से वह शक्ति कौन है, यह उस मरीज के मुँह से उगलवाते हैं और उसके आधार पर इलाज करते हैं। लोग अक्सर यह प्रश्न पूछते हैं कि 'इस प्रकार मन के बीमार व्यक्ति को डॉक्टर के पास ले जाने के बाद भी वह ठीक हो जाता है, यह बात सच है। मगर डॉक्टर के पास जाने के बजाय उस मरीज को जिसे कुछ भी समझ में नहीं आता ऐसे साधु, महाराज, भगत, मांत्रिक के पास क्यों न ले जाएँ, जिनके पास ले जाने पर भी वह ठीक हो जाता है?' इसके कई कारण बताए जा सकते हैं। उनमें से कुछ महत्त्वपूर्ण कारण हम समझ लेते हैं कि भगत और साधु के पास ले जाने पर मरीज को ठीक क्यों लगता है?

एक तो, 'भूत ने मुझे पछाड़ लिया है, उसमें मेरा कोई दोष नहीं' यह बात मन में एक बार पक्की हो जाए तो वह मरीज उपचारों को तहेदिल से प्रतिसाद देता है और उन उपचारों का स्वीकार मन से होने के कारण उनका परिणाम भी अच्छा नजर आता है। इससे विपरीत स्थिति मनोविशेषज्ञ के पास दिखाई देगी। अपने बीमार मन को लेकर मनोविशेषज्ञ के पास जाना यह खुद के ऊपर होनेवाला एक लांछन लगता है और उससे वह मरीज इलाज को सही तरीके से प्रतिसाद नहीं देता। उसको स्वीकार नहीं करता।

दूसरी बात यह होती है कि कुछ बीमारियाँ कभी-कभी कुछ मात्रा में सही सूचनाओं को स्वीकार करने की वजह से या फिर शरीर की संरक्षक शक्ति कार्यान्वित हो जाने की वजह से ठीक होती हैं और उसका श्रेय मांत्रिक को मिल जाता है। अर्थात्

मान लो कि वैद्यक शास्त्र में ऐसा कहा गया है, 'उपचार किया हुआ गोंवर (एक बीमारी) सात दिनों में ठीक हो जाता है और उपचार न किया हुआ गोंवर हफ्तेभर में ठीक हो जाता है।' इसका मतलब क्या है? उपचार करें या न करें गोंवर यह विषाणु के प्रसार से होनेवाली बीमारी स्वयं प्रतिबंध से ठीक हो जाती है। इसका श्रेय केवल सातवें दिन उपचार करनेवाले डॉक्टर को मिल जाता है। सौम्य मानसिक बीमारी में यानी हिस्टीरिया में यही बाधा होती है। इस बीमारी के लक्षणों की उस व्यक्ति को आदत-सी लग जाती है। डॉक्टर के उपचारों से मरीज को अच्छा भी लगने लगता है, पर फिर से वह उसी तरह का बर्ताव करेगा ही नहीं इसका पूरी तरह से विश्वास नहीं होता और दूसरी तरफ उसे साधु महाराज, भगतों ने सही तरह से आधार दिया तो भी उसे ठीक लगता है और फिर स्वाभाविकता से इसका श्रेय उस साधु महाराज, भगत, देवऋषि को ही मिलता है।

तीसरी बात, व्यक्ति को खुद के बारे में एक तरह की कमी या न्यूनता की भावना होती है। मतलब, व्यक्ति बहुत अस्वस्थ होता है, लेकिन उसे अगर समझाया जाए कि 'यह बात तुम्हारे हाथ में नहीं था, यह देवी का प्रकोप या कुंडली का दोष था', तो फिर खुद की गलती न होने की बात का उस मरीज के मन पर प्रभाव होता है और उसमें होनेवाली कमी की भावना कम होती है, इससे बीमारी ठीक होने में सहायता होती है।

चौथी बात, भूत उतारनेवाली, बाधा उतारनेवाली जो जगहें होती हैं वहाँ पर एक प्रकार के वातावरण की निर्मिति की जाती है। वहाँ एक तरफ रामरक्षा की प्रार्थना चलती है। दूसरी तरफ दासबोध का पठन होता है, गुरुचरित्र की पोथी का पठन शुरू होता है। तीसरी तरफ एक कुंड होता है, जिसमें भस्म होता है। आसपास से आने-जानेवाले लोग भी बाबा के बारे में श्रद्धापूर्ण शब्दों में बातें करते हैं। इस वातावरण निर्मिति के कारण अपने आप ही मानसिक आधार मिल जाता है जिसकी वजह से मरीज के शरीर की संरक्षण शक्ति और भी मजबूत होती है और उसके ठीक होने की संभावना बढ़ती है।

पाँचवीं बात यह है कि इस प्रकार से उपचार करनेवाले लोगों के साथ शांति से बैठकर हम अपने सुख-दुख के बारे में बातें कर सकते हैं। वैसे देखा जाए, तो आज के जमाने में किसी के पास समय नहीं है और पचास रुपये लेकर 15 मिनट में एक मरीज की चिकित्सा करनेवाले डॉक्टर के पास तो बिलकुल ही नहीं। इसी कारण जो व्यक्ति हमारी बात को घंटों तक सुन सकता है ऐसे व्यक्ति के पास, मतलब देवऋषि या मांत्रिक के पास चले जाएँ ऐसा लोगों को लगना स्वाभाविक ही है।

उसके आगे का छठा मुद्दा यह है कि शरीर में देवी या देवता संचारित मरीज, यह जो प्रकार होता है इसके कारण वैज्ञानिक परिभाषा में कहा जाए तो उस व्यक्ति को कैथार्सिस हो जाता है। मतलब, उस व्यक्ति की भावनाओं के उद्रेक का विरेचन

होता है और स्वाभाविक रूप से उस व्यक्ति के मन को अच्छा लगने लगता है।

सातवाँ मुद्दा यह है कि इसकी उपचार पद्धति में डॉक्टर जैसा करते हैं वही बातें अनजाने में देवऋषि, साधु या मांत्रिक भी करता है। वह पूरे परिवार को उपचार में सम्मिलित कर लेता है। इस प्रकार की मानसिक बीमारी के उपचार में परिवार को शामिल करना बहुत ही महत्त्वपूर्ण बात होती है।

आठवाँ मुद्दा यह है कि कभी-कभी व्यक्ति क्रिया-कर्म के द्वारा उपवास कर लेगा या फिर अन्य किसी रास्ते से प्रायश्चित्त करेगा। वह खुद को सजा देता है और इस वजह से गलती तो की है पर उसकी सजा भी भुगत चुका हूँ ऐसी उसकी धारणा हो जाने से उसे अच्छा लगने लगता है।

नौवाँ कारण यह होता है कि कई बार मांत्रिक और देवऋषि उस व्यक्ति की बहुत ज्यादा मारपीट करते हैं, जिसकी वजह से उसका थका-माँदा मन, शरीर पर होनेवाली मार से बचने के लिए खुद को सँभालने का प्रयास करता है।

ऐसे कई कारणों की वजह से सौम्य प्रकार की मानसिक बीमारियों में देवऋषि, मांत्रिक, साधु, भगत आदि लोगों को कुछ हद तक सफलता मिलने की संभावना होती है और इसी कारण उनके पास कोई न कोई अद्भुत शक्ति होती है ऐसी धारणा होती है, ऐसी कल्पना करते हैं। इसलिए हमें क्या करना चाहिए? यही कि व्यक्ति को इस प्रकार के उपचार लेने की सम्मति नहीं देनी चाहिए। जो भी थोड़ा-बहुत अध्ययन हुआ है उससे यह दिखाई देता है कि ऐसा उपचार करनेवालों में से 20 प्रतिशत लोग खुद ही इस प्रकार की मानसिक बीमारी से त्रस्त होते हैं। 44 प्रतिशत लोग शारीरिक तौर पर गुप्तरोग से बीमार होते हैं। 12 प्रतिशत लोग फरार हुए अपराधी होते हैं। इस प्रकार के उपचार से व्यक्ति को ठीक लगने लगता है, उस पर असर तो होता है, लेकिन सही उपचार, सही समय पर न होने की वजह से फिर से यह बीमारी बढ़ने की या अधिक जोर पकड़ने की संभावना होती है।

गंभीर मानसिक बीमारियाँ

अब हम गंभीर मानसिक बीमारियों की जानकारी लेते हैं, जिन्हें सायकॉसिस कहा जाता है। अपने इर्द-गिर्द घूमने-फिरने वाला, व्यवहार करनेवाला व्यक्ति देखते-देखते अकेला बैठने लगता है। उसका लोगों के साथ मिलना-जुलना, बातें करना, शामिल होना, हँसना-खिलखिलाना रुक जाता है। उसे अपने शरीर की स्वच्छता का खयाल नहीं रहता है। कई दिनों तक वह नहाता नहीं। कई बार तो जो काम साधारण व्यक्ति करने से थक जाता है ऐसे काम में घंटों लगा रहता है। अगर एकाध समय वह किसी एक जगह पर बैठ जाए, तो घंटों तक ही नहीं, दिनभर उसी जगह पर बैठा रहता है। जब ऐसा होने लगता है तब उसको कोई मानसिक बीमारी हो गई है, ऐसा

समझ लेना चाहिए। क्योंकि एक तरफ वह गंभीर मानसिक बीमारी का लक्षण होता है और दूसरी तरफ वह इस देश के अध्यात्म के प्रकार का एक हिस्सा होता है।

मतलब यह कि ऐसे लोगों को कई प्रकार के आभास होने लगते हैं। उन्हें ऐसा लगता है कि 'पड़ोसी अपने ही बारे में कुछ बातें कर रहे हैं और वे मुझे मार डालने की कोई योजना बना रहे हैं। पुलिस ने कोई योजना बनाई है और वह मुझे गिरफ्तार करके ले जानेवाली है।' ऐसी बीमारी का शिकार होनेवाला अगर कोई पति होगा तो उसे लगता है कि अपनी बीवी का चरित्र-शील अच्छा नहीं है और अगर ऐसी बीमारी किसी पत्नी को हो जाए तो उसे ऐसा लगता है कि अपना पति व्यभिचारी हो गया है।

ढंग से सोचो तो, इसमें से किसी भी बात का कोई भी आधार नहीं होता और यह वास्तव स्थिति भी नहीं होती। लेकिन मस्तिष्क में जो अंत:स्राव होते हैं जिनके आधार पर दिमाग का स्वास्थ्य बना रहता है उनमें बदलाव आने के बाद इस प्रकार के आभास निर्मित होते हैं। जैसे आसपास कोई भी खुशबू नहीं होती मगर सुगंधि इत्र से लेकर सड़े हुए कूड़े-कचरे तक की गंध उस व्यक्ति को आने लगती है। किसी के स्पर्श के बगैर उसे गुदगुदी होने लगती है और सामने कोई भी न होने के बावजूद सामने कोई प्रभावी व्यक्ति खड़ा है ऐसा समझकर वह बातें करने लगता है या फिर सामने कोई बड़े आकार की काले रंग की भूत-पिशाच की आकृति खड़ी है और वह डरा रही है ऐसा उसे लगता है। इस प्रकार के जो आभास होते हैं उन्हें इंद्रियजन्य भ्रम या इल्युजन्स कहते हैं। यानी कोई चीज जैसी होती है, वह उससे अलग ही दिखती है, वह चीज वास्तव में जैसी होती है, वैसी नहीं दिखती। जैसे अँधेरे में रस्सी साँप लगने लगती है। इसे कहते हैं इंद्रियजन्य भ्रम और मानसिक भ्रम यानी कोई भी चीज नहीं होती फिर भी उसके अस्तित्व का एहसास होने लगता है क्योंकि मन में उस तरह की विकृति पैदा होती है।

मानसिक भ्रम के प्रकार

मानसिक भ्रम का संबंध हमारे आंदोलन में एक अलग ही स्तर पर आता है। लोग हमारे पास आकर पूछते हैं कि "रामकृष्ण परमहंस जी को ईश्वर दिख गए। उन्होंने विवेकानंद को ईश्वर के दर्शन करवाए। क्या वे झूठ बोल रहे थे?" इस बारे में हमें चार संभावनाएँ स्वीकारनी चाहिए। उनमें से पहली संभावना पाखंड या झूठ बोलने की हो सकती है। मुझे ईश्वर दिखाई देते हैं और ईश्वर मुझसे बातें करते हैं, ऐसा कहनेवाले लोग इस आंदोलन को मालूम हैं। आंदोलन ने उनका भंडाफोड़ भी कर दिया है। दूसरा मुद्दा यह है कि नशीले पदार्थों का सेवन करने की वजह से होनेवाले अनुभव। एक समय मद्रास हाईकोर्ट में ऐसा ही मामला दर्ज हुआ था। मद्रास में

बालाजी मंदिर में दोपहर की आरती के बाद प्रसाद बाँटा जाता है। उसे खाने के बाद लोगों को अलग ही आध्यात्मिक अनुभूति महसूस होने लगी। उन्हें खुद की आत्मा शरीर से बाहर आने की और उसके बाहर आकर अपनी तरफ देखने की अनुभूति होने लगी थी। 'हमारा शरीर कितना घिनौना है! हमारे कर्म कितने बुरे हैं! ऐसे शरीर में हम क्यों रहते हैं?' ऐसा सवाल करते हुए दुख-दर्द से अपनी आत्मा रो रही है ऐसे, या फिर इस प्रकार के कई अनुभव आरती के बाद लोगों को आ रहे थे। जब इस बात की कुछ ज्यादा ही चर्चा होने लगी तब अंधविश्वास उन्मूलन के जैसा काम करनेवाले वहाँ के लोगों ने पुलिस की सहायता से आरती के बाद जो प्रसाद बाँटा जाता था उस पर धावा बोलकर उसे कब्जे में ले लिया और फिर उसमें बहुत सारी भाँग मिलाई हुई पाई गई। जो नशीले पदार्थ होते हैं उदाहरणार्थ ब्राउन शुगर, चरस, अफीम, गांजा इनके कम-अधिक सेवन से इस प्रकार के आभास निर्मित हो सकते हैं। तीसरा मुद्दा यह है कि गहरी सम्मोहन अवस्था में दूसरों की दी हुई सूचनाओं की वजह से या फिर खुद की तीव्र इच्छा की वजह से आप स्वसम्मोहन की अवस्था में जाते हैं। जैसा संत-महात्माओं के बारे में या फिर रामकृष्ण परमहंस जी के बारे में हुआ होगा। ईश्वर से साक्षात्कार हो जाए ऐसी आस उन्हें बड़ी तीव्रता से लगी रहती है, जिसके कारण स्वसम्मोहन या दिवास्वप्न जैसी एक अवस्था निर्मित हो जाती है और हमें साक्षात् ईश्वर दिखाई देने का एहसास होने लगता है। लेकिन इस जगह पर ईश्वर है या नहीं और वह हमें दिखता है या नहीं यह चर्चा का महत्त्वपूर्ण विषय नहीं है। महत्त्वपूर्ण विषय क्या है? रामकृष्ण परमहंस या स्वामी विवेकानंद या कोई संत-महात्मा इसी वजह से बड़े नहीं होते कि उन्हें ईश्वर ने दर्शन दिए हैं। बल्कि, उनके बड़े होने के कारण अलग ही होते हैं। विवेकानंद ने खुद ही ऐसा कहा है कि "आनेवाले 50 सालों में किसी भी ईश्वर की आराधना नहीं करेंगे तो भी चलेगा, मगर दरिद्री नारायण (गरीबों) को मत भूलिए।" इसलिए ईश्वर के दर्शन हुए या नहीं इस पर उनका बड़प्पन निर्धारित नहीं होता। लेकिन उन्हें ईश्वर के दर्शन हुए इसके पीछे होनेवाला मनोवैज्ञानिक कारण कौन-सा हो सकता है, इसके लिए मैंने इस बात का यहाँ उल्लेख किया।

गंभीर मनोविकृति

चौथी बात यानी गंभीर मनोविकृति। ऐसी मनोविकृति पैदा होती है इसका कारण एक तो मन में प्रचंड तनाव बना रहता है और दूसरा मन में यानी दिमाग में जो अंत:स्राव होते हैं उनकी कमी होने से अलग-अलग आभासों की निर्मिति होती है। यह आभास उस व्यक्ति के लिए काफी सच होते हैं मगर असलियत में वे अस्तित्व में ही नहीं होते। जैसे कि हमारे आंदोलन के एक मनोविशेषज्ञ के पास दसवीं कक्षा

में पढ़नेवाली एक लड़की आई। दसवीं कक्षा की परीक्षा काफी नजदीक थी। हर रोज एक मील का फासला तय करके वह लड़की पैदल पाठशाला जाती थी। पाठशाला के जानेवाले रास्ते पर एक बड़ा पीपल का पेड़ था। एक दिन घबराकर वह लड़की घर आ गई और कहने लगी, "उस पीपल के पेड़ पर एक सफेद रंग की आकृति है और जब मैं आगे चलने लगती हूँ तो वह मेरी तरफ उँगली दिखाती है। इधर आओ...इधर आओ ऐसा कहती है।" इस बात पर घर के लोग उसके साथ चले गए। उन्हें वहाँ कुछ भी दिखाई नहीं दिया। मगर लड़की अपनी ही बात पर अड़ी थी। दरअसल हुआ कुछ ऐसा था कि दसवीं की परीक्षा को लेकर घरवालों की उस लड़की से कुछ ज्यादा ही अपेक्षाएँ थीं। उन अपेक्षाओं का बोझ उसके मन पर इतना था कि उससे असहनीय तनाव निर्माण हो चुका था और इस कारण दिमाग में जो स्राव होते हैं वे बदल चुके थे और इस प्रकार के भ्रम होने लगे थे। सही इलाज के बाद वह लड़की ठीक हो गई।

हमारे आंदोलन द्वारा बहुत पहले सुलझाया हुआ एक मामला सांगली में रहनेवाली गोखले नामक महिला से संबंधित है जो तीन बच्चों की माँ थी। एक दिन उसने बताना शुरू किया कि "मेरे घर में कोई स्त्री मेरे पीछे चल रही है, ऐसा लगता है।" कुछ दिनों बाद वह कहने लगी कि "मेरे पीछे जिसके पैरों की आवाज आ रही थी, वह स्त्री अब मुझसे बातें करने लगी है। मेरे कान में वह कह रही थी कि 'तुमने मुझे, मेरी आवाज को पहचाना नहीं? मैं तुम्हारी कुलस्वामिनी अंबामाता और तुम पूर्वजन्म की झाँसी की रानी हो। झाँसी संस्थान की लड़ाई में तुम्हें मार दिया था और फिर उसी वजह से तुम पर सभी धर्मसंस्कार नहीं हुए थे। यह तुम्हारा पुनर्जन्म है। इस जन्म में बाकी रह गए धर्मसंस्कारों को पूरा करो।' ऐसी आवाज मुझे स्पष्ट सुनाई देती है।" और कुछ दिनों बाद तो उसे उसी अंबामाता के तेज:पुंज चेहरे के दर्शन होने लगे। इसी वजह से जो धर्मसंस्कार उसने उसे करने के लिए कहे थे, वह करने की शुरुआत उसने की और दूसरी तरफ झाँसी की रानी के अनुभव के कथन का कार्यक्रम भी शुरू किया। हमने सतारा में उसका भंडाफोड़ किया था। किंतु यहाँ गौर करें ऐसी बात कौन सी है जिसकी वजह से ऐसे समय उस व्यक्ति का विशिष्ट संदर्भों में पूरी तरह से मनोविघटन हो जाता है। यानी वह स्त्री अपनी घर-गृहस्थी भी चला रही थी। अपने बच्चों की हर बात को अच्छी तरह से पूरा कर रही थी। परंतु वह खुद पुनर्जन्म हुई झाँसी की रानी ही है ऐसा उसे पक्का विश्वास भी था। लोगों के सामने उससे कई प्रश्न पूछने के बाद और गहराई से छानबीन करने के बाद, लोगों को हम इस बात का यकीन दिला सके कि वह झाँसी की रानी हो ही नहीं सकती। मगर वह खुद को झाँसी की रानी ही कह रही थी। इसका कारण यह था कि वह एक मानसिक बीमारी की शिकार हो गई थी।

आत्महत्या का विचार

और भी कई तरह की मानसिक बीमारियाँ होती हैं। उन सभी गंभीर बीमारियों की जानकारी हमें होनी ही चाहिए ऐसा जरूरी नहीं। मगर उनमें से एक महत्त्वपूर्ण बात हमें मालूम होना जरूरी है। वह ऐसी कि कोई व्यक्ति अचानक, "बस हो गया, जितना जिया उतना काफी हो गया। अब जिंदगी में कोई मजा नहीं रहा। अब जिंदगी खत्म करना ही ठीक होगा," ऐसा बोलने लगता है। तब उस पर उसके रिश्तेदार, पड़ोस के लोग उससे कहते हैं कि "अरे, कैसी पागलों-सी बातें कर रहे हो? तुम्हारे बीवी-बच्चे हैं। बच्चे होशियार हैं। तुम्हारी पत्नी अच्छी तरह से घर-गृहस्थी चला रही है। ऑफिस में तुम्हारी सबसे अच्छी तरह से बनती है। किसी भी बात की कमी तुम्हें नहीं है और अचानक यह आत्महत्या करने की पागलों की भाषा तुमने कहाँ से शुरू कर दी?" आप कभी-कभी उस पर हँसते हैं, कभी उसे डाँटते हैं, कभी गुस्सा करते हैं, कभी उसकी तरफ दुर्लक्ष करते हैं। मगर यह बात नजरअंदाज करनेवाली नहीं होती। व्यक्ति के मन में बार-बार आत्महत्या का विचार आना यह एक गंभीर स्वरूप की मानसिक बीमारी है। हम ऐसा कहते हैं, जो गरजता है वह बरसता नहीं है पर यह बात इस मामले में सही नहीं है। ऐसे मामले में जो गरजता है उसके बरसने की संभावना अधिक होती है। जो व्यक्ति ऐसा कहता है कि 'मैं आत्महत्या करूँगा' उसकी आत्महत्या करने की संभावना अधिक रहती है। इसलिए यह एक गंभीर मानसिक बीमारी है और उसे समझकर उसका सही तरीके से इलाज भी कराना चाहिए या फिर किसी मनोविशेषज्ञ की सलाह लेनी चाहिए।

गंभीर मानसिक बीमारी का उपचार

गंभीर रूप की मानसिक बीमारियों का इलाज करना यह कार्यकर्ताओं के बस की बात नहीं होती। एक बात अच्छी है कि इस प्रकार की गंभीर बीमारियों के लिए आज बहुत-सी अच्छी, असरदार दवाइयाँ तैयार हो चुकी हैं। इसी वजह से बीमार व्यक्ति को बहुत सारा मानसिक सहारा और आराम मिल सकता है। ऐसे व्यक्ति को अस्पताल में डॉक्टरों की निगरानी में रहना जरूरी होता है। ऐसे व्यक्ति को शॉक ट्रीटमेंट दिया जाता है यानी एक विशिष्ट बिजली का प्रवाह उसके दिमाग पर बिलकुल अल्प समय के लिए छोड़ा जाता है। जिससे दिमाग की पेशियों के जो स्पंदन गलत दिशा में हो रहे होते हैं वह सही तरीके से होने लगते हैं और उनमें सुधार आने लगता है। यह किसी भी प्रकार की तकलीफ न होनेवाली बात होती है, जिसे हम 'नार्कोसिस' या 'सायकोथेरेपी' कहते हैं। इसके अलावा इस प्रकार के मरीज से डॉक्टर बोलने की कोशिश करते हैं, उसकी बात को समझने की कोशिश

करते हैं। कई बार उस व्यक्ति को बेहोशी का इंजेक्शन लगाया जाता है जिससे उस व्यक्ति के मन में जो तनाव होता है, वह कम हो जाता है। अचेतन मन का तनाव समझ में आता है और असल समस्या क्या है यह जानकर उसका इलाज किया जाता है। लेकिन ये सभी इलाज वैद्यकीय तज्ञ व्यक्ति से करवाना अधिक उपयुक्त रहता है, आवश्यक होता है।

हम क्या कर सकते हैं?

आम नागरिक भी कुछ महत्त्वपूर्ण बातें समाज तक पहुँचा सकते हैं। एक तो 'सन् 2000 तक सबको स्वास्थ्य' ऐसा हमारी सरकार का नारा है और मानसिक स्वास्थ्य इसका एक महत्त्वपूर्ण हिस्सा है। अगर आपको मानसिक स्वास्थ्य की प्राप्ति करनी है तो कम से कम मानसिक स्वास्थ्य का अर्थ क्या है, इसकी जानकारी साधारण लोगों को, कम से कम पढ़े-लिखे लोगों को भी तो होनी ही चाहिए ना? इसके लिए इस बात की जागृति का काम आप जैसे लोग या हमारे कार्यकर्ता ही कर सकते हैं। हमारे यहाँ सोलह-सत्रह साल की लड़की अगर विचित्र-सा व्यवहार करने लगे तो पास-पड़ोस के लोग कहते हैं, "इसके लिए सबसे बढ़िया, असरदार उपाय यह है कि उसकी शादी करवा दीजिए। सब ठीक हो जाएगा।" अब शादी करवाने से वह लड़की ठीक कैसे होगी? पहले ही वह लड़की मानसिक तौर पर अस्थिर है। ऐसे में उसका संपर्क पूरी तरह से अनजान होनेवाले घर-परिवार से हो जाएगा, तो उसकी अवस्था ठीक होने के बजाय और भी बिगड़ सकती है। फिर आगे का उपाय यह सुझाया जाता है कि उसे एक बच्चा होने दिया जाए, फिर सब ठीक हो जाएगा। अब बच्चा होना यह स्त्री की दृष्टि से शारीरिक, मानसिक ऐसी अनेक अनुभूतियों का सामना करने का समय होता है। ऐसी स्थिति में उसका खयाल रखना ज्यादा जरूरी होता है। हमारे देश में जो मानसिक बीमारियाँ हैं, उनमें से एक महत्त्वपूर्ण बीमारी प्रसूति के बाद होनेवाली सायकॉसिस यानी गंभीर मनोरुग्णता है। प्रसूति के दौरान स्त्री के ऊपर इतना तनाव होता है कि उसी वजह से उसकी सही तरीके से देखभाल न हो या आराम नहीं मिले तो प्रसूति के दौरान स्त्री को बहुत तकलीफ होने की संभावना रहती है। मगर पहले से ही जो व्यक्ति मन से कमजोर होता है और उसके लिए इस प्रकार के उपाय विवाह या फिर बच्चा होने के सुझाए जाते हैं तो इसका मतलब यही है कि हमें इस विषय की गंभीरता पूरी तरह से मालूम नहीं है।

और एक बात करना जरूरी होता है। हमारे यहाँ अब ऐसा हो चुका है कि हर घर में केवल एक या दो बच्चों का जमाना आ चुका है और माँ-बाप को ऐसा लगता है कि दो ही बच्चे हैं, यानी उनकी हर बात हमें माननी ही चाहिए। उन बच्चों

के लिए हमें सब कुछ करना ही चाहिए। यह एक बिलकुल गलत भ्रम हम लोग पालते हैं। इसलिए बच्चों के मुँह से शब्द बाहर निकलने की देर कि हम उसकी पूर्तता कर देते हैं। मगर यह सब ठीक नहीं है, सही नहीं है। क्योंकि भविष्य में उन्हें ऐसे मुँह से बात निकलते ही सहजता से हर चीज मिलनेवाली नहीं है। उसके लिए उन्हें झगड़ना पड़ेगा, राह देखनी पड़ेगी, असफलता का सामना करना पड़ेगा, निराश होना पड़ेगा और इन सबकी शुरुआत बचपन से ही छोटी-छोटी बातों को मना करके करनी पड़ेगी। बच्चों की परवरिश का यही सही तरीका है, जिसे 'लो फ्रस्ट्रेशन टॉलरेन्स, निर्माण करना कहा जाता है। अगर हम इस तरीके से बच्चों को पाल-पोसकर बड़ा करेंगे तो उनमें नैराश्य को सहने की शक्ति आ जाएगी। दूसरी तरफ, उन्हें खुद के प्रश्न समझने, प्रस्तुत करने, उनके उत्तर ढूँढ़ने के लिए तैयार करना यह बात भी जरूरी है।

आजकल परिवारों में बच्चों का पालन कैसे करें, उनमें कौन सी संवेदनाओं, मूल्य और दृष्टिकोण का निर्माण करें, इसके बारे में एक राय नहीं होती। पूरे विश्व में एक जानलेवा होड़ शुरू हो चुकी है। अपने बच्चे की क्षमता हो या न हो पर उसे परीक्षा में अच्छे या बुरे तरीके से और सहजता से न होनेवाले कठोर परिश्रम से सफलता पानी ही होगी। इस प्रकार की एक गलत वृत्ति बच्चों मे बढ़ती दिखाई दे रही है। उसी प्रकार धर्मांधता, भोगवाद आदि बातों के कारण बच्चों के मन में तूफान-सा मचा रहता है। असल में जिंदगी का सफल होना यानी क्या? इस बात की कल्पना देना, खेलों से लेकर पर्वतारोहण तक अनेक अच्छी बातों में, प्रवृत्तियों में उनका मन लगना, यह बात भी स्वस्थ मन के लिए आवश्यक होती है।

हमेशा पूछे जानेवाले कुछ प्रश्न

पूरे महाराष्ट्र में हमेशा एक प्रश्न पूछा जाता है। वह यह कि "व्यक्ति को जो भाषा बोलनी नहीं आती वह भाषा किसी देवी या भूत के शरीर में संचारित होने के बाद वह व्यक्ति अचानक ही बोलने लगता है। जैसे, कभी कनाडा की, कभी बंगाली, कभी हिंदी। यह कैसे संभव है? इसका मतलब किसी अलग आत्मा का संचार उस वक्त व्यक्ति के भीतर हो जाता है, यह इसका ही सबूत है ना?"

न आनेवाली भाषा बोलने के तीन प्रकार होते हैं। उसमें से एक प्रकार है सीधे-सीधे फँसाने का। कुछ जगहों पर आंदोलन में इस बात की टिप्पणी की गई है। जैसे कुछ साल पहले बेंगलुरू में ऐसा हुआ था कि एक पाँच साल की लड़की वेदों का उच्चारण करने लगी थी। उसकी बहुत ही चर्चा हो गई। शाम के समय वह सभी वेदों का स्पष्ट रूप से उच्चारण करने लगती थी। उसके सामने बैठे लोग बड़े आश्चर्य और तल्लीनता से यह सब सुनते थे। वह लड़की मंच पर बैठती थी

और उससे थोड़ा अंतर रखकर नाट्यगृह में कुर्सियों की शुरुआत होती थी और उसके बाद लड़की का वेद पठन शुरू ऐसी परिस्थिति होती थी। हमारे आंदोलन का एक कार्यकर्ता फोटोग्राफर के बहाने से उस लड़की के काफी नजदीक गया और उसने उस लड़की के बदन पर हल्के-से हाथ फेर दिया। तब उसे उस लड़की के बदन पर कपड़ों में ऊपर की तरफ एक टेपरिकॉर्डर छिपा हुआ मालूम हो गया। लड़की सिर्फ अपने होंठ हिलाती थी। अंदर का टेपरिकॉर्डर बज रहा था और लोग तल्लीनता से उसे सुन रहे थे। उस लड़की का इसमें कोई दोष नहीं था। मगर उस लड़की को पाँच साल की आयु में वेदों का ज्ञान हो गया है, ऐसी बात से उन्होंने एक व्यवसाय शुरू कर दिया था।

इससे अधिक मात्रा में पाया जानेवाला हिस्सा यह होता है कि कोई व्यक्ति अचानक ही उसे न आनेवाली भाषा बोलने लगती है। यह एक प्रकार की बीमारी है जिसे 'ग्लासोलोलिया' कहा जाता है। ग्लासोलोलिया का अर्थ यह है कि दूसरी भाषा में असंगत बड़बड़ करना। अगर इसमें व्यक्ति जो बोलता है उसे रिकॉर्ड करके सुना जाए तो पता चलेगा कि संचारित अवस्था में बोल रहे उस व्यक्ति की अंग्रेजी, उर्दू या कनाडा की भाषा के दो-चार शब्दों को छोड़कर बाकी किसी भी बात से संगति नहीं बैठती। यह एक मानसिक बीमारी है। मन का संतुलन बिगड़ी हुई स्थिति वाला व्यक्ति उसके सहारे ऐसी अभिव्यक्ति करता है और हम यह साबित कर सकते हैं कि इस देश में लोग कौन सी भाषा बोलते हैं। कनाडियन नहीं तो बंगाली, नहीं तो हिंदी, नहीं तो अंग्रेजी। संचारित हुए एक भी देवता को, जिस व्यक्ति पर संचार हुआ है उस व्यक्ति को, इस देश में जापानी, चाइनीज, इटालियन या फ्रेंच इनमें से कोई सी भी भाषा बोलनी नहीं आती। क्यों? क्योंकि जो भाषा कभी सुनी ही नहीं उसके दो-चार शब्द भी बोलने नहीं आते।

तीसरी संभावना ऐसी है कि उस व्यक्ति के मन में बचपन के कुछ संस्कार विशेष रूप से होते हैं और जब वह व्यक्ति बड़ा हो जाता है तब उसका अपने मन पर होनेवाला नियंत्रण अचानक ही छूट जाता है। उसका प्रासंगिक मनोविघटन होता है। तब उसके सुप्त मन पर अंकित संस्कारों का उच्चार उसकी वाणी से होता है। मगर उसे इस बात का अर्थ पता नहीं होता।

दस-ग्यारह साल की एक लड़की का विवाह एक वेदशास्त्र संपन्न परिवार में किया गया था क्योंकि उस परिवार में एक दादाजी थे, जो सुबह जल्दी उठकर हर रोज देवी-देवताओं की आराधना करते थे और उन्हें सहायता के लिए किसी की जरूरत जो थी । उस दस-ग्यारह साल की लड़की का ब्याह जल्दी करवाया गया था। वह लड़की बारह साल की उम्र से सोलह साल की उम्र तक हर दिन सुबह चार बजे उठती थी। अब असल में यह समय गहरी नींद का होता है फिर भी वह लड़की आँखों में नींद लेकर जग जाती थी और अपने दादा ससुर की जो पूजा,

आराधना के लिए तैयारियाँ होती थीं उसमें जुट जाती थी। उसके बाद वह सारा वेदपठन भी सुनती थी। आगे जाकर चार-पाँच सालों में वह दादा ससुर जी चल बसे और उसके बाद एक-दो सालों के बाद अचानक संस्कृत सीखी वह लड़की धड़ाधड़ संस्कृत के कुछ अंश बोलने लगी। तब ऐसा समझ में आया कि वह जो कुछ बोल रही थी, वे सिर्फ उसके अंतर्मन पर बार-बार संस्कारित हुए ध्वनियों के पुनरुच्चार थे, उसमें से एक भी शब्द का अर्थ उसे मालूम नहीं था।

दूसरा हमेशा पूछा जानेवाला प्रश्न यह है कि "जिसके शरीर में देवी या देवता का संचार होता है वह दस लोगों पर भी भारी कैसे पडता है?" एक बात को हमें ध्यान में रखना चाहिए कि एक बार विशिष्टता से एकाग्रता प्राप्त करने के बाद किसी भी मनुष्य के पास हमेशा से ज्यादा ताकत इकट्ठा होती है। इसके हम कई उदाहरण देख सकते हैं। यानी साधारण स्थिति में हम आधा-एक घंटा एक जगह पर बैठ नहीं सकते लेकिन परीक्षा में तीन घंटे एक ही जगह पर बैठकर पर्चा लिखते हैं। बाकी समय रात के ग्यारह बजे हमें जम्हाइयाँ आने लगती हैं, फिर भी परीक्षा के दिनों में हम एक-दो महीने देर तक जागते रहते हैं। ऐसे ही बाकी वक्त हम अलसाये होते हैं पर जब घर में शादी-ब्याह का वातावरण होता है तब दिन-रात एक करके आठ दिन बदन टूटने तक काम करते रहते हैं। या फिर हम ऐसा देखते हैं कि जूडो या कराटे खेलनेवाले लोग अपनी प्रैक्टिस और एकाग्रता के आधार पर एक ही प्रहार में बर्फ की फर्श या ईंट तोड़ सकते हैं। तब एकाग्रता की वजह से इनसान के शरीर में जो क्षमता होती है उसका अधिक अच्छा इस्तेमाल हो सकता है। लेकिन वह कितना हो सकता है? उतना ही जितनी विज्ञान की सीमा है। इसी तरह देवी का संचार होने पर एक स्त्री को दस-बारह लोग पकड़ते हैं फिर भी वह उन पर भारी पड़ती है, उनसे सँभाली नहीं जाती। जबकि यह सच नहीं है। क्योंकि अगर बारह लोगों ने किसी महिला के हाथ और पैरों को कसकर पकड़ा तो उसके हिलने की तनिक भी संभावना नहीं होती। अब ऐसे समय पर जो घटित होता है, वह ऐसा कि जो लोग उसके हाथ और पैर पकड़ते हैं, उनके मन में उस स्त्री के शरीर में किसी का संचार हो गया है। ऐसी स्त्री को हमने पकड़ा है। क्या पता कल हमें भी उसका संसर्ग हो जाए तो? ऐसा डर रहता है। बात तो यही कि जिन्होंने हाथ-पैर पकड़े हैं वे काफी डरे हुए होते हैं और अगर उस महिला ने दो-तीन झटके दिए तो 'यह प्रकरण कुछ भारी ही लगता है' ऐसा कहकर वे अपने हाथ बचा लेते हैं और बाकी के आठ-दस लोग आगे बढ़ जाते हैं। अब हम कहते हैं कि उस महिला में इतनी ताकत आ गई है कि वह आठ-दस लोगों से सँभाली नहीं जा रही है। लेकिन ध्यान में रखिए कि जब ऐसी अतिरिक्त शक्ति का प्रदर्शन वह महिला करने लगती है, तब थोड़ी देर बाद वह काफी थक जाती है। जैसे शादी-ब्याह के माहौल में आठ दिन निरंतरता से काम करने के कारण नौवें दिन हम दिनभर सोते हैं। उसी प्रकार

खुद की ताकत को प्रदर्शित करनेवाले लोग, बाद में काफी थक जाते हैं। एकाग्रता की वजह से मिलनेवाली शक्ति सम्मोहन की सहायता से हम दिखा सकते हैं और उसका स्पष्टीकरण भी दे सकते हैं।

एक प्रश्न ऐसा भी पूछा जाता है कि "गाणगापुर नामक गाँव में जिस स्त्री के शरीर में किसी देवी-देवता का संचार होता है, वह चिकने-चमकीले, सफाचट खंबे पर 40-50 फुट तक ऊपर चढ़ती है और जहाँ अच्छे से अच्छा पेड़ पर चढ़नेवाला व्यक्ति भी पहुँच नहीं सकता, ऐसे पेड़ पर उसके सिरे तक चढ़ जाती है। यह कैसे?" यह मुमकिन है। इसका कारण यह है कि पेड़ या खंबे पर चढ़ना ये बिलकुल साधारण-सी क्रियाएँ हैं। इसके लिए खास प्रशिक्षण लेने की कोई जरूरत नहीं होती। जब कोई अनियंत्रित अवस्था प्राप्त हो जाती है, तब ऐसी बातें करना सहज संभव होता है। लेकिन जिन बातों को सीखने की जरूरत होती है, वे बातें वह स्त्री नहीं कर सकती। यानी तैरना या साइकिल चलाना जैसी बातें किसी देवी या देवता का शरीर में संचार होनेवाली स्त्री के लिए बड़ी आसान बातें होनी चाहिए पर अगर सचमुच ऐसी स्त्री को पानी में फेंक दिया जाए तो वह तैर नहीं सकती क्योंकि तैरने के लिए थोड़े-बहुत प्रशिक्षण की आवश्यकता होती है। पेड़ या खंबे पर चढ़ने के लिए किसी प्रशिक्षण की जरूरत नहीं होती और ऐसा करने वाले व्यक्ति में भी कोई अलौकिक शक्ति नहीं होती। साथ ही जो बताया जाता है, वह सब सच नहीं होता। जैसे 40-50 फुट ऊँचे खंबे, बहुत ऊँचे पेड़। ये दोनों जितने ऊँचे बताए जाते हैं उतने होते नहीं हैं। असल में वह खंबा 10 या 12 फुट ऊँचाई का होता है तो वह पेड़ भी कम ऊँचाई वाला ही होता है। हमारे यहाँ बातों को बढ़ा-चढ़ाकर कहने की आदत होती है, उसके कारण यह सब बताया जाता है। जिस पेड़ पर कुशल आदमी चढ़ नहीं सकता, उसी पेड़ पर उसके सिरे तक शरीर में संचार होनेवाली औरत चढ़ जाती है। इसका कारण अनियंत्रित अवस्था है। जबकि साधारण व्यक्ति पेड़ की टहनी टूट जाने के डर से वहाँ तक पहुँच नहीं सकता। इस तरह का पेड़ की टहनी टूट जाने का विचार अनियंत्रित अवस्था में नहीं किया जाता।

चौथा हमेशा से पूछा जानेवाला प्रश्न है कि 'ज्यादातर अमावस या पूर्णिमा को ही लोगों के शरीर में देवी या देवता कैसे आते हैं? अमावस या पूर्णिमा और अष्टमी को ही लोगों के शरीर में देवी या देवता आते हैं यह सच नहीं है और सच भी है। इसका अर्थ क्या है? इसका मतलब यह है कि अमावस या पूर्णिमा को ही शरीर में देवी-देवता का संचार होता है, ऐसे संस्कार बचपन से ही हमारे मन में होते हैं। अष्टमी को भी शरीर में किसी का संचार होनेवाला है ऐसा संस्कार होता है। अमावस और पूर्णिमा जैसे-जैसे करीब आती है वैसे-वैसे लोग उस व्यक्ति को 'परसों अमावस है या कल पूर्णिमा है, अब तुम्हारे शरीर में देवी या देवता का संचार होगा' ऐसी सूचना देने लगते हैं। इस प्रकार के सूचनावर्तन से यह बर्ताव जुड़ा होता

है। मेंटल अस्पताल में ढाई-तीन हजार मरीजों की जाँच की गई। तब इस बात का पता चला कि ऐसे मरीजों में शरीर में संचार होने या अनियंत्रित होने का अनुपात अमावस या पूर्णिमा को ज्यादा होता है इसका कोई भी आधार नहीं है क्योंकि जिस समय उन्हें कब पूर्णिमा है और कब अमावस है इस बात का पता नहीं होता, उस समय उनका यह क्रम और सूचनाओं के कारण बना हुआ बर्ताव अपने-आप बिगड़ जाता है या उसमें खलल आ जाती है अथवा दूसरे दिन द्वादशी होगी और व्यक्ति को ऐसा बताया जाए कि 'कल पूर्णिमा है। अब कल तुम्हारे शरीर में किसी का संचार होगा' और दूसरे दिन उन्हीं सूचनाओं को बार-बार दिया जाए तो शाम को वाकई उसके शरीर में किसी का संचार होने लगता है। शरीर में संचार होने का एक हिस्सा सूचना वर्तन से संबंधित होता है। संस्कार वर्तन से संबंधित होता है। अमावस और पूर्णिमा को कुछ खास शक्तियाँ पैदा होती हैं और उसकी वजह से शरीर में संचार होता है यह बात बिलकुल सही नहीं है।

स्त्रियाँ और अंधविश्वास उन्मूलन

दोस्तो, वैसे देखा जाए तो अंधविश्वास उन्मूलन की लड़ाई काफी कठिन है। स्त्रियों के मामले में तो वह और भी कठिन बन जाती है। अंधविश्वास के विरुद्ध होनेवाली इस लड़ाई में जो आना चाहते हैं, उन्हें मूलत: यह अंधविश्वास है ऐसा लगता ही नहीं और ज्यादातर महिलाओं को तो ये सब बातें जीवन की आवश्यक श्रद्धाएँ ही लगती हैं। अगर शोषण ही भूषण लग जाए तो लड़ाई नामुमकिन बन जाती है। लोग अगर हथकड़ियों को ही फूलों का हार समझने लगेंगे तो 'उठ पगले तोड़ दे बंधन' ऐसा कहें तो किससे कहें? स्त्रियों की तो इससे भी बदतर स्थिति होती है। अंधविश्वास के नाम पर वे विविध प्रकार के शोषण की शिकार बनती हैं। उसका विरोध करने के बजाय उन सब बातों का पालन करने में उन्हें धन्यता और गर्व महसूस होता है और स्वाभाविक रूप से ही अंधविश्वास की वाहक बनती हैं। असल में समस्या इस मानसिक गुलामी की है।

दोगली समाज व्यवस्था

इसमें हमारे दोगले समाज का एक हिस्सा महत्त्वपूर्ण है। मुँह से अद्वैत के सिद्धांतों का जाप करते हुए हम अस्पृश्यता को बढ़ावा देते रहते हैं। वैसे ही स्त्री के गौरव और उसकी महत्ता की बात करते वक्त उसके साथ हमारा व्यवहार मात्र कुछ अलग ही होता है। मैं जब पाठशाला में था उस वक्त स्त्री की उदात्तता की एक कविता पढ़ी थी, जिसकी कुछ पंक्तियाँ मुझे याद आ रही हैं,

'मैं माता, कांता, शिक्षिका, सेविका
कलावती, शास्त्रज्ञ आदि विशेषताओं से सजी मैं
विश्व की सारी प्रतिभा, चेतना मुझमें बसी
मैं मानो मूर्त संस्कृति, मैं हूँ नारी।'

इस कविता की तरह या 'जिसके हाथ में झूले की डोरी वह पूरे विश्व की उद्धारक' और 'स्त्री यानी देवता' जैसे शब्दों में एक तरफ हम उसका गौरवगान गाते हैं और दूसरी ओर उसकी पाँव की जूती के समान दशा करते हैं। अब पहले

जैसी स्थिति कहाँ रही है? ऐसे प्रश्न और 'पिंजरा खुला है फिर भी पंछी उड़ नहीं जाता' जैसा दिखावा और खेद हमें सच्चा नहीं लगता। क्योंकि पहले से ही हमारी पुरुष-प्रधान समाज व्यवस्था ने स्त्री के पर काटे हुए हैं जिसके कारण उसके उड़ने की संभावना ही खत्म हो चुकी है। इस बात को जानबूझकर नजरअंदाज किया जाता है। एक चमत्कारी अंतर्विरोध हमारी समाज व्यवस्था में दिखाई देता है। अलग-अलग परीक्षा में सफल होनेवाली और अंकतालिका में ऊपरी स्थान पर आनेवाली ज्यादातर महिलाएँ ही होती हैं। साथ ही साथ मनोरुग्ण बनकर घूमनेवाली, प्रेतबाधा की वजह से बड़बड़ करनेवाली, परित्यक्ता बननेवाली और दहेज के लिए जलाई जानेवाली स्त्रियाँ ही होती हैं। स्त्री को हमेशा वामांगी यानी बायीं ओर होनेवाली समझा जाता है। जैसे शुभकार्य के लिए दाहिने हाथ का इस्तेमाल किया जाता है और स्वच्छता के लिए बाएँ हाथ का। उसी प्रकार परंपरा से वामांगी बनी स्त्रियों में यही बाएँ हाथ जैसी कमी आसानी से नजर आती है और आजकल तो गर्भजल परीक्षण से महिलाओं को गर्भ में ही मार दिया जा रहा है। इसका मतलब ही यह है कि अंधविश्वास और स्त्रियाँ ये दोनों अलग प्रश्न हैं ही नहीं। सच तो यह है कि धर्म, संस्कृति, सामाजिकता, आर्थिक व्यवहार, राजनीति इन सब क्षेत्रों में स्त्री की मूल्य व्यवस्था क्या है, इससे यह बात संबंधित है।

पुरुष-प्रधान व्यवस्था

एक काल ऐसा था, जब हमारे समाज में मातृसत्तात्मक व्यवस्था थी, लेकिन आज स्त्री का पूरा जीवन पुरुष के वर्चस्व से जुड़ा है। शादी-ब्याह होना और लड़का होना यह बात स्त्री के लिए सबसे महत्त्वपूर्ण मानी जाती है। पुरुषों के लिए स्त्री सिर्फ एक वस्तु होती है। इसलिए स्त्री कुमारिका होती है, सुहागन होती है, सुहागन, सदासुहागन, तलाकशुदा, परित्यक्ता, विधवा ऐसी कोई तो होती है। पुरुष उसका 'मालिक' होता है। 'पतिदेव' होता है। उसका होना सिर्फ इसी संदर्भ में होता है। हमारे यहाँ बेटी-पत्नी-माँ ऐसी भूमिकाओं में खुद को न्यून समझकर जीने में ही सफलता है, उसी में ही जिंदगी की सफलता होती है ऐसा स्त्री को सिखाया जाता है। उसके सारे व्रत, उपवास अच्छा पति मिलने के लिए और अच्छे पुत्र की प्राप्ति के लिए होते हैं। बीच में ही अगर उसके पति का देहांत हो जाए तो उसे कलमुँही, मनहूस समझा जाता है। हल्दी-कुमकुम समारोह में, त्योहारों में उसे सम्मान से खाने पर बुलाना जैसी बातों से दूर रखा जाता है। न तो उसके हाथों से कोई मुहूरत निकाला जाता है और न उसे खुद की बेटी का कन्यादान करने का अधिकार होता है। राजनीति, सहकारिता, शिक्षा जैसे कई क्षेत्रों में बड़े मान-सम्मान से शान दिखानेवाले और खुद को उच्चकुलीन समझनेवाले मराठा समाज में आज भी युवा विधवाओं

के पुनर्विवाह के लिए कड़ा विरोध होता है। स्त्री को सफेद साड़ी पहनकर घर की चौखट के अंदर ही सड़ जाने में उच्चकुलीनता समझी जाती है। उसके बारे में बात करना भी मना है। तो इस हिसाब से इससे बाहर निकलने, छोड़ देने की कृति का कितना बड़ा विरोध हो सकता है इसकी तो कल्पना भी नहीं की जा सकती। यह जो जीवनव्यापी गौणत्व है उसे समझ लेने के सिवाय अंधविश्वास के चंगुल मे फँसी स्त्रियों की असली सामाजिकता और मानसिकता को हम समझ नहीं पाएँगे।

स्त्री के बारे में धर्म की धूर्तता

स्त्री का इस उपेक्षा के लिए सभी धर्म जिम्मेदार हैं, इसमें कोई आशंका नहीं। सभी धर्मों ने स्त्री को दोयम स्थान दिया है। यहूदी धर्म में तो आज्ञा ही ऐसी थी कि 'खाना पकाते वक्त अगर किसी स्त्री के हाथ से रोटी जल जाए तो उसे तलाक दिया जाए।' अब पूरी जिंदगी भर बिना जली रोटी बनानेवाली स्त्री अब तक तो कहीं पैदा ही नहीं हुई है। ईसाई धर्म के अनुसार " 'ॲडम' (पुरुष) के बाद उसके लिए 'इव' (स्त्री) की निर्मिति की गई और वह भी ॲडम की एक पसली से और उसी ने ही ॲडम को ज्ञान का फल खाने के लिए लालायित करके प्रथम पाप करवाया। जिसकी वजह से दुनिया का यह यातनामय इतिहास शुरू हो गया।" जैन धर्म के दिगंबर पंथ में तो स्त्री का मोक्ष का अधिकार ही नकारा गया है। अपने प्रिय शिष्य आनंद के आग्रह पर गौतम बुद्ध ने स्त्रियों को अपने संघ में प्रवेश तो दिया लेकिन, इसी वजह से 'हजारों सालों तक टिकनेवाला मेरा धर्म अब केवल पाँच सौ साल तक ही टिक सकेगा' ऐसे उद्‌गार भी उन्होंने निकाले थे। इस्लाम धर्म में तो केवल मुँह से तीन बार 'तलाक, तलाक, तलाक' कहने पर किसी भी स्त्री की घर-गृहस्थी उजड़ सकती है और अब तो धर्म की सहायता से उनके भरण-पोषण के अधिकार को भी नकारा गया है। उनका मानना है कि 'इस्लाम धर्म में शादी यानी एक करार है, तलाक का मतलब है करार खत्म करना। उसके लिए नुकसान देने की कोई गुंजाइश ही धर्म के पास नहीं है।' हिंदू धर्म ने ज्ञान के अधिकार से स्त्री को वंचित रखा है। मनु ने अपनी संहिता में हिंदू धर्म में होनेवाले स्त्री के स्थान के बारे में लिखा है कि 'स्त्री को कोई स्वतंत्र अधिकार नहीं है। उसका पति जुआरी, व्यसनी या वेश्यागमन करनेवाला चाहे जो भी हो, उसी की आज्ञा में स्त्री को रहना पड़ेगा।' संत तुलसीदास ने तो 'ढोल, गँवार, शूद्र, पशु, नारी ये सब ताड़न के अधिकारी' ऐसी आध्यात्मिक इजाजत ही दे रखी है। ये सब धार्मिकता हमारे मन और परिवारों में हजारों सालों से बसी है जिसे हम बदलने को तैयार ही नहीं हैं और ऐसी उर्वर भूमि में अंधविश्वास का बीज अंकुरित न होगा तो आश्चर्य होगा।

स्त्री का आरोग्य और अंधविश्वास

हमारे यहाँ ज्यादातर परिवारों में स्त्री की सेहत की तरफ जानबूझकर ध्यान नहीं दिया जाता। जब तक मजबूरी न हो या उससे घर का काम करना संभव नहीं हो, तब तक उसकी सेहत की ओर ध्यान नहीं दिया जाता है। परिवार के सभी सदस्यों के खाने के बाद खाने के लिए बैठना या जरूरत से कम खाना जैसी बातें तो स्त्री के बारे में स्वाभाविक ही मानी जाती हैं। माना कि स्त्री जब गर्भवती होती है तो उसके शरीर में कैल्सियम और लौह की मात्रा बढ़ जाए, इसके लिए हमारी सरकार मुफ्त में दवाइयाँ देती है, लेकिन अगर जिसके हाथ में पूरे परिवार के भोजन की व्यवस्था होती है, उसे खुद के साथ-साथ परिवार के बाकी सदस्यों को भी पोषक आहार कैसे दिया जाए इसका ज्ञान दिया जाए तो भी बहुत बड़ा काम हो जाएगा। अब इससे गरीबी का प्रश्न भी जुड़ा है परंतु वह सिर्फ इतना ही नहीं है यह बात समझ लेनी चाहिए।

मासिक धर्म शुरू होने के बाद चार-पाँच सालों में स्त्री का शारीरिक विकास पूरा हो जाता है। चौदह साल की उम्र में इसकी शुरुआत होती है ऐसा माना जाए, तो शादी की उम्र उन्नीस साल की होनी चाहिए। लेकिन आज शादी की उम्र चौदह-पंद्रह साल है। खासकर देहाती इलाकों में विवाह जल्दी होने से बच्चे भी जल्दी हो जाते हैं। गर्भावस्था में उस स्त्री को पूरा आहार तक नहीं मिलता। साथ ही गर्भाशय की तैयारी अधूरी होने की वजह से अविकसित बच्चे के जन्म लेने की संभावना बढ़ती है। भारत में तीस प्रतिशत बच्चे ढाई किलो से भी कम वजन के पैदा होते हैं। विकसित राष्ट्रों को छोड़ ही दीजिए, अविकसित राष्ट्रों में बालमृत्यु का जो अनुपात है उससे दस गुना ज्यादा प्रमाण हमारे देश में है। साथ ही साथ भारत में गर्भवती होनेवाली एक लाख स्त्रियों में से पाँच सौ की मौत हो जाती है। यही आँकड़ा अन्य पिछड़े राष्ट्रों में बीस है।

स्त्री की सेहत की जो गैरव्यवस्था है उसका पंचनामा करने के हेतु मैंने यह बताया नहीं है, बल्कि इन सब बातों की वजह से स्त्री और भी अधिक हताश, निराश हो जाती है। इसी भौतिकता के कारण उसके अंधविश्वास के जाल मे फँसने की संभावना पैदा हो जाती है। हर रोज अधूरा और अयोग्य आहार मिलने की वजह से बार-बार आनेवाली शारीरिक, मानसिक कमजोरी और इन बातों से छुटकारा पाने के लिए हमेशा पूजा, प्रार्थना, व्रत या उपवास रखना आदि बातों का सहारा लिया जाता है। कई बार तो ऐसी हमेशा से आनेवाली बीमारी का मतलब किसी ने जारण-मारण या जादू-टोने का प्रयोग किया है ऐसा समझकर किसी ओझा के पास जाकर समय और परिश्रम के साथ-साथ पैसों की भी बरबादी करवा लेते हैं। असल में इसकी वजह होती है कम उम्र में शादी होना। जिसके कारण स्त्री का

अविकसित शरीर एवं मन घर-गृहस्थी की जिम्मेदारियाँ निभाते-निभाते थक जाता है और छोटी-बड़ी मानसिक बीमारियाँ पैदा होने लगती हैं, जिसे प्रेतबाधा होना या देवी का संचार ऐसा माना जाता है। अगर किसी को प्रसूति के दौरान होनेवाली माता और बच्चे की मृत्यु का एहसास हो जाए तो वह आदमी, उस परिवार के सदस्य और वह स्त्री आदि सभी मन्नत माँगने से लेकर टोना-टोटका जैसी बातों तक सब कुछ करते हैं यह जाहिर ही है। यह सब स्त्री की सेहत की दुर्बल या कमजोर भौतिक नींव अंधविश्वास को जन्म देता है, उसे पालता है।

हमारे समाज में किसी स्त्री को बच्चा होने और उसमें भी लड़का होने पर खुद उस स्त्री, उसके परिवार और समाज इन सबकी एक अलग-सी विचित्र मनोदशा होती है। बच्चे के लिए किसी भी हद तक व्रत विधि की जाती है। मानवत नामक गाँव में पुत्र प्राप्ति के लिए हुआ हत्याकांड इसका ज्वलंत उदाहरण है। नगर जिले की पारनेर तहसील में रहनेवाली उषा बाजीराव रेपाले के साथ जो हुआ वह बहुत ही भयावह था। उषा अपने पति की दूसरी बीवी थी, जिसे उसका पति पहली बीवी को बच्चा न होने के कारण ब्याह कर लाया था। मगर उषा की गोद भी नहीं भरी। पति की जाँच या चिकित्सा का कोई प्रश्न ही नहीं। हमारी पुरुषप्रधान समाज व्यवस्था में बच्चा न होने का सारा दोष औरत पर ही थोपा जाता है। एक दिन उषा पारनेर तहसील में स्थित मालचौडी नाम के हौज पर गई। माना जाता है कि अगर कोई बाँझ स्त्री इस हौज में नहाती है तो उसे बच्चा हो जाता है। उषा अपने माँ-बाप और पति के साथ वहाँ गई थी। जब वह नहाने के लिए हौज में उतर रही थी तब उसने कहा कि "मैं यहाँ सात दिनों तक उपासना करूँगी। आप सातवें दिन नारियल, साड़ी और चोली लेकर आना।" फिर जैसे ही उषा ने हौज में प्रवेश किया वैसे वह पानी के तेज प्रवाह में आ गई। एक बार वह नीचे गई तो बाहर आने के बाद उसका शरीर हौज की एक दिशा में उल्टी स्थिति में फूला हुआ पानी पर तैर रहा था। लोगों का दृढ़ विश्वास था कि वह सातवें दिन निश्चित रूप से जीवित होगी। उस जगह में जैसे मेला लग गया। मन्नतें माँगी जाने लगीं। शुरू में पुलिस ने भी हस्तक्षेप करने से इनकार किया था। लेकिन बाद में जब हमने आंदोलन की धमकी दी तब पाँचवें दिन मृत शरीर को बाहर निकाला गया।

ये सब मामला क्या कहता है? इससे क्या अर्थ प्रतीत होता है? संबंधित स्थान को मेले का स्वरूप देनेवाली लोगों की यह मानसिकता तो महत्त्वपूर्ण है ही, साथ ही बच्चा न होने से बाँझ होने के उपहास को सहने से बेहतर मौत को गले लगाने की जो मजबूरी है उस पर भी विचार होना आवश्यक है।

बच्चा न होने के कारण दूसरी शादी की सलाह देने पर भी खामी क्या सिर्फ सावित्री में ही होगी, यह कैसे? खामी मुझमें भी हो सकती है। अगर ऐसा हो जाए और सावित्री ने दूसरा ब्याह कर लिया तो...? ऐसा दृढ़ सवाल डेढ़ सौ साल पहले

करनेवाले महात्मा फुले जैसे अकेले ही हो सकते हैं। अन्यथा आज भी बच्चा न होने का सारा दोष स्त्री को ही दिया जाता है और उसके परिणाम भी उसे ही भुगतने पड़ते हैं। साथ ही, सिर्फ गोद भरना काफी नहीं होता, वंश को आगे बढ़ाने के लिए कुलदीपक के तौर पर लड़का ही जरूरी होता है। स्वर्ग किसी ने देखा नहीं लेकिन अगर अंतिम संस्कार लड़के से नहीं होगा तो स्वर्ग में प्रवेश नहीं मिलेगा ऐसी पक्की धारणा होती है। इसी कारण शरीर, मन, आर्थिक स्थिति आदि ठीक न होने के बावजूद भी लड़के के इंतजार में लड़कियों को जन्म देते हुए, लड़के की चाहत होती है।

विज्ञान के नजरिए से देखा जाए तो लड़का होना यह पूर्णतः पुरुष पर ही निर्भर होता है। मगर उसके लिए तकलीफ स्त्री को दी जाती है। इस वास्तविकता के बावजूद आज तक इस मानसिकता में ज्यादा बदलाव नहीं हुआ है। उसके लिए बड़े-बड़े तरीके आजमाए जाते हैं। जैसे—गोपाल संतान विधि, पुत्रकामेष्टि यज्ञ, बुवा-बाबाओं के आशीर्वाद और थका देनेवाले व्रत-उपवास किए जाते हैं। सच तो यह है कि स्त्री बीज और पुरुष बीज के मिलन से जो पहली पेशी तैयार होती है उसी समय उसका लिंग निश्चित हो जाता है। फिर भी तीसरे और चौथे महीने में गोपाल संतान विधि करके निश्चित ही लड़का देनेवाले आधुनिक बाबाओं के दरबार में लगी भीड़ हटने का नाम नहीं लेती। ऐसे में प्रसूति के दौरान बरती जानेवाली सावधानियाँ, प्रसव क्रिया, प्रसूति के बाद उस स्त्री के और नवजात शिशु के शारीरिक और माानसिक स्वास्थ्य के बारे में भी कई सारी गलतफहमियाँ और अंधविश्वास दिखाई पड़ते हैं। ये सभी अज्ञान पर ही निर्भर होते हैं। साथ ही, परंपरा से चले आए विचारों का विरोध कैसे करें? यह भाव भी होता है। ग्रहण काल में गर्भवती स्त्री से सब्जी न कटवाना, छोटा बच्चा रोने लगे तो उसकी नजर उतारने जैसी बातें करते वक्त हम मनुष्य की विशेषता होनेवाली बुद्धि या मस्तिष्क को गिरवी रखते हैं, इसका हमें जरा भी खेद नहीं होता।

स्त्री का मानसिक स्वास्थ्य और अंधविश्वास

बहुत-सी महिलाएँ ज्यादातर एक ही मानसिक तनाव में हमेशा नजर आती हैं। जैसे—उन पर पति का प्यार न होना, सास का सताना, परिवार में सम्मान न मिलना, पारिवारिक विसंवाद, लैंगिक अतृप्ति। इनसे उभरते तनावों के कारण स्त्री के व्यक्तित्व में एक दरार-सी पड़ जाती है। यह दरार किसी विशिष्ट समय, स्थल, व्यक्ति से जुड़ी होती है। जैसे—अमावस, पूर्णिमा, नवरात्रि के समय किसी देवी या देवता का शरीर में संचार होना जैसी घटनाएँ अधिक मात्रा में होती हैं। अंबाबाई अथवा दत्त के स्थान पर अभुआने के प्रकार अधिक मात्रा में दिखाई देते हैं। अब यह शरीर में देवी-देवताओं का संचारना या अभुआना, यह कोई पाखंड नहीं होता।

बल्कि एक तो वह प्रखर स्व-सम्मोहन की अवस्था होती है या 'हिस्टीरिया' यानी सौम्य मानसिक बीमारी। यह बीमारी प्रासंगिक होती है। धड़कनों का तेज होना, शरीर में कँपकँपी भरना, शरीर का उछलना, कोई सीने पर बैठा है ऐसा एहसास होना, गला दबाए जाने का आभास होना आदि सब मनोविकार है। धीरे-धीरे मरीज को इन बातों की आदत हो जाती है। इसका अर्थ ही ऐसा है कि कुछ दिनों के लिए ये प्रकार रुक जाते हैं और कुछ दिनों के बाद फिर से प्रकट हो जाते हैं। डॉक्टरों से इलाज करवाकर भी मरीज पूरी तरह से ठीक हो जाएगा ऐसा नहीं, क्योंकि इसका मूल कारण अलग ही होता है और जरूरत होती है उसे बदलने की।

अगर घर-परिवार में जुल्म करनेवाली सास और शराबी पति होंगे तो मनोरुग्ण की यह स्थिति बार-बार दिखाई देती है। इससे विपरीत दूसरी तरफ देखा जाए तो इस बीमारी से थोड़ा आराम मिल जाए अथवा किसी ओझा या बाबा से मिलनेवाली सकारात्मक सूचनाओं से अच्छा लगने लगे तो यह सब 'बाहर की ही कुछ बाधा थी' ऐसी आशंका और भी दृढ़ हो जाती है। अचानक ही हाथ-पाँव का जवाब देना, कोई चोट न होते हुए भी अंधापन आना, स्वर यंत्र ठीक-ठाक होने के बावजूद आवाज गुम होना, ये सब असल में 'हिस्टेरिकल कन्वर्जन्स' इस बीमारी की विशेषताएँ हैं। इस बारे में डॉक्टरों को छोड़कर अन्य किसी बात का असर हो जाए तो उसकी नाट्यमयता के कारण पहले से ही बाहरी शक्तियों पर होनेवाला लोगों का विश्वास और दृढ़ हो जाता है। इसी के साथ ही परंपराओं की मान्यता, ज्ञानेंद्रियों का उद्दीपन, स्व-सम्मोहन आदि की वजह से महिलाएँ किसी देवता ने उनके शरीर में प्रवेश किया है ऐसा कहकर या समझकर अभुआने लगती हैं, जिससे कई घंटों तक हुंकारना, शारीरिक संवेदनाओं का निष्क्रिय होना, किसी अनजानी भाषा में बड़बड़ाना आदि प्रकार महिलाओं के बारे में हो जाते हैं। इन सब बातों के पीछे होनेवाले वैज्ञानिक कारण मालूम न होने की वजह से इनके बारे में गूढ़ता बढ़ जाती है और इसी वजह से अंधविश्वासों का बढ़ना भी स्वाभाविक बनता है।

बदन पर भिलावे के निशान आना, किसी भी कपड़े का अपने आप फट जाना या जल जाना, अचानक ही घर पर पत्थरों का बरसना, खाने में गंदी चीजों का मिलना, घर की चीजें अपने आप हिलना आदि बातों को भानमती कहते हैं। इन सब बातों के पीछे होनेवाली सचाई हमारी समिति ने ढूँढ़कर निकाली है, जिससे पता चलता है कि इन सब बातों को अंजाम तक पहुँचाने में कोई स्त्री ही एजेंट का काम करती है। वैफल्यता और विसंवादी मानसिकता के कारण मनोविकृत होनेवाली स्त्री ही यह भानमती के विविध प्रकार करती है। यह ज्यादातर महिलाओं द्वारा ही संभव होता है, इसी कारण भानमती को अंजाम देनेवाली अधिकतर महिलाएँ ही होती हैं। मराठवाड़ा विभाग में शरीर में देवी का संचारना या अभुआना, घूमना, चिल्लाना, कुत्ते जैसा भौंकना ऐसे बरताव करनेवाली स्त्री को भानमती या केंगामति हो गई है

ऐसा कहा जाता है। इसमें सभी स्त्रियाँ ही होती हैं। गाँवों में तो जमघट के रूप में यह होता है। कुछ सदियों पहले महिलाओं में इसी प्रकार के अंधविश्वास विदेशों में भी थे। कई महिलाओं को तो चुड़ैल समझकर जिंदा जलाया गया था। ये सब बातें आज वहाँ से पूरी तरह से नष्ट हो गई हैं, क्योंकि वहाँ की स्त्रियाँ शिक्षित हो गई हैं। उनका आर्थिक स्तर सुधर चुका है। उन्हें प्रतिष्ठा प्राप्त हो चुकी है, उनका सामाजिक स्तर बढ़ गया है। हमारे यहाँ इसी दिशा में कोशिशें होना जरूरी है।

मस्तिष्क में होनेवाले रासायनिक स्रावों की कमी, परिस्थिति के अनुसार उत्पन्न होनेवाले असहनीय मानसिक तनाव आदि के कारण ही गंभीर मानसिक बीमारियाँ उत्पन्न होती हैं। अचानक वर्तन में होनेवाले इस बदलाव को उस स्त्री से संबंधित होनेवाले लोग समझ नहीं सकते, उन्हें वह अजीबोगरीब लगता है। तब इसका सबसे पहले स्पष्टीकरण प्रेतबाधा या किसी बाहरी शक्ति की भयानक बाधा का होता है। कई बार गर्भावस्था के दौरान और प्रसूति के वक्त आनेवाले तनाव के कारण प्रसूत महिला को यह बीमारी लग जाती है और उसकी जड़ें भूतबाधा में ढूँढ़ी जाती हैं। परिणामत: इलाज के नाम पर उस महिला को कई अत्याचार सहने पड़ते हैं।

रूढ़ि-परंपरा

प्रथा, रूढ़ि-परंपराओं का दास्यत्व ही स्त्री को हमेशा अंधविश्वास की खाई में धकेलता आया है। सती की प्रथा अब कानूनन बंद की गई है। कुछ साल पहले राजस्थान के देवराला गाँव में पति के निधन के बाद एक स्त्री सती हो गई। इसी बात के विरुद्ध सर्वत्र बवाल खड़ा हो गया था। सतीबंदी का कानून था ही उसे और अधिक कठोर बनाया गया। लेकिन धक्का पहुँचानेवाली सच्ची बात यह थी कि रूपकुँवर खुद की मर्जी से सती हो जाने के लिए जुलूस में गई थी। उसके भाई ने उसे रोकने के कई प्रयास किए। लेकिन उसने नहीं माना। पाँच हजार लोगों की गवाही से कि बेटी सती होने जा रही है और यह बहुत बड़ा कार्य है, ऐसा समझकर उसके माता-पिता अभिमान से फूले नहीं समा रहे थे। देवराला में जमाव बंदी के बावजूद जिस जगह पर रूपकुँवर सती हो गई थी, उसे देखने के लिए लोगों की भीड़ लगी थी और सतीमाता की जय ऐसी जयकार चल रही थी। जब खुद की जिंदगी से ज्यादा, स्त्री के तौर पर, व्यक्ति के तौर पर होनेवाली मूलभूत प्रतिष्ठा की अपेक्षा पति के मृत शरीर के साथ प्राणों को त्यागनेवाली सती यह अभिमान का विषय बन जाता है; तब हमें अंधविश्वास से उत्पन्न मानसिक गुलामी का दाहक दर्शन होता है।

देवदासी प्रथा का मतलब क्या है? बचपन में लड़की के बालों में तेल नहीं लगाया जाता, बनाव-सिंगार किया नहीं जाता जिससे बालों की गुत्थी और अस्वच्छता के कारण बालों का उलझना बढ़ता जाता है। कोई देवऋषि बालों की गुत्थी की

तरफ उँगली दिखाकर लड़की के माँ-बाप से कहता है, "तुम्हारी बेटी के बालों में यल्लमा माता की जटा निकली है।" फिर उस बच्ची की पाठशाला छूटती है। धीरे-धीरे शुक्रवार के दिन उसके शरीर में देवी आने लगती है। उसके सिर पर देवी का पिटारा आ जाता है। साथ ही पाँच घरों से जोगवा (देवी के नाम पर माँगी जानेवाली भिक्षा) माँगने की शुरुआत होती है और फिर वह जवान स्त्री सौंदत्ती जाकर ईश्वर से ब्याह रचाती है। एक बार ईश्वर से शादी हो जाए तो दूसरी शादी करने का कोई सवाल ही नहीं आता। वास्तव में उसके नसीब में गाँव के गुंडे आते हैं या मुंबई की वेश्या बस्ती के किसी दलाल को वह बेची जाती है। असल में इसके खिलाफ सरकार ने कानून भी बनाया है। पिछले पंद्रह सालों से इसके खिलाफ आंदोलन भी शुरू हैं। हजारों जटाएँ सुलझाई और काटी गई हैं। सरकार ने देवदासी प्रथा के विरुद्ध जो समिति गठित की थी, उसकी सिफारिशों पर कुछ मात्रा में कार्रवाई भी शुरू हुई है। फिर भी परंपरा के चीमड़ में जड़ें पकड़े इस प्रथा को खत्म करने के लिए काफी संघर्ष की जरूरत है।

एक बार वटपूजन के दिन घटी घटना मैं आपको बताता हूँ। कुछ नवविवाहिताएँ बरगद के फेरे लगा रही थीं। उसकी पूजा हो गई। बानगी का आदान-प्रदान हो गया। सभी औरतें घर निकलने वाली ही थीं कि अचानक वहाँ एक जीप आकर रुक गई। उसमें से एक पहलवान आदमी उतरा, उसने एक औरत का हाथ पकड़ा और उसे खींचते हुए जबरदस्ती जीप में बिठाया। जीप स्टार्ट हो गई और वहाँ से चल पड़ी। इस बात से बाकी औरतों में कोलाहल मच गया। किसे भगाया? किसने भगाया? क्यों भगाया? जवाहरात के लोभ से? या बुरे उद्देश्य से? आदि बातें होने लगीं। पुलिस थाने तक खबर पहुँच गई। पुलिस ने उस जीप का पीछा किया। उन्हें पकड़कर थाने लाया गया। छानबीन के बाद पहलवान ने कबूल किया कि उसी ने उस औरत को भगाया। क्यों? ऐसा सवाल पूछने पर उसने बताया कि "यह मेरी बीवी है। आज इसने सातों जनम तक एक ही पति मिलने के लिए यह वट सावित्री का व्रत रखा है। लेकिन शादी को तीन साल हो गए, यह सात दिनों तक भी ससुराल में नहीं रही है। अगर इसकी यह आराधना, व्रत पूरा हो गया तो क्या सातों जन्म मैं इसके साथ अपनी गृहस्थी ऐसे ही चलाऊँगा? जिस औरत को सात दिन अपने पति के साथ रहना मुमकिन नहीं हुआ था, वह सात जन्मों के लिए उपवास क्यों कर रही थी? उसकी माँ व्रत रखती थी, दादी व्रत रखती थी इसलिए? सच तो यह है कि इसी जन्म में अपने पति के अत्याचार से ऊब चुकीं और बैठते-उठते मार सहनेवाली स्त्रियाँ भी यह व्रत रखती हैं।

'इसी व्रत के कारण महिलाओं को बरगद के पेड़ तक घूमने के लिए जाने का मौका मिलता है। पेड़ के फेरे लगाने से ताजी, स्वच्छ हवा मिलती है' अगर ऐसा मान लिया जाए तो क्या सिर्फ एक दिन ही ऐसा करना चाहिए और साल के

बाकी दिन घर के चूल्हे-चौके से निकलनेवाले धुएँ के प्रदूषण के लिए? इस पर सोचा जाए तो क्या समझ में आता है? मजे की बात तो यह है कि बरगद का पेड़ एक धार्मिक प्रतीक माना जाता है। बोनसाई की विद्या से प्रशिक्षित एक विदुषी से मेरी मुंबई में मुलाकात हो गई। उन्होंने बड़े इत्मीनान से गमले में लगाया बीस साल की उम्र का एक पेड़ मुझे दिखाया। बड़े उत्साह के साथ उन्होंने मुझे बताया था कि इस पेड़ ने मुझे बड़े-बड़े पुरस्कार दिलवाए हैं, उसी के साथ-साथ इसका और एक लाभ होता है कि वटसावित्री के दिन बरगद के पेड़ को ढूँढ़ने के लिए कहीं बाहर जाना नहीं पड़ता। घर में ही पूजा संपन्न हो जाती है। और तो और बिल्डिंग की सभी औरतें यहीं मेरे घर पर आती हैं। मैंने मन ही मन में कहा, पेड़ का ही नहीं, बल्कि बुद्धि का भी बोनसाई हो गया है, बौनी हो गई है। अनेक शहरों में अब इसकी नई-नई आवृत्तियाँ निकल रही हैं। प्रकृति का आनंद और वृक्ष का सम्मान तो दूर ही रह गया। पेड़ की टहनियाँ तोड़कर घर-घर बेची जाती हैं और उन्हें दीवार से सटाकर अर्धगोलाकार प्रदक्षिणाएँ लगाई जाती हैं। कभी-कभी तो बरगद के पेड़ का चित्र भी लगाया जाता है। अगर सच में बरगद के पेड़ की प्रदक्षिणाएँ लगाने से पति की उम्र बढ़ जाती और सावित्री यम से अपने पति के प्राण लाई होती तो और क्या चाहिए था? हम सब डॉक्टर अस्पताल के दरवाजे पर बरगद का पेड़ इसलिए लगाते कि जब भी अंदर किसी औरत के पति को स्लाइन लगाया जाएगा या ऑपरेशन टेबल पर लिटाया जाएगा तो उस औरत को बाहर जाकर बरगद के पेड़ को धागे बाँधने होंगे।

अंधविश्वास रखना यानी बुद्धि को गिरवी रखना

जब हम अपनी विवेक बुद्धि गिरवी रखते हैं तब अंधविश्वासों का निर्माण और उनका मजबूत होना शुरू हो जाता है। मंगल-अमंगल की कल्पनाएँ इसके ठोस उदाहरण हैं। इसके बारे में भी स्त्रियाँ और उन्हें दोष देनेवाला समाज दोनों ही संवेदनशील होते हैं। बिल्ली का रास्ता काटना, तीन लोगों के इकट्ठा जाने से काम बिगड़ना, छिपकली की आवाज, टिटहरी का चिल्लाना, दूध खराब हो जाना, कुत्ते का रोना ऐसी अनेक बातों से परंपराओं के अर्थ जोड़े जाते हैं। कुमकुम का गिरना या बिखरना किसी को शुभ लगता है तो किसी को अशुभ। जब घर में नई बहू आती है तो उसके पैरों की चर्चा बड़े जोर से चलती है। अगर पति को नौकरी में पदोन्नति नहीं मिलती, देवर परीक्षा में असफल हो जाता है, ननद की शादी तय होते-होते बिगड़ जाती है, किसी व्यवसाय में ससुर पर आरोप लग जाता है, सास बीमार पड़ती है तो ये बातें नई बहू के मत्थे मढ़ी जाती हैं। सच तो यह है कि इस हर एक बात के पीछे कोई न कोई वजह होती है। पति की पदोन्नति रुक जाती है आरक्षित पदों के न्याय

से, देवर परीक्षा में फेल हो जाता है पढ़ाई न करने की वजह से, ननद का ब्याह टूट जाता है दहेज का बाजार न सँभाल पाने से, ससुर भ्रष्टाचारी था ही मुकदमा चल रहा था, उसका फैसला आता है। नई बहू के घर में आते ही और इन सबके तनाव से सास को उच्च रक्तचाप न हो तो आश्चर्य ही होगा। मगर ये सब ध्यान में लेता कौन है? मजे की बात तो यह है कि दामाद के पैरों की कोई बात नहीं होती।

ये सब होता है क्योंकि हमारे यहाँ महिलाओं को संस्कृति की चिकित्सा करने और उसे निर्माण करने का अधिकार ही नकारा गया है। उसकी सभी संभावनाएँ सालों से चले आ रहे अशास्त्रीय, पोथी-पुराणों के आधार पर ही बनी हुई हैं। अब हमारे जीवन में शिक्षा का प्रवेश हुआ है। फिर भी परिवार, समाज, धर्म में बहुत गहराई तक बसी यह मानसिकता हममें नया वर्तन-परिवर्तन नहीं ला सकती। व्रत-उपवास एवं कर्मकांड इन सबकी मजबूत पकड़ आज भी कम नहीं होती। सच तो यही है कि इनमें से कई व्रत-उपवास, कर्मकांड अन्याय पर आधारित हैं, अविवेकी हैं और अगर ऐसा नहीं तो अर्थहीन और संदर्भहीन तो हैं ही। इसीलिए तो हरतालिका से लेकर वटसावित्री तक के सभी व्रतों के लिए स्वातंत्र्यवीर सावरकर ने 'असत्य की पूजा' ऐसे समर्पक शब्दों का प्रयोग किया है। असत्य की पूजा करने में कौन सी धन्यता है? कम से कम इसका तो विचार होना चाहिए। लेकिन विचार मान्य नहीं होता और अगर हो भी जाए तो उसके अनुरूप आचरण मुनासिब नहीं होता। ख्वामख्वाह आपत्ति क्यों मोल लें? घरवालों के मन को ठेस क्यों पहुँचाएँ? ऐसे कारण आगे करते हुए केवल अनपढ़ ही नहीं उच्च शिक्षित महिलाएँ भी ये सब कर्मकांड बड़ी ईमानदारी से निभाती नजर आती हैं। वैसे तो हमारे देश की महिलाओं को शिक्षा का मौका काफी देर से मिला और वह भी कुछ उच्चकुलीन समाज तक ही सीमित है। महिलाओं के जो खास विषय हैं उन्हें तो अभी कुछ ही समय पहले शास्त्र का दर्जा प्राप्त हुआ है। स्वाभाविकता से विवेक से काम लेना, परंपराओं को जाँचना, नकारना, नया विचार प्रस्तुत करना या स्वीकारना यह अभावात्मक स्तर पर ही हुआ है।

ओझा-मांत्रिकों पर विश्वास रखनेवाली हमारी अनगिनत बहनों की मानसिकता तो इससे भी नाजुक होती है। लैंगिक अतृप्ति इसका एक कारण हो सकता है, लेकिन वही एकमात्र और महत्त्वपूर्ण नहीं है। ईश्वर पर भरोसा न करनेवाली अनेक पढ़ी-लिखी महिलाएँ भी शिरडी के साईं बाबा, ...सत्यसाईं बाबा, शेगाव के गजानन महाराज, अक्कलकोट के श्री स्वामी समर्थ, इनके बारे में अत्यधिक अंधविश्वास रखनेवाली दिखाई देती हैं। इन लोगों की कृपा हमें किसी भी समस्या से बचा सकती है, ऐसा उनका पक्का विश्वास होता है। अगर उन्होंने एक बार श्रद्धा की सामर्थ्य मान ली, तो उनकी सीमाएँ उन्हें समझाने से हजम नहीं होतीं। कई बार मैंने अपने वक्तव्य में कहा है कि "मासिक धर्म एक नैसर्गिक अवस्था है, जिसमें स्त्री को खुद

को अपवित्र नहीं मानना चाहिए।" मेरे भाषण से प्रभावित होकर तीन महिलाओं ने यह निश्चय किया कि इन दिनों में वे मंदिर में जाएँगी। ऐसा करने से क्या हुआ? उन्होंने ही मुझे बाद में बताया कि "हममें से एक मंदिर में गई लेकिन मंदिर में जाने का मन ही नहीं हुआ ऐसा कहकर पहली सीढ़ी से वापस आ गई। दूसरी मंदिर में गई, मंदिर के मुख्य मंडप तक गई लेकिन उसके मन में बेचैनी बढ़ने लगी और वह भी वापस निकल पड़ी। तीसरी मंदिर के मुख्य दालान तक पहुँची और ईश्वर के सामने खड़ी हो गई, लेकिन उसे हमेशा प्रेमपूर्वक देखनेवाली ईश्वर की नजर क्रोध से भरी दिखने लगी। ऐसी अनुभूति उसे पहले कभी नहीं हुई थी।" यानी इसमें जरूर कोई तथ्यात्मकता होती है ऐसी उनकी धारणा बन गई। उन्होंने ही मुझे निष्कर्ष बताया कि "श्रद्धा से मानसिक स्वास्थ्य का लाभ होता है। बुद्धि से हम बरबाद हो जाते हैं।" मुक्तिदाता समझी जानेवाली बुद्धि ही समस्या लग जाए तो बदलाव की आशा ही खत्म हो जाती है। हित संबंधों की तैयारी पहले से ही होगी तो उस पर वज्रलेप लगाना आसान हो जाता है। इसीलिए इक्कीसवीं सदी में भी काल बाह्य रूढ़ि-परंपराएँ, व्रत-उपवास आदि बातें बड़ी शान से मनाई जाती हैं। राजस्थान में हजारों बाल-विवाह बड़े जोर-शोर से होते हैं, देवदासी की अमानुष प्रथा चलती रहती है। सतीप्रथा का गौरव करना गलत बात है इसका एहसास तक नहीं होता। इन सबके खिलाफ तो विद्रोह करना ही है मगर उसके लिए मृदुता और कठोरता का साथ होना जरूरी है। स्त्री आज बढ़ती असुरक्षितता और आर्थिक समस्या से जूझती जी रही है। माँ के संस्कारों पर वह आगे जाती है और ससुराल के लोगों की मानसिकता सँभालने के लिए झगड़ती रहती है। ऐसी स्थिति में हर एक कदम पर अलग-अलग विचार करना बड़ा ही कठिन होता है। उसे अमल में लाने के लिए कोशिश करना तो उससे भी कठिन और उसके साथ-साथ बड़े बुजुर्गों का मान-सम्मान और पारिवारिक प्यार, अपनापन कायम रखना यह तो सबसे बड़ी कसौटी होती है। माना जाता है कि किसी भी समाज का परिवर्तन उस समाज में स्त्रियों के प्रति होनेवाले दृष्टिकोण और स्त्री की मूल्य व्यवस्था पर निर्भर होता है। इसलिए अंधविश्वास उन्मूलन के विचार और आचारों को अपनी शक्ति के अनुसार आधार और आकार देनेवाली सभी बहनों को इस आंदोलन में प्यार, सम्मान और प्रधानता देनी चाहिए ऐसी इस आंदोलन की हमेशा भूमिका रही है।

अंधविश्वास उन्मूलन की विस्तृत वैचारिक भूमिका

दोस्तो, आंदोलन के बारे में लोग हमेशा आपसे एक प्रश्न पूछेंगे। कभी-कभार मजाक उड़ाने के उद्देश्य से वे कहेंगे, जैसे मेरे मित्र मेरा मजाक उड़ाते समय कहते हैं कि "आप बताते ही क्या हैं? आपका आंदोलन क्या है? आप तो सिर्फ आंदोलन की बात करते हैं? असल में यह आंदोलन केवल एक शब्द का है और वह शब्द है भी केवल दो अक्षरों का। इसका अर्थ क्या है?" वे ऐसा भी कहते हैं कि "आपका आंदोलन हमें क्या बताता है? चमत्कार, भूत-प्रेत, भानमती, फल-ज्योतिष, मंत्र-तंत्र आदि कुछ भी नहीं है। अब हम जान गए हैं कि यह सब झूठ है, फरेब है। अब हमें आपकी जरा भी जरूरत नहीं है।" मतलब क्या आप नकारात्मक आंदोलन चला रहे हैं? आपने भले ही हमें यह नहीं, वह नहीं, ऐसा नहीं, वैसा नहीं आदि बताया तो फिर हमारे जीवन की समस्याओं का सकारात्मक हल इसमें मिल पाएगा?

पूर्णतः सकारात्मक आंदोलन

कृपा करके यह आंदोलन नकारात्मक है, इस बात को पहले आप अपने मन से निकाल दीजिए। यह एक पूर्णतः सकारात्मक आंदोलन है। एक वाक्य में बताया जाए तो विवेकवाद के मूल्यों को मानव के जीवन में कृतिशील करने और उसके लिए संवाद निर्माण करनेवाला यह आंदोलन है। समाज में विवेकी मूल्यों को कृतिशील करने की जितनी जरूरत आज निर्मित हुई है, उतनी पहले कभी नहीं हुई थी। यह आंदोलन सकारात्मक कैसे? इसका उदाहरण देखना ही है तो मैं आपको बताता हूँ। मान लीजिए आपके घर के सामने कूड़े का ढेर पड़ा है। एक आदमी आकर उसे साफ करता है। दूसरा आदमी आता है और वहाँ कुछ फूलों के पौधे लगाता है। तो यहाँ ज्यादा सकारात्मक कार्य किसने किया? ज्यादा सकारात्मक कार्य कूड़े को साफ करनेवाले आदमी का है। क्योंकि अगर उसने वहाँ से कूड़ा-कचरा नहीं हटाया होता तो संभव है कि आपकी कॉलोनी में कोई बीमारी फैल जाती। फूलों

के पौधे लगाए नहीं जाते तो ज्यादा से ज्यादा क्या होता? रात के समय आनेवाली फूलों की सौम्य गंध नहीं आती। बस इतनी-सी समस्या होती। समझ लीजिए मरीज को आप किसी डॉक्टर के पास लेकर जाते हैं। मरीज को टी.बी, किडनी स्टोन, पेट का अल्सर आदि बीमारियाँ हैं। एक डॉक्टर ऐसा है जो ये सब बीमारियाँ ठीक कर देता है और दूसरा एक डॉक्टर है जिसने मरीज के भविष्य की चिंता से उसकी तबीयत फिर से खराब न होने की दृष्टि से योगासन कैसे करें? आहार कैसा लेना चाहिए? आदि बातें बताईं, तो सबसे सकारात्मक कार्य किसका हुआ? जिसने सारी बीमारियाँ ठीक कर दी उसका। यानी हमारे समाज में सदियों से अंधविश्वास का कूड़ा जमा हुआ है। ज्यादातर लोगों को किसी न किसी अंधविश्वास की बीमारी ने जकड़कर रखा है। इसलिए उसे दूर करने का काम हमारा है। यह काम बहुत ही सकारात्मक है, इस बात को हमें समझ लेना चाहिए। अब यह कार्य सकारात्मक कैसे है, इसे मैं थोड़ा विस्तार से आपको बताता हूँ।

अंधविश्वास विकास के खिलाफ होता है

आजकल हम सभी को सकारात्मक बात तुरंत जँचती कहाँ है? आज दुनिया बड़ी गति से आगे बढ़ रही है। उस गति का सबसे बढ़िया शब्द कौन सा है? तो वह है 'विकास'। नई आर्थिक नीति क्यों लाई गई? तो देश का विकास होने के लिए। विकास यह अब हर एक समाज, समुदाय, राष्ट्र की जरूरत बन गया है। अब अंधविश्वास उन्मूलन और यहाँ का विकास इसका संबंध क्या है? ऐसा सवाल आपके मन में खड़ा हो सकता है। इसका संबंध यह कि 'अंधविश्वास मूलत: विकास के खिलाफ होते हैं।' इस वाक्य का पूरा स्पष्टीकरण यथावकाश आपको मिल ही जाएगा। फिलहाल उसमें से एक महत्त्वपूर्ण बात मैं आपको समझाता हूँ। आप जानते ही होंगे कि अगर किसी राष्ट्र को अपना विकास करना है तो सबसे पहली बात होगी, बचत करना। सन् 1945 में जापान पर अणुबम गिराने की वजह से वह पूरी तरह ध्वस्त हो गया था और आज ऐसा माना जाता है कि पूरे विश्व को औद्योगिक क्षेत्र में आवाहन देनेवाला देश जापान है। जापान ने यह सब सन् 1965 के बाद हासिल किया। तो फिर सन् 1945 से 1965 तक जापान ने ऐसा क्या किया, जिसकी वजह से वह इतनी बड़ी कामयाबी हासिल कर चुका? तो बात यह है कि सन् 1945 से लेकर 1965 तक बीस सालों में जापान ने बचत को प्रधानता देकर बड़े पैमाने पर बचत का कार्य किया। क्योंकि अगर आपके पास पूँजी नहीं होगी तो उद्योगों का विकास मुमकिन नहीं होगा और अगर उद्योग और खेती का विकास न हो तो लोगों का भी आर्थिक विकास नहीं होगा।

चावल के अक्षत और अन्य उदाहरण

हमारे यहाँ एक शादी में कम से कम पाँच से दस किलो तक के चावल के अक्षत बाँटे जाते हैं और अकेले महाराष्ट्र में, उनतालीस हजार गाँवों और शहरों में मिलाकर लगभग तीन लाख शादियाँ होती हैं। मतलब पंद्रह से तीस लाख किलो तक का चावल दूल्हा-दुलहन के सिर पर फेंकने के लिए व्यर्थ ही व्यय होता है और हम सब ऐसा क्यों करते हैं? क्योंकि हमारे संस्कार यह बताते हैं कि पुरोहित जब मंगलाष्टकों का उच्चारण करता है तब अक्षत दूल्हा-दुलहन के सिर पर गिरना चाहिए जिससे उनकी गृहस्थी खुशहाल बन जाए। आप संस्कृत अच्छी तरह से जानते नहीं जिसकी वजह से पुरोहित के मंगलाष्टकों का अर्थ समझ नहीं पाते, इसलिए वे सदियों से चले ही आए हैं। अगर आप अच्छी तरह से संस्कृत जानते तो पुरोहित से प्रश्न करते कि वह जो मंत्र या मंगलाष्टक गा रहा है उसका कोई अर्थ है भी या नहीं? बहुत बार ऐसा होता है कि पुरोहित बचपन में रटे मंत्रों को लोगों के सामने प्रस्तुत करता है और 'शुभमंगल सावधान' ऐसा कहने पर दूल्हा-दुलहन के सिर पर अक्षत गिरना चाहिए, सिर्फ इतना ही हमारी समझ में आता है।

हम सब जानते हैं कि जो अक्षत हम दूल्हा-दुलहन के सिर पर फेंकते हैं तो वह दूल्हा-दुलहन से ज्यादा हमारे आगे होनेवाले लोगों के सिर पर गिरता है। शादी होते ही शादी के मंडप से बाहर आनेवाले सभी लोग अपना सिर साफ करते हुए नजर आते हैं। एक तरफ हमारे महाराष्ट्र में मनरेगा योजना पर मजदूरी करनेवालों को देने के लिए सरकार के पास अनाज नहीं है और दूसरी तरफ हम तीस लाख किलो चावल सिर्फ दूल्हा-दुलहन की गृहस्थी खुशहाल हो जाए इसलिए बरबाद करते हैं। तो इसका अर्थ ही ऐसा होता है कि बचत की जो संभावना होती है उसे ही हम नकार देते हैं। 125 साल पहले महात्मा फुले ने सत्यशोधक विवाह पद्धति में चावल के बदले फूलों का प्रयोग करने का आग्रह किया था। इसके पीछे दो कारण थे, एक तो फूल खाने की चीज नहीं है और अगर फूलों की खेती का विकास हो जाए और उत्पादन बढ़ जाए तो किसानों को भी ज्यादा रकम मिल पाएगी। क्या आप जानते हैं कि आज जो सारी जद्दोजहद चल रही है वह भारत में उपजे फूलों को विदेश में भेजने के लिए चल रही है? अगर शादी में दस किलो फूलों का इस्तेमाल होता तो देश में तीस लाख किलो फूलों का मार्केट तैयार हो जाता और गरीब किसानों को भी पैसे मिल पाते। इसलिए शादी में चावल या फूल किसका प्रयोग करें इसकी तुलना ही नहीं हो सकती।

केवल यही एक बात नहीं। महाराष्ट्र में मेलों में हर साल करीब पाँच-छह लाख बकरों की बलि दी जाती है। एक बकरे की कीमत आठ सौ से लेकर एक हजार तक होती है। उसे गाड़ी में बिठाकर, पड़ोसियों को आमंत्रित करके जिस जगह पर

उसे बलि चढ़ाना है उस जगह पर ले जाने का खर्चा कम से कम दो हजार तक आता है। दो हजार गुणा पाँच लाख यानी सौ करोड़ रुपये सिर्फ मन्नतें पूरी करने के लिए महाराष्ट्र में खर्च होते हैं। इसमें मन्नतें माँगना या न माँगना, उसे पूरी करने या न करने का प्रश्न ही नहीं आता। हम कई मेलों में जाकर ऐसा बताते हैं कि "यदि आपको मन्नत माँगनी ही है तो दाल-पूरी की माँगें, खीर-पूरी की माँगें, बकरे का भोग क्यों चढ़ाते हो? जो मन्नत पाँच-पच्चीस रुपये में पूरी होगी। उसके लिए आप दो हजार का खर्चा क्यों करते हैं?"

या फिर हम सभी जानते हैं कि महाराष्ट्र में हर साल लगभग तीन लाख तक शादी-ब्याह होते हैं और हम ये भी जानते हैं कि सबसे सीधे ढंग से शादी करें तो भी देहात में उसका खर्चा पचास हजार रुपये और शहरों में उसका खर्चा एक लाख रुपयों से अधिक ही होता है। इतना सारा खर्चा होने के बावजूद मजे की बात यह होती है कि कोई भी पूरी तरह से संतुष्ट नहीं होता। लड़के के परिवारवालों की कई सारी अपेक्षाएँ बाकी रह जाती हैं। मगर यह खर्चा किस पर होता है तो वह बड़े से बड़े बैंड, आतिशबाजी, सजावट आदि बातों पर। जो लोग अपने घरों में खाना खा सकते हैं उन्हें ही बुलाकर अच्छा खाना खिलाया जाता है। यानी इसमें से एक भी बात उत्पादन या पुन:निर्माण की नहीं। बड़े इत्मीनान से हजारों रुपयों की साड़ी खरीदी जाती है। कई बार तो वह स्त्री उस साड़ी को एक बार पहनने के बाद दोबारा पहनती भी नहीं। फिर भी दो-ढाई हजार रुपयों की जरी का वर्क होनेवाली साड़ी लेती है। यह खर्चा किसी भी गरीब राष्ट्र के बस का नहीं है। एक अनुमान से हर वर्ष होनेवाली इन तीन लाख शादियों में कम से कम महाराष्ट्र में बारह सौ से पंद्रह सौ करोड़ रुपयों का खर्चा आता है और उसमें से कई सारी राशि अनुत्पादक चीजों पर ही खर्च होती है। उससे कुछ भी नवनिर्माण नहीं होता। अब उत्पादन कारोबार का मतलब क्या है? एक बात आप सभी जानते ही होंगे और यह एक महत्त्वपूर्ण सवाल भी बन गया है कि अगर महाराष्ट्र राज्य ने सन् 2000 तक कृष्णा नदी के पानी को रोक नहीं दिया तो उस पर होनेवाला महाराष्ट्र का अधिकार खत्म हो जाएगा और हमारे मुख्यमंत्री महोदय ऐसा कहते हैं कि "कृष्णा नदी का पानी सन् 2000 तक रोकने के लिए हर साल हजारों करोड़ रुपयों के खर्चे का बंदोबस्त करना चाहिए और यह संभव नहीं है। इसके लिए हम विदेश से रुपये उधार लेंगे।" एक तरफ लोग शादियों में बारह सौ करोड़ रुपये खर्च करते हैं और दूसरी तरफ समाज को, राष्ट्र को पानी रोकने से जो फायदे होनेवाले हैं उसके पैसों के लिए विदेशों के सामने उधारी की भीख का कटोरा लेकर खड़े हो जाना पड़ता है। ये जो अंतर्विरोध है वह अच्छी बात नहीं है। इसीलिए अंधविश्वास मूलत: विकास के खिलाफ होते हैं और विकास से संबंधित 'बचत' यह जो शब्द है उससे इनकी बिलकुल नहीं बनती।

वैज्ञानिक दृष्टिकोण निर्माण करना

अंधविश्वासों के बारे में दूसरा मुद्दा कौन सा है? तो वह है अंधविश्वास उन्मूलन का। मतलब, वैज्ञानिक दृष्टिकोण को विकसित करने का। किस बात की तरफ किस प्रकार से देखना है, इसका वैज्ञानिक दृष्टिकोण महत्त्वपूर्ण है और यह बात समझ लीजिए कि जब हमें वैज्ञानिक दृष्टिकोण की निर्मिति करनी होती है; तब वह सिर्फ शिक्षा से पैदा नहीं हो सकता बल्कि उसके लिए इनसान के मन को अलग रूप से तैयार करना पड़ता है। अगर इनसान का मन उसके लिए तैयार नहीं हो जाता तो क्या होता है, इसका मैं आपको एक उदाहरण देता हूँ। मेरा एक मित्र था जिसकी एम.बी.बी.एस. और उसके आगे एम.डी. तक की पढ़ाई पूरी होने के बावजूद भी शादी नहीं हो पाई थी। मैंने उससे एक बार पूछा, "तुमने अभी तक शादी क्यों नहीं की?" उस पर उसने कहा, "नरेंद्र, क्या है कि मेरी जन्मपत्रिका में मंगल बहुत भारी है।" जब हम पाठशाला में थे तब उसकी माता हमें विज्ञान पढ़ाती थी। इसलिए मैंने उससे कहा, "अरे, तुम्हारी माँ ने हमें विज्ञान सिखाया। इनसान चाँद पर पहुँच गया है और मंगल भारी होने के कारण तुम शादी नहीं कर रहे हो?" उसने कहा, "देखो नरेंद्र, माँ का पढ़ाया मंगल सिर्फ एक बार ही परीक्षा में दो अंकों के लिए आ जाएगा। लेकिन कुंडली-जन्मपत्री में अगर मंगल आ जाए तो पूरी जिंदगी ही बरबाद हो जाती है।" इसका मतलब अगर पढ़े-लिखे लोग ही ऐसा करेंगे, नहीं सोचेंगे तो अनपढ़ लोगों से यह उम्मीद ही नहीं रख सकते और अगर लोग विचार नहीं करेंगे तो यह प्रश्न खड़ा हो जाता है कि वैज्ञानिक दृष्टिकोण के लिए हम कौन सी राह अपनाएँ? हमें पक्का विश्वास है कि घर लौटने के बाद ये सब बातें जब आप लोगों से बताएँगे, तो वे कहेंगे कि "ये तो मुसीबत हो गई। पहले आप समझदारी से बातें करते थे। अब हर बात पर उसे वैज्ञानिक दृष्टिकोण से जाँचना होगा, सच है या झूठ? जैसे, चतुर्दशी के दिन, उपवास के दिन खिचड़ी खाएँगे तो आप कहेंगे कि अरे उपवास में खिचड़ी खानी ही पड़ती है क्या? चतुर्दशी का पालन करना ही होगा क्या? आप ऐसे प्रश्न करेंगे तो लगेगा कि अब तक आप पढ़े-लिखे तो थे, लेकिन आपके पास वैज्ञानिक दृष्टिकोण नहीं था।" तो समाज में वैज्ञानिक दृष्टिकोण का अलग विचार ही नहीं, तो अलग संस्कार करना यह भी अंधविश्वास उन्मूलन आंदोलन का दूसरा महत्त्वपूर्ण कार्य है।

व्यापक परिवर्तन का एहसास

तीसरा महत्त्वपूर्ण कार्य क्या है? तो वह है विस्तार से परिवर्तन का एहसास रखना। अंधविश्वास उन्मूलन के प्रश्न का हल कभी भी अकेले नहीं निकल सकता। जैसे

हम कहते हैं कि भारतीय संविधान में जो मूल्य उद्घोषित किए हैं—उनमें जनतंत्र है, समाजवाद है, धर्मनिरपेक्षता है, सामाजिक न्याय है, शोषणविरहित समाज की रचना है आदि। इन मूल्यों को हम सभी मानते भी हैं और प्रतिज्ञा भी करते हैं कि हम इस तरह का राष्ट्र बनाएँगे। अगर आप इस संकल्प को वास्तव में अमल में लाना चाहते हैं तो अंधविश्वास उन्मूलन के आंदोलन को प्रभावी बनाना ही पड़ेगा। अगर यह आंदोलन प्रभावी बन जाएगा तो संविधान में दिए गए मूल्य, संकल्पनाएँ वास्तव में उतर पाएँगी और दूसरी तरफ संविधान में दिए मूल्यों को सक्रमाजिक जीवन में उतारा जाएगा तो इस आंदोलन को सामर्थ्य मिल जाएगी, मजबूती प्राप्त हो जाएगी। इस प्रकार ये एक-दूसरे पर आश्रित संबंध हैं।

स्त्रियों में ही भूत-प्रेत की बाधा होना, देवी-देवता का शरीर में संचार होना जैसी बातें होती हैं। अब आप ऐसा सोचेंगे कि महिलाओं के ही शरीर में देवी-देवताओं का संचार क्यों होता है? और उन्हें ही ज्यादातर भूतबाधा क्यों होती है? ऐसा क्या है कि जिसके कारण भूत-प्रेतों और देवताओं के संदर्भ में महिलाएँ ही मशहूर हैं?

आपको पता है, पंद्रहवीं-सोलहवीं सदी में यूरोप में कई महिलाओं को चुड़ैल समझकर मार दिया गया था और आखिरकार इंग्लैड में चुड़ैल को जलाने के खिलाफ कानून बनाना पड़ा। पिछली सदी तक यूरोप और अमरीका में भी महिलाओं के शरीर में देवी-देवताओं का संचार होता था, भूतबाधा होती थी। अब यह सब अचानक कैसे बंद हो गया? वहाँ की सरकार ने तो ऐसा तय नहीं किया कि आयात-निर्यात की जो नीति है, उसके अनुसार वहाँ की देवियों को भारत में भेज दिया जाए और वहाँ के बाबा-ओझाओं को आयात किया जाए। वहाँ की स्त्रियों के शरीर में देवी-देवताओं का आना एकाएक बंद कैसे हो गया? और यहाँ की स्त्रियों में शुरू कैसे हो गया? वहाँ शिक्षा का प्रवेश हो गया, महिलाओं को समाज में प्रतिष्ठा मिलने लगी, उनके स्वास्थ्य की व्यवस्था में सुधार आ गया, स्त्री को एक स्त्री समझकर मूल्यों की प्राप्ति हो गई और तब जाकर समझ में आ गया कि शरीर में देवी का संचार होना यह एक मानसिक बीमारी है। इसीलिए अमरीका में अगर कोई स्त्री शरीर में देवी या देवता के आने की वजह से नाचने-झूमने लगती है, तो उसकी पड़ोसन मेंटल अस्पताल में फोन लगाकर उसे अस्पताल ले जाने को कहती है।

हमारे यहाँ अगर कोई स्त्री शरीर में देवी आने के कारण नाचने-झूमने लगे तो हम उसके पैरों पर अपना सिर रख देते हैं। समाज में स्त्री को ही अभुआना पड़ता है क्योंकि अगर विवेक से विचार किया जाए तो यह समझ में आता है कि स्त्रियों की तरफ देखने का हमारा नजरिया ही ऐसा है जिसकी वजह से स्त्री को हमेशा दोयम स्थान ही मिलता है।

एक बार रमेश मंत्री विदेश दौरे पर गए थे। उन्हें अमरीका में ऐसा बताया गया कि "हमारा देश इतना विकसित हो गया है कि यहाँ बर्तन माँजने, कपड़े धोने,

खाना पकाने की मशीनें हैं और इसी वजह से हमें कुछ भी नहीं करना पड़ता। केवल एक ही बटन पर सब काम पूरे हो जाते हैं। बस कभी बिजली चली जाए तो मुसीबत होती है अन्यथा इन मशीनों के कारण हमारा जीवन खुशहाल हो गया है।"

मजाक में रमेश मंत्री ने उनसे यह कहा कि "हमारे यहाँ बर्तन माँजने, कपड़े धोने और खाना पकाने के लिए एक ही मशीन है। उसका बटन दबाने की भी जरूरत नहीं है। बिजली चली जाने पर भी वह चालू ही रहती है। उसे घर में लाने के लिए हमारे यहाँ वरदक्षिणा दी जाती है और मशीन हमारे घर में पहुँचाई जाती है। इसीलिए देखा जाए तो इस एक बात में हम आपसे भी ज्यादा विकसित हैं!"

अब यह सुनने पर लोग हँसते हैं क्योंकि वे जानते हैं कि आज की स्त्री की हालत ऐसी ही है। यानी स्थिति ऐसी है कि जब हमारी बहन की शादी की बात आ जाती है तो हमें इन रस्मों पर गुस्सा आता है और बेटे की शादी का प्रश्न खड़ा हो जाता है तो इन सब बातों पर हम अड़े रहते हैं। जिसकी शादी हो रही है उस स्त्री के व्यक्तित्व के बारे में हम सोचते तक नहीं हैं। जिसका समाज में स्त्री के रूप में विचार नहीं होता, उसके शरीर में देवी-देवताओं का आना एक अपरिहार्य सामाजिक सच बन जाता है। इसीलिए एक व्यापक, विस्तृत सामाजिक परिवर्तन के आंदोलन से खुद को जोड़ लेना समिति का एक महत्त्वपूर्ण कार्य है।

मूल्य परिवर्तन का संवाद

प्रत्यक्ष में समाज परिवर्तन से संबंधित सभी कार्य अंधश्रद्धा निर्मूलन समिति कर पाएगी? वैसे देखा जाए तो यह काम अंधश्रद्धा निर्मूलन समिति प्रत्यक्ष नहीं करेगी। मगर जैसा कि मैंने पहले बताया है कि मूल्य परिवर्तन का कृतिशील संवाद अंधश्रद्धा निर्मूलन समिति करेगी। यानी क्या? कुछ साल पहले बाबा आढाव ने महाराष्ट्र में 'एक गाँव एक पनघट' नाम का आंदोलन चलाया था और मैं कम से कम दस साल उस आंदोलन से जुड़ा था। हम गाँव-गाँव जाकर लोगों से कहते थे, "जहाँ आप पानी भरते हो, वहाँ दलितों को भी पानी भरने दो।" अब कोई ऐसा कहेगा कि उसी जगह पर दलितों को पानी भरने का हक देने की आप इतनी जिद क्यों करते हैं? उसके लिए दलितों की बस्ती में एक कूपनलिका बिठा दीजिए समस्या ही खत्म हो जाएगी। सवाल सिर्फ पानी पीने का ही नहीं था। सवाल तो था पानी भरने देने का। तब लोग उछलकर कहते थे, "पानी का क्या, वह तो कभी भी देंगे, उन्हें आरक्षण मिला है, वे सरकार के दामाद बन गए हैं।"

इसका मतलब संविधान में एक तरफ आरक्षित सीटें देना सामाजिक न्याय का तत्त्व है और दूसरी तरफ लोगों के मन में डर भी पैदा हुआ है कि आरक्षित सीटें यानी खुद पर अन्याय। ये सब कैसे बदलेगा? एम.बी.बी.एस. तक की पढ़ाई होने

तक मुझे किसी ने भी बताया नहीं कि आरक्षित सीटों की जरूरत क्यों उचित हैं? आरक्षित जगह की बात उचित है ऐसा मेरा मानना है और मैं उसका समर्थन भी करता हूँ, इस बात को छोड़ दीजिए। मगर पढ़ाई पूरी होने तक यह बात किसी ने मुझे समझाई ही नहीं। मैंने बाहर से इन बातों की जानकारी ली। जैसे मैं इन बातों से अनभिज्ञ था, वैसे ही मुझ जैसे अन्य पढ़नेवाले, डॉक्टर बननेवाले छात्र भी इससे अनभिज्ञ थे। इसका मतलब संविधान में तत्त्व रख दिया गया धर्मनिरपेक्षता का लेकिन उसका अर्थ क्या है यह हमें पता ही नहीं है। लोगों को इसका अर्थ समझा देने का काम हमारी शिक्षा व्यवस्था और अंधश्रद्धा निर्मूलन समिति का है। इस अर्थ से यह एक प्रबोधन का आंदोलन है जो आपको अनौपचारिक रूप से मूल्याधिष्ठित शिक्षा दे सकता है। ये सब विस्तृत परिवर्तन की दृष्टि से सबसे महत्त्वपूर्ण है ऐसा हम मानते हैं।

प्रारब्ध, नियति और संचित

इतना सब कुछ होने के बाद मैं और एक विषय की जानकारी विस्तार से देना चाहता हूँ। हमारे देश में क्या स्थिति है? हमारे देश में अगर लगातार दो साल बारिश नहीं हुई या फिर कम हुई तो गरीब किसानों की खेती खतरे में आ जाती है। तब वे कहने लगते हैं, 'नसीब में ही नहीं था।' बारिश न होने या कम होने की वजह से मेरा परिवार रास्ते पर आ गया। लेकिन क्या सिर्फ किसान ही ऐसा कहते हैं? मेरा एक दोस्त जो उच्च शिक्षित डॉक्टर है उसने खुद का व्यवसाय न चलने पर अपने माथे पर हाथ मारकर कहा कि "नरेंद्र, अपना तो नसीब ही खोटा है, आखिर हमारे नसीब में जो है, वही होकर रहेगा, उसे सहना ही पड़ेगा। आपका व्यवसाय चल पड़ा पर मेरा नहीं चला।" मुझे याद है कि एक बार एक कार्यक्रम के सिलसिले में मैं बॉम्बे सेंट्रल से रायगढ़ जिले की तरफ जा रहा था, गाड़ी में बहुत भीड़ थी। गाड़ी छूटने का समय हो गया, उसी वक्त एक आदमी की समझ में आया कि उसकी जेब काटी है और उसमें दो हजार रुपये थे जो चुराये गए हैं। इस बात से बाकी लोगों ने भी अपनी-अपनी जेबें टटोली तब पता चला कि और दो-तीन लोगों की जेब काटी गई थी। हर एक की जेब में हजार या बारह सौ रुपये की रकम थी। गाड़ी रोक दी गई। पुलिस में शिकायतें दर्ज की। अब लोगों में घटित बात को लेकर चर्चा होने लगी। गाड़ी छूटने में देर होने लगी थी। थोड़ी देर बार गाड़ी वहाँ से चल पड़ी। फिर से चर्चाएँ शुरू हो गईं लेकिन अब उनका नूर बदल गया था। क्योंकि हमारे यहाँ अगर कोई दूसरा गलती करता है तो उसके गलती को लोगों के सामने पेश करने में हमें बहुत ज्यादा मजा आता है। क्या आपको इतना भी समझ में नहीं आता? इतनी बड़ी रकम कोई ऊपरी जेब में रखता है क्या? जैसे सवाल

करके दूसरा आदमी कितना मूर्ख होता है यह दिखाना हमारी समझ में जल्दी आता है। इतना सब कुछ होने के बाद चर्चा वापस मूल मद्दे पर आ गई। किसी एक आदमी ने कहा, आप कुछ भी कहिए पर जो तकदीर में है उससे भला कोई बच पाया है? पैसे तो जानेवाले ही थे, गए। यानी हम सभी ऐसा मानकर चलते हैं कि नसीब जैसा कुछ है, प्रारब्ध होता है, संचित होता है जिसकी वजह से यह सब कुछ घटित होता है। दुनियाभर में ऐसा माना गया है कि एक तरफ बड़ी मात्रा में 'नहीं रे' अथवा 'गरीब' लोग होते हैं। उसी समय दूसरी ओर 'है रे' अथवा 'अमीर' लोग होते हैं। तब जिनके पास कुछ नहीं होता या गरीब होते हैं, वे विद्रोह करते हैं और यह स्वाभाविक भी है। पूरी दुनिया के लिए यह एक पहेली ही है कि इस देश में सदियों से समाज के एक बड़े समुदाय को शिक्षा का अधिकार नकारा गया, संपत्ति के संचय का अधिकार नकारा गया, केवल कठोर परिश्रम का ही अधिकार दिया गया लेकिन इसके खिलाफ इस देश में कभी कोई आंदोलन या विद्रोह क्यों नहीं हुआ? उन्नीसवीं सदी में जो अकाल आया था, उस वक्त लोगों को कुछ खाने को नहीं मिल रहा था। सच कहें तो वे खुद की जान बचाने के लिए अपने घर में पाले जानवर काटकर खा सकते थे क्योंकि जान सबको प्यारी होती है और उसमें कुछ गलत भी नहीं था। तब एक ब्रिटिश अधिकारी ने लिखकर रखा है कि "लोगों ने अपने जानवरों को छोड़ दिया। उन्हें मारने से इनकार किया। बड़े धीरज से मृत्यु को अपनाया।" अब एक प्रश्न खड़ा हो जाता है कि एक ओर जिनमें मृत्यु को धीरता से अपनाने का साहस था, उन्होंने देश में हो रहे अन्याय के खिलाफ कभी आवाज क्यों नहीं उठाई? सबसे ज्यादा डर तो हमें अपनी मौत का ही होता है ना? आप तो मौत का इतनी सहजता से सामना कर सकते हैं। तो फिर इस देश में हो रहा खुलेआम अन्याय, एक बड़े समुदाय को शिक्षा नहीं मिलती, स्वास्थ्य की सुविधाएँ नहीं मिलतीं, ज्ञान नहीं मिलता उसके खिलाफ हम लड़ेंगे, जो होगा सो देखा जाएगा, ऐसा कहकर ये लोग बाहर क्यों नहीं निकले? ये लोग बाहर नहीं निकले क्योंकि इस देश में पूरी दुनिया में न होनेवाली जाति व्यवस्था नाम का एक षड्यंत्र था। वह यहाँ कैसे बनी रही? इसका कारण यह है कि जाति व्यवस्था को केवल भौतिक ही नहीं बल्कि दर्शन का आधार भी था।

कर्मविपाक सिद्धांत

यह दार्शनिक आधार यानी कर्मविपाक का सिद्धांत। अब इसका मतलब क्या है? सीधी भाषा में कहें तो इसका अर्थ यह है कि आप इस जन्म में जो हैं और जो भुगत रहे हैं उसकी वजह क्या है? तो उसकी वजह यह है कि आपने पिछले जन्म में किए पाप या पुण्य और इस जन्म में आप जो सत्कर्म करते हैं उसका फल

आपको कब मिलेगा? इसका उत्तर है, अगले जन्म में। तो इस जन्म में आपको क्या करना है? जो कुछ आपके हिस्से में आया है उसे चुपचाप भुगतना है। यानी जैसे दुनिया के सभी बैंक कहते हैं आज नगद कल उधार। ऐसा एक बैंक यहाँ पर तैयार हो चुका है जो कह रहा था आज नगद कल उधार और ये सब आपको क्यों करना है? वैसे इस दुनिया में आपके कितने दिन बचे हैं? ज्यादा से ज्यादा आप कितने साल जी पाएँगे? 50-70-100 बरस। लेकिन आप इस मामूली जीवन पर ज्यादा विचार न करें। इस जनम में आपके नसीब में जो काम आया है उसे ईमानदारी से निभाएँ। तो क्या हो जाएगा? यानी अगर आपको अभी इसी जनम में चाय की प्याली भी मिलना मुश्किल है तो स्वर्ग में जाकर आपको कामधेनु से अमृत प्राप्त होगा। इसी जन्म में घासलेट की कतार में खड़े होकर आपका दम घुट गया होगा तो ऊपर स्वर्ग में कल्पवृक्ष की छाँव में बैठकर सिर्फ इच्छा प्रकट करने से वांछित आपको मिल जाएगा। इसी जन्म में अगर आपको झगड़ालू बीवी मिली हो तो स्वर्ग में रंभा, उर्वशी, अप्सरा आपके इर्द-गिर्द नाचेंगी। बस विद्रोह मत कीजिए और जो भी मिला है वह हमारे प्रारब्ध में था, नसीब में था और उसे भुगतना ही पड़ेगा ऐसा मानकर चलिए।

यह एक बहुत ही तर्कदुष्ट सिद्धांत है और इसे हमारे देश में एक प्रकार से तात्त्विक आधार मिले यह एक बहुत ही वेदनादायी और आक्षेपार्ह घटना है। जरा सोचिए कि इस जन्म में मैं जो भी भुगत रहा हूँ वह पिछले जन्म का पाप है। यानी इस जन्म में जो कुछ भी करना है वह मेरे हाथ में नहीं है और अगर इस जन्म में कुछ अच्छा किया तो भी उसका फल कब मिलेगा? किसी अगले जन्म में। मतलब इन्हीं दोनों बातों से ऐसा स्पष्ट होता है कि आप नियति के हाथ की कठपुतली हैं और वह आपको पिछले जन्म के प्रारब्ध के अनुसार नचाती है। आपके हाथ में कुछ भी नहीं होता। जरा सोचिए, आपका यह जन्म पिछले जन्म के पाप-पुण्य के अनुसार होता है और ऐसे कई जन्म हो चुके हैं ऐसा हम मानते हैं। यानी आपका पिछला जन्म, उससे पिछला जन्म, उससे पहले का जन्म ऐसा करते-करते कभी न कभी तो आपका पहला जन्म होगा। होगा न? जिसके पहले तो आपका कोई जन्म होगा नहीं।

फिर प्रश्न खड़ा होता है कि हमारे पहले जन्म में जो कुछ हुआ उसका पाप-पुण्य कहाँ से आ गया? इस पर लोग कहते हैं, "नहीं, वह तो ईश्वर ने दिया।" ठीक है ईश्वर ने पुण्य दिया। ये हम समझ भी सकते हैं। पर क्या पुण्य देनेवाला ईश्वर ही पाप देगा? ये कैसे संभव है? इस पर अगर हम थोड़ा भी सोच लेंगे, तो हमारी समझ में आ जाएगा कि ऐसा सिर्फ विवेचन किया जाता है, जिसका कोई आधार नहीं होता। अब अगर इस जन्म में किए पाप-पुण्य के अनुसार अगला जन्म मिलेगा तो सबसे बड़ी समस्या महिलाओं की होगी। क्योंकि वे बेचारी भली होती

ही हैं। कई प्रकार की पूजा, व्रत, उपवास करती हैं। अब अगर इस जन्म में वह स्त्री होगी और उसका अगला जन्म गाय का होनेवाला होगा और जन्म-जन्म तक यही पति मिले ऐसा व्रत अगर उसने रखा होगा, तो उसके पति का अगला जन्म बैल का होना चाहिए। लेकिन वह तो साध्वी है, इसलिए उसे गोमाता का जन्म मिल गया। मगर उसका पति जो अब गली दर गली यूँ ही भटकनेवाला होगा तो उसे बैल का ही जन्म मिलेगा ये कैसे संभव है? सूअर का भी हो सकता है। अगले जन्म में पत्नी हेमामालिनी हो गई तो वह धर्मेंद्र ही होगा इसकी क्या गारंटी? वह गब्बर सिंह नहीं होगा इसकी क्या गारंटी? दोनों के पाप-पुण्य के हिसाब एक जैसे ही, यह कैसे संभव है? इसका मतलब क्या हुआ? अगर वैज्ञानिक दृष्टि से सोचेंगे तो पता चल जाएगा कि इस कर्मविपाक के सिद्धांत का कोई आधार नहीं है। मगर हम सब के मन में उसकी जड़ें इतनी गहरी पैठ चुकी हैं कि उन्हें आसानी से बाहर निकाला नहीं जा सकता। अब प्रश्न यह है कि वे किस वजह से इतनी गहरी पैठी हैं?

'ठेविले अनंते तैसेची रहावे। चित्ति असू द्यावे समाधान।
न मिले खावया, न वाढ़ो संतान। परि नारायण कृपा करो॥'

अर्थात् ईश्वर ने जैसा रखा है, वैसा ही रहना चाहिए। मन को खुशहाल रखना चाहिए। खाने को मिले, न मिले, संतान बढ़े न बढ़े पर ईश्वर की कृपा होनी चाहिए ऐसी सीख हमें दी गई है। इसका मतलब है—हमें क्या चाहिए? सिर्फ ईश्वर की कृपा। संतान का विकास हो न हो, खाने को मिले या न मिले? केवल पाँच चीजें मिल जाएँ तो भी पूरा साल गुजर जाएगा। हमें और क्या चाहिए? हम सभी को अक्षय मोक्ष (मुक्ति) की ही चाहत है। यह सिर्फ सामान्य लोगों की ही अपेक्षा नहीं बल्कि मराठी के कविवर्य ग. दि. माडगूलकर के 'गीत रामायण' का एक मशहूर गीत है—

'दैवजांत दुखे भरता दोष न कुणाचा। पराधीन आहे जगति पुत्र मानवाचा॥
माय कैकयी ना दोषी, नसे दोषी तात। राज्य त्याग कानन यात्रा सर्व कर्मजात॥
खेल चाललेला माझ्या पूर्व संचिताचा। पराधीन आहे जगति पुत्र मानवाचा॥'

अर्थात् नसीब से मिले दुखों में किसी का दोष नहीं है। संसार में मनुष्य का पुत्र तो पराधीन है। इसमें न माता कैकेयी का दोष है न ही पिता दशरथ का। राज्य को त्यागकर जंगल में जाना यह तो कर्मों का फल है। यह सभी तो मेरे पूर्वसंचितों का खेल चल रहा है। अंततः जगत में मनुष्य का पुत्र तो पराधीन है।

अर्थात् एक ही झटके में आपका पूरा जीवन पराधीन बना दिया जाता है और आप कुछ भी कहिए, बताइए फिर भी हम वह मानते रहते हैं। हमारे बेटे की पढ़ाई पूरी होने के बाद पहले ही प्रयास में अगर उसे नौकरी मिल जाए तो हम कहते हैं कि उसका नसीब अच्छा है, जल्दी नौकरी मिल गई और अगर उसके दो-चार सालों

तक आवेदन-पत्र लेकर घूमने पर भी उसे नौकरी नहीं मिलती है तो घरवाले कहते हैं कि उसका नसीब ही खराब है, इतनी कोशिश कर रहा है पर नौकरी नहीं लग रही है। बेटी की पढ़ाई पूरी हो जाने के बाद उसकी शादी की तैयारियाँ शुरू होने लगती हैं। पहले प्रयास में ही उसकी शादी तय हो जाए तो घरवाले कहने लगते हैं कि लड़की बड़ी खुशनसीब है। बड़ी जल्दी शादी तय हो गई और अगर ऐसा नहीं हो सका तब कहते हैं कि इसका भाग्य ही फूटा हुआ है। इतनी कोशिशों के बाद भी कहीं बात जम न पाई है। समझ लीजिए, अगर आप गाड़ी से किसी सफर पर निकले हों और दस लोग हों। गाड़ी का एक्सिडेंट हो गया, बाकी लोग घायल हो गए और आप अकेले ही बच निकले तो भी आपका 'नसीब' और अगर उलटा हो जाए, बाकी लोग बच निकले और आप अकेले ही घायल हो गए तो भी आपका 'नसीब'। पाठशाला में मास्टर जी के जी-जान से पढ़ाने के बाद भी छात्रों को कम अंक मिल जाने के बाद आप उसकी वजह छात्रों से पूछेंगे तो वे ऐसा कहेंगे कि जी-जान से पढ़ाना मास्टर जी के नसीब में था, पढ़ाई के लिए खर्चा करना मेरे माँ-बाप के नसीब में था और इतने ही अंक मिलना मेरे नसीब में था। हर किसी की अपनी-अपनी किस्मत होती है। फिर कोई क्यों किसी को दोष दे? मगर फिर भी लोग ऐसा करते हैं।

लोगों ने मुझसे एक प्रश्न पूछा जो महत्त्वपूर्ण है। मान लो एक गाँव में पानी के लिए पचास लोगों ने कुएँ खुदवाए। लेकिन उनमें से सिर्फ एक ही आदमी के कुएँ में पानी लग गया, जिससे उसकी खेती फली-फूली और उसकी जिंदगी ही बदल गई। बाकी लोगों के पैसे तो मानो पानी में चले गए। कुएँ में पानी न लगने के कारण उनकी खेती वैसी ही रह गई और केवल उधारी ही बढ़ गई। जिसे पानी मिला उसका नसीब अच्छा था और जिन्हें नहीं मिला उनका नसीब फूटा था। ये सही है या गलत? इसको आप इस तरह समझिए कि अगर आप अपना घर बना रहे हैं और उसके लिए खुदाई कर रहे हैं तब आपको सोने की मुहरों का गुप्तधन का पिटारा मिल जाता है जो सरकार की अमानत होता है। उसे आपको सरकारी तिजोरी में जमा करना पड़ता है। और अगर आप ऐसा नहीं करते और इस बात का पता सरकार को चलता है तो पुलिस आकर गुप्तधन के साथ-साथ आपको भी हिरासत में लेती है क्योंकि जमीन से निकला धन सरकार की अमानत है। अगर जमीन से निकला सोना सरकार की अमानत है तो सोने से ज्यादा कीमती, महँगा हो रहा पानी किसकी अमानत होना चाहिए? पूरे समाज का उस पर अधिकार होना चाहिए। किसी के कुएँ में पानी लगना यह केवल भूगर्भशास्त्रीय सच है। आसपास की जमीन में जो चढ़ाव-उतार और भूपृष्ठीय रचना होती है उसके कारण मेरी जमीन में पानी का बहाव आया है। पर मैं ऐसा नहीं कह सकता कि उस पर सिर्फ मेरा ही अधिकार है, सिर्फ मुझे ही खेती करने का अधिकार है। लेकिन ऐसी बात आज भी

हमारे समाज में होती है। इससे समाज में विषमता पैदा होती है और उसका समर्थन हम नसीब, प्रारब्ध, संचित जैसी कल्पनाओं से करने लगते हैं। लेकिन एक बात समझ लीजिए, मनुष्य का जीवन ग्रहों की गति और उससे सूचित होती आपकी नियति पर निर्भर नहीं होता। हमारे समाज में ये सब हुआ ही नहीं बल्कि एक बड़े समुदाय को वे जिस हालात में हैं वैसे ही उन्हें रखा गया और वे उसके खिलाफ विद्रोह न करें इसके लिए यही आपकी अटल किस्मत है, ये सब सहने, भुगतने में ही आपका भला है, उत्कर्ष है ऐसा कहकर उन्हें चुप कराया गया है।

अंधश्रद्धा निर्मूलन समिति का जो संघर्ष है, वह इसी बात को लेकर है। नरहर कुरूंदकर ने एक जगह बहुत बढ़िया बात कही है, "इन सबका मतलब क्या है? हमारे देश में एक अमानुष शोषण व्यवस्था अस्तित्व में थी और हमारी जो शोषण व्यवस्था थी उसकी खासियत क्या थी?" नरहर कुरूंदकर ने यह भी कहा है, "जो व्यक्ति किसी भी प्रकार का कुछ भी उत्पादन नहीं करता उसे सारे सुख-चैन मिलने चाहिए और जो गरीब हैं, खेतों में जी-जान से मेहनत करते हैं, पौनी प्रथा का काम करते हैं उन्हें मुआवजा भी न मिले ऐसी व्यवस्था इहवादी हो नहीं सकती। वह तो दैववादी और अलौकिक ही हो सकती है।" इसी व्यवस्था की वजह से देशभर में हो रहे शोषण को कर्मविपाक सिद्धांत ने एक दर्शन का रूप देने का कार्य किया है। साथ ही साथ दैव, प्रारब्ध, नियति और संचित इन कल्पनाओं ने भी ऐसा किया है। हमें इस देश में हो रहे शोषण के खिलाफ लड़ाई लड़नी चाहिए, और ऊपर बताई कल्पनाओं के खिलाफ विद्रोह करने के लिए लोगों को प्रेरित करना चाहिए।

दूसरा स्वतंत्रता संग्राम—मानसिक गुलामी का विरोध

अंधविश्वास उन्मूलन का आंदोलन इस देश के स्वतंत्रता संग्राम जितना ही महत्त्वपूर्ण है और यह उसका ही हिस्सा है। ऐसा क्यों? आपको शायद ऐसा लग जाएगा कि दाभोलकर अंधविश्वास उन्मूलन का कार्य करते हैं और उसी वजह से वे ऐसा कहते हैं कि यह स्वतंत्रता संग्राम जितना ही महत्त्वपूर्ण है। दोस्तो, ऐसी बात नहीं। मनुष्य कौन सी बातों के कारण पराधीन हो जाता है? जब कोई बाहरी देश से आकर हम पर शासन करने लगता है तब, जैसे गोरे साहब (अंग्रेज) ने किया था। तब हमें पता होता है कि वे दूसरे देश से आए हुए हैं, परकीय शासक हैं और उन्होंने हम पर कब्जा किया है। ये एक तरह की पराधीनता हो गई। ये बुरी ही है। जैसे आजकल विदेशी कंपनियाँ आकर प्रत्यक्ष रूप से राजकीय पराधीनता नहीं बल्कि आर्थिक पराधीनता निर्माण करती हैं और आपके राष्ट्र की संपत्ति को अलग-अलग तरीके से अपने देश ले जाती हैं, यह हो गई दूसरे प्रकार की पराधीनता, वह भी बुरी होती है। इससे भी अलग तीसरी और सबसे महत्त्वपूर्ण पराधीनता होती है, गुलामी की

यानी मानसिक गुलामी की। जब उसका निर्माण होता है तब परिवर्तन की उम्मीद ही मिट जाती है। बाबासाहब का एक ख्यातलब्ध वाक्य है, 'गुलाम को गुलामी का एहसास दिला दीजिए ताकि वह विद्रोह के लिए तैयार हो जाए।' इसका मतलब यह है कि गुलाम को अपनी गुलामी का एहसास ही नहीं होता। उलटा वह उसी में अपने जीवन की सार्थकता को ढूँढ़ता रहता है। तथाकथित कुंडलिनी को जाग्रत करके पूरी दुनिया में घूमनेवाली निर्मला माता पर प्रख्यात लेखक अनिल अवचट ने एक बहुत ही अच्छा लेख लिखा था। उस लेख को लिखने के लिए खुद अवचट निर्मला माता के भक्त बनकर उनके साथ एक-डेढ़ महीने तक रहे, जिसके कारण अनिल अवचट का माता के अन्य भक्तों के साथ खासा परिचय भी हो गया। उसके बाद उनका निर्मला माता का भंडाफोड़ करनेवाला लेख प्रकाशित हो गया। लेख प्रकाशित होने के कारण अनिल अवचट को लगा, अब तक उनके अच्छे मित्र होनेवाले माता के भक्तजन शायद उन पर गुस्सा हो गए होंगे। इसलिए जब भी कभी रास्ते पर उनसे नजरें मिलतीं तो अवचट कन्नी काटकर चुपचाप निकल जाते थे। एक बार ऐसा हो गया कि माता का एक भक्त ठीक उनके सामने आकर खड़ा हो गया। एकदम सामने आने के कारण अनिल अवचट ने उससे अपने लेख के बारे में पूछा, "क्या आपने मेरा लेख पढ़ा है?" उसने कहा, "हाँ, पढ़ा है।" अनिल ने बड़ी सरलता से उससे कहा, "मैंने आपकी माता के बारे में ऐसा लिखा है, इसलिए आपको गुस्सा आया होगा न?" तब उसने कहा "नहीं जी, बिलकुल नहीं।" अनिल को थोड़ा झटका-सा लगा और उसने कहा, "क्यों?" तब भक्त ने कहा, "माताजी पर हमारा सच्चा विश्वास है या नहीं यह देखने के लिए आप इस तरह का लेख लिखें ऐसा प्रबंध माताजी ने ही किया था।" यह है मानसिक गुलामी।

हमारा सबसे बड़ा हथियार है हमारी विवेकशीलता या विचार करने की बुद्धि। अंधविश्वास में हम इसी शक्ति को खो बैठते हैं और किसी दीन-हीन की तरह नियति के, प्रारब्ध या संचित के पैरों में उसे डालते हैं। उर्दू का एक बड़ा अच्छा शेर है 'खुदी को कर बुलंद इतना कि हर तकदीर से पहले खुदा बंदे से पूछे, बता तेरी रजा क्या है?' यानी खुद का आत्मविश्वास या हौसला इतना प्रबल होना चाहिए कि आपके भविष्य का हर एक अक्षर आपकी इच्छानुसार आपकी नियति लिखे। मतलब, अगर कोई दैव या नियति को मानता भी होगा, फिर भी सोच यही कि मेरा खुद का आत्मविश्वास और कर्तृत्व यही इस देश में अंतिम होना चाहिए। इस देश में कभी भी यह बात आखिरी नहीं थी। यह इस देश में चला आ रहा एक सनातनी संग्राम है। आप जानते हैं कि महाभारत में मछली बेधने के लिए दूरदराज से शूरवीर आए थे। तब कर्ण भी खड़ा हो गया था। उसने पानी में देखकर ऊपर बाण छोड़ दिया लेकिन मछली का बेध होने के बजाय मछली के आँखों के पास बाण लग गया और वह नीचे गिर गई। तब द्रौपदी ने झट से कहा, "अच्छा हो गया सूतपुत्र

को वरने की बात टल गई।" उस वक्त कर्ण का दिया हुआ उत्तर भारत के इतिहास में अमर बन गया। कर्ण ने क्या उत्तर दिया? 'सूतो वा सूतपुत्रो वा, यो वा को वा भवाम्यहम्। दैवायत्तं कुले जन्म मदायत्तं तु पौरुषम्।' यानी सूत हूँ, सूतपुत्र हूँ यह तुम किसलिए पूछती हो? मैं अछूत हूँ, दलित-भंगी हूँ, महार हूँ या मराठा हूँ आप मुझसे किसलिए पूछते हैं कि मैं इस धर्म का हूँ या उस धर्म का? 'दैवायत्तं कुले जन्म दैव' इसका मतलब है, जिसे कहा जा सकता है कि दुर्घटना और संयोग। आप किसके घर में पैदा होंगे यह किसी के हाथ में नहीं होता। अगर ऐसा होता तो हम सबको इंदिरा गांधी के पेट से पैदा होना अच्छा लगता। किंतु 'दैवायत्तं कुले जन्म मदायत्तं तु पौरुषम्' मेरे पुरुषत्व के बारे में पूछो, मर्दानगी के बारे में, सामर्थ्य के बारे में, कर्तृत्व के बारे में पूछो। इस देश में हमेशा से ही मनुष्य के कर्तृत्व के बजाय उसकी जाति और नसीब के बारे में अधिक चर्चाएँ हुई हैं और इसीलिए यह देश कभी भी पुरुषार्थ से खड़ा नहीं हो सका है। जिन्हें-जिन्हें ऐसा लगता है कि यह देश पुरुषार्थ से खड़ा होना चाहिए उन्हें इस विचारधारा का कड़ा विरोध करना होगा। अगर समाज के परिवर्तन से आपकी प्रतिबद्धता होगी तो वह हमारी भी है, इस देश के संविधान की भी है उसके लिए आपको अंधविश्वास उन्मूलन की यह विस्तृत वैचारिक भूमिका समझ लेनी चाहिए।

अंधविश्वास उन्मूलन और ईश्वर की संकल्पना

अंधविश्वास उन्मूलन किसलिए?

अब हम अंधश्रद्धा निर्मूलन समिति की ईश्वर और धर्म के बारे में जो भूमिका है उसका विवेचन करेंगे। हमेशा एक प्रश्न पूछा जाता है कि समिति अपने कार्यक्रमों में कभी भी ईश्वर है या नहीं? उसे मानना चाहिए या नहीं? इस पर चर्चा नहीं करती। अंधविश्वास उन्मूलन का उद्देश्य बताते वक्त हम यह समझाते हैं कि अंधविश्वास उन्मूलन के हमारी दृष्टि से चार महत्त्वपूर्ण अंग हैं। पहला है, शोषण करनेवाले, फँसानेवाले, लूटनेवाले अंधविश्वासों का विरोध करना। दूसरा अंग है, वैज्ञानिक दृष्टिकोण का प्रचार-प्रसार करना। इसका तीसरा अंग है, विवेक का सहारा लेकर खुद नीतिशील धर्मचिकित्सा करना और चौथा अंग है, विवेक की सहायता से स्वयं नैतिकता से व्यवहार करना। इन चार बातों के लिए अंधविश्वास उन्मूलन आंदोलन को कार्य करना है और ये चार बातें करते समय ईश्वर या धर्म हमारे लिए कभी बाधा नहीं बनता। इसलिए उनके बारे में हमारी भूमिका तटस्थ या निष्पक्ष है।

हमारे कई सारे मित्रों को लगता है कि सब अंधविश्वासों की जड़ ईश्वर नामक संकल्पना में है। इसका सबसे अच्छा उदाहरण हैं, डॉ. श्रीराम लागू। वे हमारे आंदोलन के सबसे करीबी मित्र हैं। उनका ऐसा पक्का विश्वास है कि जब तक हम ईश्वर की संकल्पना को लोगों के मन से उखाड़कर नहीं फेंक देते तब तक सही दृष्टि से अंधविश्वासों का उन्मूलन संभव ही नहीं है। दूसरी तरफ कई लोगों को ऐसा लगता है कि हमें ईश्वर को उखाड़ने में ही ज्यादा रुचि है। भले हम कुछ भी कहें। जब हमारे आंदोलन की ताकत बढ़ेगी तब हम लोग ईश्वर की संकल्पना को नष्ट करनेवाले ही हैं। इसीलिए इन संकल्पनाओं के पीछे हमारी कोई वैज्ञानिक मानसिकता भी हो सकती है, ये समझे बिना ही लोग अपनी-अपनी दृष्टि से हम पर आरोप लगाते हैं। इसीलिए ईश्वर की संकल्पना के बारे में अंधश्रद्धा निर्मूलन समिति की जो भूमिका है उसे मैं आपके सामने विस्तार से विवेचित करना चाहता हूँ।

संविधान के दायरे में आंदोलन

सबसे पहली सीधी-सरल लेकिन महत्त्वपूर्ण बात यह है कि अंधविश्वास उन्मूलन का जो आंदोलन है, उसे हम इस देश के संविधान के दायरे में चलाते हैं। इस देश के संविधान ने हर एक व्यक्ति को उपासना करने और धर्म का पालन करने की स्वतंत्रता दी है। आप मंदिर में जाएँ या मस्जिद में, गुरुद्वारे में जाएँ या चर्च में अथवा कहीं भी न जाएँ। आप ईश्वर की उपासना करें या अल्ला की, गुरुग्रंथ साहिब को प्रणाम करें, या ईसा के सामने माथा नवाएँ या किसी भी ईश्वर को नमस्कार न करें। इसके बारे में इस देश के संविधान ने आपको स्वतंत्रता दे रखी है। लेकिन यह स्वतंत्रता पूरी नहीं है। उसके बारे में ऐसा कहा है कि 'विशिष्ट परिस्थितियों में आपका धर्म पालन, आपकी उपासना करने की स्वतंत्रता सीमित की जाएगी।' सिर्फ इतना अपवाद छोड़कर संविधान ने आपको ईश्वर को मानने की, उसकी आराधना करने की, धर्मपालन की पूरी स्वतंत्रता दी है। हम अंधविश्वास उन्मूलन का कार्य संविधान के दायरे में रहकर कर रहे हैं। इसीलिए हमारी मान्यता भी यह है कि हर एक व्यक्ति को स्वतंत्रता मिलनी चाहिए। लेकिन हमारा प्रश्न इसके आगे का है। प्रश्न यह है कि हमने खुलेआम इस पर चर्चा क्यों नहीं की? कार्यक्रमों में इस बात को क्यों नहीं उठाया?

मैंने जिंदगी में हजारों व्याख्यान दिए पर कभी भी, किसी से भी ईश्वर को छोड़ दो और आंदोलन में सम्मिलित हो जाओ ऐसा नहीं कहा। मेरा अनुभव है कि अगर हम सही तरीके से विचार करने की आदत डाल देते हैं तब लोग सही निष्कर्ष तक अपने-आप ही पहुँचते हैं। आप ईश्वर को मानते हैं या नहीं? ऐसा प्रश्न महाराष्ट्र में मुझसे सैकड़ों बार पूछा गया है। इस प्रश्न का मैंने जो उत्तर दिया है असल में वह मेरा नहीं है बल्कि, विश्व के जेष्ठ विवेकवादी का है अथवा भारत के संदर्भ में कहा जाए तो जयंत नारलीकर का दिया हुआ उत्तर क्या है? वह पहले मैं आपको बताता हूँ और बाद में उस पर विस्तार से चर्चा करेंगे। आप ईश्वर को मानते हैं या नहीं? इस प्रश्न का उत्तर ऐसा आया कि यह प्रश्न ही संदर्भहीन है, क्योंकि इसमें ईश्वर क्या है इसकी व्याख्या ही नहीं की है। अब मैं आपसे एक प्रश्न करता हूँ कि ईश्वर क्या है? हम उसके बारें में क्या जानते हैं? इस संदर्भ में मेरा अनुभव ऐसा है कि लोग अलग-अलग बातें बताते हैं। उसमें से वे कौन से ईश्वर की संकल्पना को मानते हैं, और कौन सी नहीं, यह कुछ समझ में नहीं आता। अब मैं आपके सामने कौन से ईश्वर की संकल्पना क्या है, यह क्रम से प्रस्तुत करता हूँ।

ईश्वर संकल्पना के विविध अर्थ

ईश्वर के संदर्भ में पहली संकल्पना है He is a creater. ईश्वर विश्व का निर्माता है। ये सारा संसार उसी ने निर्माण किया है। इसके बारे में समिति की भूमिका क्या है? दो सौ साल पहले अगर कोई ऐसा कहता कि "पृथ्वी की निर्मिति ईश्वर ने की है। उस पर होनेवाली सजीव सृष्टि भी ईश्वर ने ही निर्माण की है।" तब हम कहते कि इसका सही उत्तर विज्ञान को भी मालूम नहीं है। लेकिन आज पृथ्वी पर स्थित जीवसृष्टि की जानकारी विज्ञान को है। पर पृथ्वी की निर्मिति कैसे हुई इस बात से विज्ञान भी अनजान है। विज्ञान के अनुसार जब आपके पास किसी बात की ठोस जानकारी नहीं होती, तब आपको पूर्वानुमान लगाना पड़ता है। जिसे हम हायपोथीसिस कहते हैं। यहाँ पर दो पूर्वानुमान हो सकते हैं—पहला है, इस विश्व की निर्मिति ईश्वर ने की है। दूसरा, पूर्वानुमान है यह विश्व स्व-निर्मित है। उसका अपने आप निर्माण हुआ है। अब इसमें से कोई भी पूर्वानुमान साबित नहीं हो पाया है और जब तक कोई भी पूर्वानुमान साबित नहीं होता तब तक उसे शास्त्र या विज्ञान का स्तर प्राप्त नहीं हो जाता। इसलिए अगर कोई ऐसा कहे कि ईश्वर यानी वही जिसने इस विश्व की निर्मिति की है तो उसके बारे में आंदोलन की भूमिका अज्ञेयवाद की होगी। अज्ञेयवाद का अर्थ यह है कि जिस प्रश्न का आज तक निर्णायक तौर पर उत्तर नहीं मिला हो। दूसरी बात, हमारे यहाँ ईश्वर की कल्पना सिर्फ निर्माता इतनी ही नहीं है। He is not only creater but he is also controller. वह केवल निर्माण करनेवाला ही नहीं बल्कि नियंत्रक भी होता है। यह भूमिका अंधश्रद्धा निर्मूलन समिति को पूर्णत: अमान्य है। अगर इस विश्व का नियंत्रक असल में ईश्वर होगा तो उसे इस बात का उत्तर देना ही पड़ेगा कि कोई भी अपराध न होने के बावजूद भी पंद्रह से बीस हजार लोग लातूर, उस्मानाबाद जिले में हुए भूचाल में क्यों मारे गए? एक ही पल में अणुबम से झुलसी लाखों जिंदगियाँ उसने क्यों देखीं? क्रूरकर्मा हिटलर के आदेश से जब साठ लाख लोगों का सिर कटवाया जा रहा था, उस वक्त यह दैवी नियंत्रण कहाँ गया था?

"अगर यह उसने निर्माण किया है तो इसका नियंत्रण कौन कर रहा है?" ऐसा तार्किक प्रश्न आपके सामने उत्पन्न हो सकता है। इसलिए मैं उसका भी उत्तर दे देता हूँ। मैंने कहा कि इस विश्व का किसने निर्माण किया है यह मुझे मालूम नहीं पर मैं यह पक्का जानता हूँ कि यह विश्व स्वयं कार्यकारण भावों से युक्त है, स्वयंभू है। इसका मतलब समझने के लिए मैं आपको एक सामान्य उदाहरण देता हूँ। यह घड़ी किसने निर्मित की है यह मुझे पता नहीं है। मान लीजिए कि यह घड़ी एक विश्व है। जैसे विश्व का निर्माण किसने किया यह मुझे पता नहीं, उसी प्रकार इसकी निर्मिति किसने की यह मुझे पता नहीं लेकिन मैं इतना जानता हूँ कि इसकी निर्मिति हुई तो

घड़ी के जो भी नियम होते हैं, वे इस पर लागू हैं। जिस घड़ीसाज ने इसे बनाया है वह अगर धीरे-धीरे चलने लगे, तब यह घड़ी बंद नहीं होती और उसके भागने से मेरी घड़ी आगे नहीं जाती। उसके छींकने से मेरी घड़ी में अलार्म नहीं बजता और अगर वह मर जाए तो यह बंद नहीं होती। यानी निर्मिति हो गई, संबंध समाप्त। इसी कारण इस विश्व का किसने निर्माण किया मुझे पता नहीं, लेकिन यह मेरे सामने है और कार्यकारण भावों से युक्त है। जैसे यह घड़ी कार्यकारण भाव से युक्त है। लेकिन इसका घड़.साज से कोई भी संबंध नहीं।

सच कहें तो हम भी यह भूमिका अनजाने में ही सही तात्त्विक चर्चाओं में मान भी लेते हैं। लोगों का ऑर्ग्यूमेंट कैसा होता है, यह पहले आपको बताता हूँ और उसमें होनेवाला खोखलापन भी आपके सामने रखता हूँ। लोग पहले ऐसा कहते हैं कि 'wherever there is creation must be creater.' जहाँ भी निर्माता हुई वहाँ निर्मिक होता है। जैसे यह टेबल एक निर्मिति है, तो इसका निर्माण करनेवाला कोई निर्माता है। ये बर्तन निर्मिति है, यानी इसका भी निर्माता है। ये कागज भी एक निर्मिति है, यानी इसका भी कोई निर्माता है। यह विश्व भी एक निर्मिति ही है, इसलिए इसका भी कोई निर्माता है। इसी युक्तिवाद के धागे को पकड़कर हमने उनसे कहा ठीक है, हम आपकी बात मान भी लेते हैं। मगर जिसने यह विश्व बनाया उस निर्माता का किसने निर्माण किया? ऐसा प्रश्न करने पर वे कहते हैं कि "नहीं-नहीं, उसका किसी ने निर्माण नहीं किया है। उसे बनाने की जरूरत नहीं है, वह स्वयंभू है।" अब इसका अर्थ क्या हुआ? वही ना जो शुरू में मैंने आपसे कहा था कि विश्व स्वयं कार्यकारण भावों से युक्त होता है। इसलिए आप किसी भी राह से आएँगे तो इसी विचार तक आकर रुकेंगे।

इसके बाद ईश्वर के बारे में किया जानेवाला तीसरा तार्किक युक्तिवाद मैं आपको बताता हूँ। मान लीजिए कि यह युक्तिवाद तार्किक है। मैं आपको इस संदर्भ में अपनी समिति की भूमिका के अंत तक ले जानेवाला हूँ। ईश्वर के बारे में हमारी संकल्पना क्या है? ईश्वर के बारे में दुनिया के सभी धर्मों की संकल्पना ऐसी है कि वह सर्वशक्तिमान है और सर्वमंगल है। सही है ना? ईश्वर सर्वशक्तिमान है इसका मतलब है अगर विश्व की सभी सेनाएँ एक तरफ और अकेला ईश्वर एक तरफ। ऐसी लड़ाई हो जाए तो कौन जीतेगा? ईश्वर जीतेगा। वह सर्वज्ञ है यानी विश्व के सभी सी.आई.डी. डिपार्टमेंट एक तरफ और ईश्वर एक तरफ हो जाए तो सबसे ज्यादा जानकारी किसके पास होनी चाहिए? ईश्वर के पास। वह सर्वमंगल है इसका अर्थ क्या है? इसका अर्थ है, संसार में जो भी मंगल और अच्छा हो रहा है वह ईश्वर की कृपा से हो रहा है। अब आप ही सोचिए किसी भी घटना के पीछे अगर ये तीन निकष लगाए जाएँगे तो कौन सी समस्याएँ निर्मित हो सकती हैं? देखिए, अगर मेरी कमाई के पैसे चोरी हो गए। असल में ईश्वर के होते हुए ऐसा नहीं होना

चाहिए। मगर चोरी हो गई तो इसका मतलब क्या हो गया? इस पर विचार करें तो ईश्वर सर्वशक्तिमान होने के कारण यह चोरी होने ही नहीं देता। उसके सर्वमंगल होने के कारण उसे पैसे चोरी हो जाना यह बात उचित नहीं लग रही थी। पर उसे पता तक नहीं चला कि चोरी होनेवाली है यानी वह सर्वज्ञ नहीं। या वह सर्वज्ञ है तो, उसे ज्ञात था कि चोरी होनेवाली है। लेकिन सर्वमंगल होने के कारण चोरी के खिलाफ था। यह सब मान भी लिया जाए तो चोरी कैसे हो गई? यह प्रश्न अनुत्तरित ही रह जाता है और शायद उस पर चोर भारी पड़ जाए, यानी वह सर्वशक्तिमान नहीं है यह बात सामने आती है। या फिर ईश्वर सर्वशक्तिमान होने के कारण चोर को रोक सकता था, सर्वज्ञानी होने के कारण उसे मालूम था कि चोरी होनेवाली है। पर चोरी तो हो गई मेरे कमाई के पैसे चले गए। यानी वह सर्वमंगल नहीं हो सकता।

ईश्वर के बारे में हमारी चौथी मान्यता ऐसी होती है कि हम उसे निर्गुण, निराकार मानते हैं। मतलब उसका न रंग होता है, न रूप, न गंध, न स्वाद होता है। जो चल नहीं सकता, बोल नहीं सकता, कुछ भी नहीं कर सकता; उसका होना क्या और न होना क्या इसके बारे में हमारे आंदोलन का कुछ भी लेना-देना नहीं। वह होगा तो उनके लिए होगा और नहीं भी होगा तो भी उनके लिए ही।

ईश्वर के बारे में पाँचवीं मान्यता इस प्रकार की होती है कि वह 'आनंदघन' है। मतलब उसका साहचर्य पाकर हमें हर्ष, उल्लास और खुशी मिलती है। आपकी इस कल्पना का समिति आदर करती है। मनुष्य को आनंद कैसे प्राप्त करना है यह उसका निजी मामला है। जैसे मुझे सुबह-सुबह योगा करने से आनंद मिलता है। किसी को सुबह घूमने से आनंद मिलता है। किसी को गाना गाने से आनंद मिल सकता है। किसी को तैरने से, तो किसी को आधे घंटे तक ईश्वर की आराधना करने से वह प्राप्त होता है। व्यक्तिगत आनंद प्राप्त करने का पूरी तरह से आपको हक होता है। इसी वजह से एक प्राध्यापिका महोदया ने मुझसे पूछा कि "दाभोलकर जी, मैं ईश्वर से कुछ भी नहीं माँगती पर हर रोज उसके सामने हाथ जोड़कर बैठती हूँ और इस बात से मुझे बहुत अच्छा लगता है। इसके बारे में आपका क्या कहना है?" उस पर मैंने कहा, "मेरा कुछ भी कहना नहीं है। आपको जो पसंद है और जिससे दूसरों को कोई तकलीफ नहीं होती, वह करने की आपको पूरी अनुमति है।"

इसके आगे का जो ईश्वर का रूप है उसकी हममें से अनेक लोगों को किसी न किसी रूप में अनुभूति होती है। वह कैसे? तो लोग बहुत बार ऐसा कहते हैं कि मनुष्य को किसी न किसी सहारे की जरूरत होती है। सहारा कैसा? जैसे किसी परीक्षा के लिए जाने से पहले अपनी माँ के पैर छूकर आशीर्वाद लेना। अब यहाँ एक बात समझ लें। जब आप किसी भी परीक्षा को जाने से पहले अपनी माता या ईश्वर के आशीर्वाद लेकर जाते हैं तब आपको फायदा होता है या नहीं? फायदा तो निश्चित रूप से होता है। वह कैसे और किस हद तक? आप परीक्षा देने जाते

हैं यानी आप किसी अज्ञान का, अज्ञात बात का सामना करने जाते हैं। किसी भी अज्ञान का सामना करते समय मनुष्य के मन पर एक प्रकार का दबाव होता है। जब आप अपनी माँ या ईश्वर को प्रणाम करके जाते हैं तब आपके मन को थोड़ी तसल्ली मिलती है, शांति मिलती है, शक्ति मिलती है। इसे हम 'सायकोथेरेपी' या मानसोपचार कहते हैं। आपका ईश्वर पर कितना भी विश्वास क्यों न हो, अगर आप बिना पढ़ाई के परीक्षा देने जाएँगे तो आपका सफल होना मुमकिन ही नहीं है ये तो आपकी समझ में आता होगा। अथवा आपका ईश्वर पर कितना भी विश्वास हो अगर आप परीक्षा शुरू हो जाने के बाद घर से निकलेंगे तो कितने भी प्रयास क्यों न करें आपका ईश्वर आपको समय से पहले परीक्षा हॉल में नहीं पहुँचा पाएगा। यानी यहाँ पर आप लोग अपनी मानसिकता के आधार पर ईश्वर की संकल्पना का प्रयोग करते हैं। ऐसे ही डॉक्टरों को जब कभी मुश्किलों से भरा, उलझन में डालनेवाला ऑपरेशन करना पड़ता है तब डॉक्टरों के मन में भारी तनाव होता है। अगर ऐसी तनाव की स्थिति में वे शल्यक्रिया करने जाएँगे तो वह ऑपरेशन सही तरीके से नहीं होगा और शल्यक्रिया अच्छी हो जाए इसलिए वे ईश्वर के सामने हाथ जोड़कर ऑपरेशन थिएटर में जाकर अपनी चित्तवृत्ति को एकाग्र करने का प्रयास करते हैं। लेकिन उनका एक अच्छा सर्जन होना, ऑपरेशन के लिए आवश्यक निर्जंतुक सामग्री का होना, ऑपरेशन थिएटर का निर्जंतुक होना आदि बातों के लिए ईश्वर के सामने हाथ जोड़ना पर्याय हो नहीं सकता। इसका मतलब मनुष्य को ईश्वर की संकल्पना सायकोथेरेपी के स्तर पर उपयोगी होती है।

इसका ही एक छोटा मुद्दा होता है 'गॉड एज ए काउंसलर'। 'काउंसिलिंग' यह शब्द आपने सुना ही होगा! इसका मतलब है सलाह या मशवरा और आज के जमाने में किसी पति-पत्नी के बीच झगड़ा होता है तो उन्हें 'काउंसिलिंग' की आवश्यकता होती है ऐसा माना जाता है। इसकी एक विशेषता है। वह कौन सी? जब आप अपनी समस्या लेकर किसी 'काउंसलर' के पास जाते हैं और अपनी पूरी समस्या का बयान करते हैं तब 'काउंसलर' की एक महत्त्वपूर्ण विशेषता यह होती है कि वह कभी भी किसी व्यक्ति को उपाय नहीं सुझाता। तो फिर लोग अपना वक्त बरबाद करके 'काउंसलर' के पास जाते ही क्यों हैं और उस पर खर्चा क्यों करते हैं? काउंसलर सिर्फ जो प्रश्न होता है उसका स्वरूप स्पष्ट करता है और कहता है कि "बीवी से समझौता करना चाहते हो तो या तो उससे सुलह कर लो या फिर अपनी माँ को कुछ दिन कहीं भेज दो या बीवी को मायके भेज दो या फिर और कुछ कर लो। रास्ते कई हैं, जिनमें से किसी को अपनाकर तुम अपनी घर-गृहस्थी का स्वास्थ्य अच्छा कर सकते हो।" लेकिन वह कभी भी कौन सा रास्ता अपनाया जाए इसके बारे में बताता नहीं।

काउंसलर सिर्फ व्यक्ति के मन में जो विचार होते हैं उन्हें स्पष्ट रूप देता है और जो स्वाभाविक या प्राकृतिक उत्तर होते हैं उन्हें विकल्प के तौर पर संबंधित

व्यक्ति के सामने रखता है। अब आपकी समझ में आ जाएगा कि 'गॉड इज द बेस्ट काउंसलर' क्योंकि काउंसलर के पास जाने के लिए व्यक्ति को मनोविशेषज्ञ से अपॉइंटमेंट लेना पड़ता है। जबकि ईश्वर के पास जाने के लिए उसकी जरूरत नहीं होती। काउंसलर का समय कुछ देर के लिए मिलता है। उसे फीस देनी पड़ती है। ईश्वर की कोई फीस नहीं होती और समय जितना चाहें लें। हां, काउंसलर भी कोई जवाब नहीं देता और ईश्वर भी। व्यक्ति खुद ही शांत मन से सोच-विचार करने लगता है और उसे जवाब मिल जाते हैं।

इसके आगे ईश्वर इस संकल्पना का हिस्सा होता है 'गॉड इज ए शॉक एब्जॉर्बर'। जीवन में कुछ प्रश्नों के उत्तर ढूँढ़ते वक्त जब इनसान थक जाता है, परेशान हो जाता है तब वह ईश्वर की लाठी का सहारा लेता है। इसका मतलब आपको याद होगा कि कसौटी क्रिकेट में चार हजार रन्स से पाँच हजार रनों को पूरा करने के लिए सुनील गावस्कर को बड़े ही बैड पैच से गुजरना पड़ा। उनका करियर ही इतना भटक गया कि उनकी समझ में नहीं आ रहा था कि इसकी वजह क्या है? फिर उन्हें किसी ने ऐसा बताया कि "आपने शादी के बाद अपने कुलदेवता के दर्शन नहीं किए थे।" अब सुनील गावस्कर का कुलदेवता है कोंकण में। जैसे ही उन्हें इस बात का पता चला, तो वे निकल पड़े अपने कुलदेवता के दर्शन के लिए। ये किसके लक्षण हैं? ये सारे लक्षण खुद के टूटे हुए मन को सँभालने के लिए ईश्वर के नाम को शॉक एब्जॉर्बर के तौर पर इस्तेमाल करने के हैं। इस बारे में हमारी भूमिका वर्तनक्षम्य है। लेकिन यह बात सही है, अनुकरणीय है ऐसा हम नहीं मानते।

इसके आगे होनेवाले ईश्वर के रूप से हम सभी परिचित हैं। वह ऐसा है कि जब परीक्षा के दिन होते हैं तब ईश्वर के अच्छे दिन होते हैं। क्योंकि छात्र ईश्वर के पास जाकर परीक्षा में पास होने की मन्नतें माँगते हैं। वे ईश्वर से कहते हैं कि "अगर मैं परीक्षा में पास हो जाऊँगा तो दस-पंद्रह रुपयों की मिठाई बाँटूँगा।" इस बारे में नौवीं कक्षा की पाठ्यपुस्तक में कुरूंदकर का एक पाठ है जिसमें उन्होंने कहा है कि "आप ऐसा कहते हैं कि 'हे बुद्धि के देवता गजानना, मतलब गजानन, गणेश बुद्धि के दाता हैं।' लेकिन अगर हम 'हे बुद्धिदाता गजानना, तुम मुझे परीक्षा में पास करोगे तो मैं पंद्रह रुपयों की मिठाई बाँट दूँगा' ऐसा कहते हैं तो हम उसे ही अक्ल सिखाते हैं।" असल में देखा जाए तो इस समय हम कहना क्या चाहते हैं इस बारे में कुरूंदकर ऐसा कहते हैं, "हमारे कहने का मतलब होता है कि हे बुद्धिदाता अगर मैंने रोजाना पढ़ाई की होती तो अच्छे अंकों से पास हो जाता। लेकिन पूरे साल भर ऐसे-वैसे काम करने में पढ़ाई पीछे छूट गई। मगर इस बात के लिए हे बुद्धि के दाता तुम मुझे सजा मत करना, इतना ही नहीं, तुम मुझे इनाम भी देना। यानी तुम मुझे अच्छे अंकों से पास कर देना और ऐसा करने की बुद्धि तुम्हें मिले इसलिए

मैं दस-पंद्रह रुपये के पेड़े की घूस दे रहा हूँ।" वे आगे कहते हैं, "सच तो यह है कि हम आगे ऐसा भी कहना चाहते हैं, 'हे ईश्वर, तुम सिर्फ रिश्वतखोर ही नहीं हो बल्कि बुद्धू भी हो क्योंकि तुम्हें चढ़ाए जानेवाले पेड़े भी मैं ही खानेवाला हूँ। जैसे पटवारी होता है, वह घूस भी लेता है और काम भी करता है। यानी मैं तुम्हें जितना दाम दूँगा, उस हिसाब से तुमको काम करना पड़ेगा।" ईश्वर का इसके आगे का भी एक रूप होता है। वह कौन सा? वह रूप यानी संत-महात्माओं, साधुओं का बताया हुआ रूप। संत-महात्माओं, साधुओं ने क्या बताया है? यही कि 'मेरा जो नैतिक आचरण है वही मेरी दृष्टि से ईश्वर है।' मतलब मेरा नीति से आचरण और ईश्वर यह एक ही है, अभिन्न है। 'जे का रंजले गांजले, त्यासी म्हणे जो आपुले, तोचि साधू ओलखावा देव तेथेचि जाणावा।' अर्थात् जो दुखी है, पीड़ित है, उन्हें जो अपना कहता है; उसे ही संत कहिए, उसी में ईश्वर देखिए। यानी ईश्वर गरीब-दीन लोगों में बसता है, उन्हें अपनाता है, उनकी सेवा करता है और इस प्रकार के ईश्वर की संकल्पना से अंधश्रद्धा निर्मूलन समिति को कोई अंतर्विरोध नहीं है। अंधश्रद्धा निर्मूलन समिति ऐसा मानती है कि अगर मनुष्य सोच-समझकर नैतिकता को अपनाएगा तो वह ज्यादा अच्छी बात होगी। लेकिन नीति को अपनाना इस बात को हम अधिक महत्त्वपूर्ण मानते हैं। ईश्वर को मानने न मानने का सबसे अच्छा उदाहरण आप सभी जानते हैं कि जिनकी पूरी जिंदगी पंढरपुर की वारी में बीत गई वे संत गाडगे महाराज कभी भी विट्ठल के दर्शन के लिए मंदिर के अंदर नहीं गए। बल्कि लोगों का खराब किया चंद्रभागा नदी का किनारा साफ करते रहे और लोगों को कीर्तन सुनाते रहे। वे लोगों से पूछते थे कि "क्या आपने ईश्वर को देखा है?" तब लोगों को आश्चर्य होता था, क्योंकि उस वक्त गाडगे बाबा इतने मशहूर व्यक्ति नहीं थे। यह पगला पंढरपुर के वारी में आए लोगों से पूछता था कि "ईश्वर को देखा क्या?" तब लोग कहते थे, "हाँ, देखा है जी।"

गाडगे महाराज कहते थे, "आपका ईश्वर रहता कहाँ है?"

मन ही मन में लोग कहते थे, "अरे, इसे तो कुछ भी पता नहीं है!" वे कहते थे, "अरे, हमारा ईश्वर मंदिर में रहता है। उसके हाथ कमर पर हैं।"

गाडगे महाराज कहते थे, "आपका ईश्वर मंदिर में रहता है? कमाल है। मेरा ईश्वर तो मेरे मन में रहता है।" फिर भी लोगों की समझ में कुछ नहीं आता था।

गाडगे महाराज आगे पूछते थे, "क्या आपका ईश्वर स्नान करता है?"

लोग कहते थे, "हाँ करता है।"

गाडगे महाराज पूछते थे, "कौन नहलाता है उसे?"

लोग कहते थे, "हम ही नहलाते हैं।"

गाडगे महाराज आगे कहते थे, "ऐसा कैसा ईश्वर है आपका? जिसे खुद को नहाना नहीं आता? वह अपने भक्तों का भाग्य कैसे बदलेगा?"

गाडगे महाराज पूछते थे, "आप अपने ईश्वर को कपड़े पहनाते हैं या नहीं?"

लोग कहते थे, "हाँ जी, पहनाते हैं ना।"

उस पर गाडगे महाराज पूछते, "कपड़े कौन पहनाता है?"

लोग कहते थे, "हम ही पहनाते हैं।"

"अरे, तुम्हारा ईश्वर जब खुद के कपड़े खुद पहन नहीं सकता तब वह तुम्हें भाग्य की पोशाक कैसे पहनाएगा?"

आगे गाडगे महाराज पूछते, "आप ईश्वर को भोग चढ़ाते हैं या नहीं?"

लोग कहते, "जी चढ़ाते हैं।"

"भोग चढ़ाकर क्या करते हैं?"

"भोग चढ़ाने के बाद वहीं हाथ में एक डंडा लेकर बैठते हैं।"

"किसलिए?"

"अगर कोई कुत्ता या कौआ जा जाए तो उसे भगाने के लिए।"

"अरे! आपका ईश्वर जब खुद अपने ही भोजन की रक्षा नहीं कर पाता, तो वह आपके जीवन की रक्षा कैसे करेगा?"

फिर आगे गाडगे महाराज पूछते थे, "क्या आपने कभी जिंदा ईश्वर देखा है?"

एक-दूसरे की ओर आशंकित नजरों से देखकर लोग कहते थे, "क्यों भाई नहीं देखा?"

तब गाडगे महाराज के पास एक धूप से झुलसे चेहरे का, नंगे पैरोंवाला, खादी का सफेद कुर्ता पहने हुए, बड़ी दाढ़ी वाला एक मनुष्य खड़ा होता था और उसकी ओर उँगली करके गाडगे बाबा कहते थे, "यह है भाऊराव पाटिल जो दीन-दलितों के बच्चों को पढ़ाने का काम करता है। इसे ईश्वर मान लीजिए और उन गांधी बाबा को देखिए। देश के लिए जी-जान से लड़ रहे हैं, उन्हें ईश्वर कहिए। अनपढ़ को शिक्षा देनी चाहिए, भूखे को खाना, बेसहारा लोगों को घर देना चाहिए, दीन-दुखियों की सेवा करनी चाहिए। जानवरों पर रहम करना चाहिए। ईश्वर इनमें होता है, समझ लीजिए। ईश्वर किसी मंदिर में नहीं रहता बल्कि वह हमारे मन में बसता है। मंदिर में सिर्फ पुरोहित का पेट रहता है।" यानी ईश्वर की संकल्पना का विकास यह एक तरफ से उसे संविधान में दी हुई मान्यता और दूसरी तरफ ईश्वर एक निर्माता है, तीसरी ओर वह सिर्फ निर्माता ही नहीं बल्कि नियंत्रक भी है। चौथी बात, उसका न रंग होता है, न रूप और न ही गंध। पाँचवीं, वह आनंदनिधान होता है और छठी बात, वह 'सायकोथेरेपिस्ट' है। सातवीं ओर वह 'काउंसलर' है, आठवीं तरफ शॉक एब्जॉर्बर, नौवीं तरफ मन्नतें पूरी करनेवाला और दसवीं तरफ वह जीवन की नीति का आविष्कारक है। जब आप ऐसा कहते हैं कि 'आप ईश्वर को मानते हैं या नहीं मानते?' तब आपके मन में इनमें से ईश्वर का कौन सा रूप या कल्पना होती है, उस पर इस प्रश्न का उत्तर निर्भर करता है।

छोटे बच्चे का मन खाली कंप्यूटर जैसा

ये सब बताने के बाद मैं आपको एक और मनोवैज्ञानिक मुद्दा बताता हूँ। मनुष्य का मन कैसा होता है? मनुष्य का मन खाली कंप्यूटर की तरह होता है। आपको कंप्यूटर की भाषा अब समझ में आती है? कंप्यूटर की खुद की अपनी अक्ल नहीं होती। किसी भी कंप्यूटर की। उसमें बाहर से प्रोग्राम फीड किए जाते हैं, सही है न? फिर कंप्यूटर में जो प्रोग्राम फीड किए जाते हैं उनके अनुसार उसका कार्य होता है। पैदा हुए मनुष्य के बच्चे का दिमाग भी खाली कंप्यूटर की तरह होता है। जब वह आपके घर में पलकर बड़ा होता रहता है या जब आप छोटे थे और बड़े हो रहे थे, आपका विकास हो रहा था तब आपसे आपके घरवाले क्या कहते थे? ईश्वर होता है, उसे हाथ जोड़ने चाहिए, लेकिन क्यों? क्योंकि आपको ऐसा बताया गया था कि "देखो, थोड़ी देर पहले तुम अपने पड़ोसी से लड़ रहे थे, वैसा फिर कभी मत करना क्योंकि ईश्वर को लड़ाई पसंद नहीं है। जैसे थोड़ी देर पहले तुमने उससे मारपीट की थी, वैसे किसी को मारना नहीं क्योंकि किसी को मारना या पीटना ईश्वर को पसंद नहीं। तुम थोड़ी देर पहले झूठ बोले वैसा फिर से न करना क्योंकि झूठ बोलना ईश्वर को अच्छा नहीं लगता। सुबह जल्दी उठना क्योंकि ईश्वर को जल्दी उठना अच्छा लगता है। माँ-बाप को प्रणाम करना क्योंकि माँ-बाप को प्रणाम करनेवाले लोग ईश्वर को पसंद आते हैं। साफ-सुथरे रहो और हर दिन पढ़ाई करनी चाहिए क्योंकि साफ-सुथरे और पढ़ाई करनेवाले बच्चे ईश्वर को अच्छे लगते हैं। जो कुछ भी अच्छा होता है, वह ईश्वर को पसंद है। जो कुछ भी बुरा होता है, गलत है, वह ईश्वर को नापसंद है।"

इसी तरह समझाकर आपके दिमाग की कंडीशनिंग की जाती है। सही है न? इसलिए जब आप बड़े हो जाते हैं और मेरे सामने आते हैं और अगर मैं आपसे कहता हूँ कि ईश्वर नहीं हैं तब आप क्या करेंगे? मुमकिन होगा तो आप मेरा विरोध करेंगे और मुमकिन न हुआ तो आप वहाँ से चले जाएँगे। लेकिन मुझसे या मेरे आंदोलन से प्रेम नहीं करेंगे क्योंकि आप ऐसा कहेंगे कि 'इससे अपना कुछ लेना-देना नहीं है।' इसलिए मेरा काम आपके दिमाग से इन कल्पनाओं को निकालकर फेंकना नहीं है। यह काम हम नहीं करते। मेरा काम सिर्फ आपके दिमाग में बुद्धि प्रमाणवाद के बीज बोने का है। एक बार आपके दिमाग में बुद्धिवाद के बीज बो दिए, तो वैज्ञानिक दृष्टिकोण के बीज भी बोये जाएँगे और तब आपके दिमाग की पूरी जमीन सही तरीके से उपजाऊ बन जाएगी। इसलिए हमारा आंदोलन विचार करने के लिए, सोचने के लिए सिखाता है। बावजूद इसके अगर मैंने ऐसा कहा कि 'ईश्वर को त्याग दो' तो लोग उसे नहीं त्यागते और अंधविश्वास भी नहीं छोड़ते। बाबासाहब ने हमें बताया है कि "हिंदू धर्म ने हमें इतने दिन पत्थरों को ईश्वर कहना

सिखाया। इस हिंदू धर्म के देवताओं को त्याग दो।" बाबासाहब तो एक श्रेष्ठ व्यक्ति थे इसलिए उनका प्रमाण तो श्रेष्ठ व्यक्ति का प्रमाण था। इसलिए उनके कहने पर लोगों ने देवताओं को त्याग दिया या फेंक दिया।

लोगों ने अपने देवताओं को त्याग या फेंक तो दिया लेकिन आज स्थिति क्या है? आज धम्मचक्र प्रवर्तन के दिन 14 अक्तूबर को हर विजया दशमी के दिन लाखों लोग धम्म दीक्षा भूमि पर जाते हैं। मगर उनमें से कई लोग जाते या आते समय शेगाँव के गजानन महाराज के दर्शन के लिए रुकते हैं। इसका कारण क्या है? इसका कारण यह है कि बाबासाहब ने कहा, इसलिए देवताओं को तो फेंक दिया मगर ईश्वर को फेंका क्या और रखा क्या? अब तक खुद के मन की जो बुनावट है वह नहीं बदली है और जिस समाज के मन की बुनावट बदलती नहीं, वह समाज कभी नहीं बदल सकता। वह अपाहिज ही रहता है। एक बार व्यक्ति को बदलाव का विचार देने के बाद कुछ और करना चाहिए ऐसा हमें नहीं लगता। व्यक्ति उसे खुद-ब-खुद आत्मनिर्भरता से प्राप्त करता है, ऐसा हमारा अनुभव है। इसलिए ईश्वर को रिटायर करके, नकारकर अंधश्रद्धा निर्मूलन समिति का आंदोलन चलाया जाए ऐसे नास्तिकवादी विचारों से हम सहमत नहीं हैं। इसलिए ईश्वर और धर्म के बारे में हमारी भूमिका तटस्थ है।

अंधविश्वास उन्मूलन और नीति विचार

नीति यानी क्या?

अंधविश्वास उन्मूलन आंदोलन के बारे में लोगों के मन में एक प्रश्न रहता है। वह होता है नीति के बारे में। धर्म की चिकित्सा, विश्वासों (श्रद्धा) का परीक्षण करनेवाला अंधविश्वास उन्मूलन का यह आंदोलन समाज में स्थित नीति को कहीं उखाड़कर फेंक तो नहीं देगा न? ऐसा डर लोगों के मन में ख्वामख्वाह आता है। हर एक बात का परीक्षण करते-करते सब बातों का डर खत्म हो जाएगा। फिर इनसान का वर्तन नीतियुक्त कैसे रहेगा? सभी बेलगाम, बेछूट हो जाएँगे। स्वार्थी, अनैतिक बन जाएँगे। आप यही चाहते हैं क्या? ऐसा प्रश्न बड़े जोर-शोर से पूछा जाता है। सच पूछिए तो आपका यह सब आकलन बिलकुल गलत है। अंधविश्वास उन्मूलन के कार्य के बारे में गलतफहमी फैलानेवाला है।

दुनिया के सभी धर्मों ने दो प्रश्नों का जवाब देने का प्रयास किया है। पहला प्रश्न है, 'सच क्या है?' और दूसरा 'इष्ट क्या है?' विश्व की निर्मिति, पृथ्वी का जन्म, सजीव सृष्टि का विकास, पंचमहाभूतों के चमत्कार इन सबके पीछे होनेवाली सचाई को खोजने का प्रयास सभी धर्मग्रंथों ने अपनी-अपनी शक्ति के अनुसार किया है और वह मामला पूरी तरह से फँस चुका है। इसके गवाह खुद हम ही हैं। धर्मग्रंथों के दिए उत्तर और विज्ञान से सप्रमाण प्राप्त हुए उत्तर इनमें जमीन-आसमान का अंतर था और आखिरकार विज्ञान की बात ही हमें माननी पड़ी। इसी कारण 'पृथ्वी सूरज के चक्कर काटती है' इस सत्यकथन के लिए यह बाइबिल का विरोधी ऐसा मानकर जिस ईसाई धर्म के धर्मपीठ ने गैलीलियो को सजा सुनाई थी, उसे ही कुछ सदियों बाद 'हम गलत थे, धर्मग्रंथ में दिया गया जो सत्य था वह असत्य है और गैलीलियो सच्चा था, ऐसी कबूली भी देनी पड़ी थी।'

मगर जीवन की धारणा के लिए इष्ट क्या है, अच्छा क्या है, सही क्या है, नीतियुक्त वर्तन कौन सा, इस बारे में धर्म का प्रभाव हमेशा से ही बना रहा है। इतना ही नहीं, इसके उत्तर देने का अधिकार धर्म को, अध्यात्म को है; विज्ञान को नहीं है और बुद्धि प्रमाण लोगों को भी नहीं, ऐसा कहा जाने लगा। नीति के बगैर समाज

जीवित रह नहीं सकता और धर्म के बगैर नीति के बीज समाज में बोये नहीं जा सकते।

इसके आगे का समीकरण ऐसा होता है कि नीति चाहिए तो धर्म भी चाहिए। बुद्धिवाद के हिसाब से अगर आप धर्म की चिकित्सा करोगे तो नीति की जड़ें ढीली कर दोगे। लोगों के दिमाग में आशंकाएँ पैदा कर दोगे और उपायों के बदले नुकसान ही हो जाएगा।

ऐसा लगना बिलकुल ही सही नहीं है। पर इसे समझा जा सकता है। मशहूर दार्शनिक इम्यैन्युअल कांट का एक विचार है, "मैं इन दो चीजों के बारे में जब भी सोचता हूँ, तब मेरा मन आश्चर्य से भर जाता है। उनमें पहली चीज है अनगिनत तारों से भरा हुआ यह विशाल अंबर और दूसरी बात, नीति की उपासना करनेवाला मनुष्य का मन।" अनुसंधान का कार्य कितना भी विकसित क्यों न हो फिर भी असीम आकाश और उसमें स्थित अनगिनत तारों का अंतिम अर्थबोध नहीं होता। उसी प्रकार नीति की भावना मनुष्य के मन में कहाँ से आती है? नीति से आचरण न करने से मन में जो डर पैदा होता है वह किस बात का होता है? पूरा विश्व विरोध में खड़ा हो जाए तो भी चलेगा, लेकिन मैं नीति से ही आचरण करूँगा इस निर्धार का अद्भुत सामर्थ्य मनुष्य में आता है उसकी वजह क्या है? आदि सवाल कांट को मति भ्रमित कर देनेवाले लगते हैं।

धार्मिक नीति

'धर्म, यह एक अफीम की गोली है।' यह कार्ल मार्क्स का एक विख्यात वाक्य है। लेकिन सच मानो तो यह वाक्य पूरा नहीं है। अफीम की गोली कहने से पहले मार्क्स ने धर्म को हृदय न होनेवाले लोगों का हृदय ऐसा कहा है। जैसे धर्म मनुष्य की खुद की नैतिक मुक्ति के लिए लगाई आर्त चीख है। धर्म का सामाजिक इतिहास अब अध्ययन का एक हिस्सा बन गया है। इसलिए दैवी अधिष्ठान के बगैर हम उसका विचार कर सकते हैं। जिस समय अरबस्तान में दो गुटों में लड़ाई-झगड़े चल रहे थे, हत्याएँ हो रही थीं, महिलाएँ केवल उपभोग की चीज बन गई थीं; उसी वक्त शांति का संदेश देनेवाले इस्लाम का जन्म हुआ। उन्होंने बंधुता—यह नीति बनाई और अगर कोई पहली पत्नी को न्याय दे सकता है तो उसे दूसरी पत्नी लाने की, ब्याह करने की इजाजत दी और वह भी केवल चार शादियाँ करने तक। इसे उस समय का प्रगतिशील होनेवाला नीति पर आधारित कानून बताया।

उधर रोमन के अत्याचारों से परेशान जनता को 'पड़ोसियों के साथ प्यार से बर्ताव कीजिए' इतनी सीधी-सरल लेकिन बहुत ही नैतिक कल्पना बतानेवाला और 'शोषण के खिलाफ संघर्ष के लिए खड़े हो जाओ' ऐसा संदेश देनेवाला ईसाई धर्म और उसकी नीति अपनी-सी लग जाए तो इसमें कोई आश्चर्य की बात नहीं है।

बुद्ध की कहानी भी मशहूर है। मालुक्यपुत्र यह बुद्ध का एक शिष्य था। कुछ समय बुद्ध के साथ व्यतीत करने के बाद उसने बुद्ध से कहा, "तथागत, मैं आपके साथ इतने दिनों से रह रहा हूँ, मगर आपने मुझे यह नहीं बताया कि मृत्यु के बाद मनुष्य की आत्मा जाती कहाँ है? आप अगले जनम में मुझे किस रूप में दर्शन देंगे? मुझे मुक्ति मिलेगी ना? स्वर्ग सुख के लिए कौन सी उपाय योजना करनी चाहिए?" और आगे थोड़ा गुस्से से उसने कहा, "अगर आप इन प्रश्नों के उत्तर नहीं दे सकते तो मैं आपको छोड़कर चला जाऊँगा।"

गौतम बुद्ध ने उसे रोक दिया। हल्का मुस्कुराकर वे बोले, "देखो, जब तुम मेरे पास आए थे, तब इन प्रश्नों के उत्तर मैं दे पाऊँगा ऐसा मैंने कहा था क्या? फिर भी तुम पूछ ही रहे हो तो बताता हूँ। मगर उससे पहले तुम्हें एक कहानी सुनाता हूँ, उसे सुनकर मुझे एक प्रश्न का उत्तर देना। एक आदमी जंगल से गुजर रहा था कि अचानक ही एक तीर तेजी से आकर उसके ह्रदय में घुस जाता है। आदमी घायल होकर नीचे गिरता है। अब उसके साथ होनेवाले लोगों के पास दो पर्याय उपलब्ध हैं। पहला, उस तीर के बारे में सब कुछ जानकारी प्राप्त करने का। जैसे वह किस भट्टी में बनाया गया है? जिसने बनाया वह आदमी काला है या गोरे रंग का है? तीर में लगे पंख कौन से पंछी के हैं? कमान की डोरी किससे बनाई है? और दूसरा पर्याय शरीर में फँसे तीर को बाहर निकालकर उस घायल आदमी को मरहम-पट्टी लगाने का, जल्दी से पानी पिलाकर उसे होश में लाने का। अब तुम मुझे बताओ अगर तुम वहाँ होते तो क्या करते?"

मालुक्यपुत्र ने कहा, "भगवन्, यह भी कोई प्रश्न हो सकता है। पहला काम है उस मनुष्य के प्राण बचाने का। बाकी सब बातें बाद में भी हो सकती हैं।" बुद्ध ने कहा "शिष्य, मेरा भी विचार यही है। जीवन संसार में आज के दुख से घायल हुए मनुष्यों को सहारा देना मुझे ज्यादा महत्त्वपूर्ण लगता है। अलौकिक दर्शन से जुड़ी बाकी सब बातें फुरसत में भी बताई जा सकती हैं।"

इसका मतलब यह है कि एक ही धर्म का उदय होने से पहले जो अनीति निर्मिति हो गई थी, उस पर उपाय के तौर पर मानवी संबंध में जो सुखकारक, उपकृत हैं ऐसी बातें नीति बन गईं। मनुष्य उसी को अमल में लाया। इसका एक कारण धर्म के ऊपर होनेवाला विश्वास था, तो दूसरा कारण ईश्वर का डर। यानी अगर नीति का पालन नहीं करेंगे तो उसकी सजा जरूर मिलेगी इस बात का डर था। तीसरा कारण था, ईश्वर से होनेवाला प्रेम। ईश्वर को दयालु पिता मान लिया गया था। जैसे अपने अभिभावकों के मन में अपने लिए प्रेम पैदा हो जाए, इसलिए बच्चे अच्छा बर्ताव करते हैं; वैसे ही ईश्वर के मन में अपने बच्चों के प्रति प्रेमभाव पैदा हो जाए, उसके लिए उसके सभी बच्चों यानी पूरी मानव जाति को ईश्वर को जैसा पसंद होगा, अच्छा लगेगा वैसा बर्ताव करना चाहिए। सारांश में कहा जाए तो नीति

से, सदाचार से, जीवन जीना पड़ेगा ऐसी कल्पना। चौथा कारण, मोक्ष का लगाव और अलौकिक कल्याण के लिए नीति से जीना। पाँचवीं बात, जन्म-मृत्यु के चक्र में फँसे मनुष्य की आत्मा को हमेशा के लिए मुक्ति मिले, इसके लिए जीवन का सफर नीति के महामार्ग से ही होना चाहिए। कारण कोई सा भी हो, देव-धर्म की भूमिका नीति के पहरेदार बनने की थी। मगर असल में क्या हुआ?

धर्म के विपरीत नीति व्यवहार

धर्म ने नारा तो लगाया था नीति का मगर जल्द ही अपनी-अपनी सुविधा के अनुसार व्यवहार शुरू हो गया। यह सुविधा थी राजाओं की, अमीरों की, धर्म पंडितों की। ईसा मसीह अमीरों के खिलाफ, गुलाम और गरीबों की ओर से खड़ा था। उसने कहा था कि "एक बार पूरा ऊँट सूई के छेद से दूसरी तरफ पहुँच सकता है; लेकिन अमीरों को स्वर्ग में प्रवेश नहीं मिल सकता।" यह चित्र कितना बदला? धर्म के सर्वेसर्वा होनेवाले पोप ने तो स्वर्ग में प्रवेश पाने के पास (टिकट) बेचने शुरू किए। जिनके पास अधिक रकम उनके लिए स्वर्ग में पहली कतार में सीटें आरक्षित। धर्म के नाम पर ऐसी अनीति और अधर्म शुरू हो गया।

धर्म और नीति का अर्थ लगानेवाले ठेकेदार थे, पुरोहित। यानी ईसाई धर्म के पादरी। स्वाभाविक रूप से नीति उनके काम का विषय बन गई। इसके खिलाफ प्रोटेस्टेंट पंथ ने ऐसी भूमिका ली कि 'हमें पोप या चर्च की जरूरत ही नहीं। हम सीधे ईश्वर से संपर्क बनाएँगे।' यानी ऐसा अलग रास्ता निकाला। चिकित्सा शुरू हो गई। धर्म के नाम से नीति कहकर जिसका आचरण हो रहा था उसके बारे में प्रश्न पूछे जाने लगे। जहाँ-जहाँ ऐसे प्रश्न पूछे जाते हैं वहाँ-वहाँ इस तथाकथित पाखंड का भंडाफोड़ होता है। हमारे यहाँ तिरुपति बालाजी यह एक बहुत ही प्रभावी देवता माने जाते हैं। अब किसी भी ईश्वर को प्रामाणिक भक्त मिले ऐसी इच्छा रहती है। मगर हम तिरुपति जाकर क्या देखते हैं? ईश्वर के दर्शन के लिए दो लंबी कतारें होती हैं। एक बड़ी कतार जिसमें से जाकर बारह घंटों के बाद ईश्वर के दर्शन मिलते हैं और दूसरी छोटी कतार होती है। एक घंटे में दर्शन करवानेवाली। पहली कतार में खड़े रहने के लिए रुपये देने पड़ते हैं, प्रति व्यक्ति दस रुपये और दूसरी में सौ रुपये। इसका मतलब 'जहाँ दाम वहाँ ईश्वर'। यह वाक्य हम बचपन से सुनते आए हैं। मगर उसका मतलब ईश्वर के दर्शन जितने अधिक दाम में उतना उसके पास जाने का अधिकार अधिक, ऐसा हमें बिलकुल भी नहीं लगता। ईश्वर के दरवाजे पर ऐसे उलटे तरीके से नीति के नाम पर व्यवहार होता है।

यह सभी धर्मों में चलता आ रहा है। मनुष्य के नाम से बताई जानेवाली नीति मनुष्य का ही विनाश करने लगी। इसका एहसास जैसे-जैसे होता चला गया वैसे-वैसे

धर्म की बताई हुई नीति पर प्रश्न खड़े होने लगे। इसके लिए कीमत चुकानी पड़ेगी। स्त्रियों की शिक्षा के लिए दिन-रात प्रयास करनेवाले फुले दंपती को कौन से अनुभव मिले? गोबर और पत्थरों को तो झेलना ही पड़ा साथ-साथ खुद को बड़ा होशियार समझनेवाले पुणे के समाचार-पत्रों ने ऐसा प्रस्तुत किया कि 'फुले धर्म डुबा रहा है। ये कहता है कि महिलाओं को शिक्षा दीजिए मगर महिलाएँ पढ़ने-लिखने लगेगी तो अनर्थ हो जाएगा। पढ़ना-लिखना जाननेवाली महिलाएँ बुरी किताबें भी पढ़ेंगी और अपने पति को ऐसा-वैसा खत लिखेंगी।' आज यह सब सुनकर भी हँसी आ जाती है; मगर फुले के पिता को यह बात ठीक लग गई और उन्होंने अपने बेटे के लिए 'महिलाओं को शिक्षित करने का, धर्म को डुबानेवाला अनीति का धंधा बंद कर दो' ऐसा फरमान निकाला।

महात्मा फुले ने इसे अस्वीकार कर दिया और घर छोड़ दिया। धार्मिक गलत नीति के विरोध में 150 साल पहले महात्मा फुले ने विद्रोह किया। इसी वजह से आज महिलाएँ बड़े सम्मान से घर से बाहर निकलने लगी हैं। उन्होंने मनुष्य का विनाश करनेवाली नीति को नकारा ।

डॉ. बाबासाहब ने भी बड़े क्रोध से कहा, "ये लोग मुझे और मेरे जाति-बंधुओं को पीने का पानी स्पर्श तक करने नहीं देते, मंदिरों में आने नहीं देते। हमसे छोटे या निचले ओहदे पर होंगे तो भी फाइलें दूर से फेंकते हैं। ये लोग मूर्ख हैं या शैतान?" फिर इस प्रश्न का उत्तर भी उन्होंने ही दिया, "ये लोग अच्छे हैं फिर भी ये ऐसा बर्ताव करते हैं क्योंकि ऐसा बर्ताव करने के लिए उन्हें धर्माज्ञा दी गई है।"

जब धर्माज्ञा अनीति की नींव बन जाती है, मुश्किल में आ जाती है। जैसे—'पातिव्रत्य' इस मूल्य को लीजिए। जैसे-तैसे अन्यायी पति के साथ पूरे जन्म भर प्रामाणिकता से रहना यह हो गई नीति, परंपरा से चली आई बात। आज के जमाने में एक व्यक्ति के रूप में प्रतिष्ठित हुई स्त्री इस मूल्य को स्वीकार नहीं करती। वह बिना हिचकिचाहट अपने जीवनसाथी से भी अच्छे व्यवहार की अपेक्षा रखती है। दान देना और कृतार्थ होना यह हो गया पारंपरिक मूल्य। आज का मजदूर इस सज्जनता से संतुष्ट नहीं रह सकता। चाहे उसे ज्यादा मिलनेवाला दान मिले या न मिले; पर अपनी मेहनत का दाम मिले यह उसका आग्रह रहता है और यही नीतिमूल्य आज के समाज को न्याय की नींव पर खड़ा कर रहा है। इसी तरह माँ-बाप के शब्द अंतिम और प्रमाण यह बात तो सदियों से चली आ रही है। मगर अंतरजातीय विवाह करते समय माँ-बाप के नकार देनेवाले गलत मूल्य को नई पीढ़ी से स्पष्टता से नकारना पड़ता है। मनुष्य में जन्म के आधार पर ऊँच-नीच ऐसा भेद करना ही अनीतिकारी है। तो उस पर निर्भर व्यवहार नीतिमान कैसे होगा? इसलिए अंतरजातीय विवाह अनुरोधपूर्वक करना यह आज का नैतिक कार्य है।

इहवादी नीति

ऊपर दिया हुआ चिंतन समाज में शुरू हो गया है और उसी में से नई इहवादी नीति ने जन्म लिया है। वह धर्म के खिलाफ नहीं थी, फिर भी शारीरिक, मानसिक और ऐहिक कल्याण पर निर्भर थी। इसके पालन के लिए पहले धार्मिक नीति के पालन की तरह शारीरिक उपवास, अर्थहीन कर्मकांड करने की जरूरत नहीं थी। विधवा पुनर्विवाह को रोकने जैसे मानसिक बंधनों की आवश्यकता नहीं थी। व्यक्ति स्वतंत्रता और व्यक्तिगत जिम्मेदारी इस आधुनिक नीति की नींव है और ज्यादा से ज्यादा लोगों का ज्यादा से ज्यादा लाभ और सहज प्रवृत्तियों की पूर्तता करना इस नीति का मूल है। इसके लिए धर्म से परे जानेवाला नीतिमूल्य निरपवाद होता है। लेकिन अगर बाकी मूल्य समय की कसौटी पर खरे उतरेंगे तो वे नष्ट हो जाते हैं।

नीति पालन के लिए अनुकूल समाज रचना की आवश्यकता

एक बात हमें पक्की ध्यान में रखनी होगी कि नीतिमूल्य निर्माण होने में और उसमें से समाज की मानसिकता तैयार होने में सामाजिक परिस्थिति का संदर्भ सबसे महत्त्वपूर्ण होता है। सामंतशाही व्यवस्था में सभी जगह बड़े-बड़े जमींदार थे। सभी ओर उनकी जमीन में मजदूरी करने के लिए भूदास थे। उस व्यवस्था के कायम रहने में समाज के सत्तासीन वर्ग का हित था। स्वाभाविक तौर पर उस व्यवस्था के लिए उपयुक्त होनेवाले स्वामीनिष्ठा मूल्य को सम्मानित किया गया। आगे जाकर यूरोप में भाप से चलनेवाले इंजन की खोज की गई। औद्योगिक क्रांति हो गई। पूँजीपति व्यवस्था का उदय हो गया। कारखानों में मजदूरों की जरूरत पड़ने लगी। मगर वे फँसे थे खेती करने में। फिर व्यक्ति स्वातंत्र्य इस मूल्य की उद्घोषणा हो गई। बाप-दादाओं के जमाने से चले आ रहे किसी एक घराने के मालिक को स्वामीनिष्ठा मूल्य के कारण खुद को जकड़कर रखने के बजाय व्यक्ति के कर्तृत्व को ज्यादा मौका देनेवाले व्यक्ति स्वातंत्र्य मूल्य का जयघोष शुरू हो गया। यह मूल्य आवश्यक और अच्छा भी है इसमें कोई आशंका नहीं। मगर उसका उदय सामाजिक हित संबंधों के कारण हुआ है, यह भूलना नहीं चाहिए। अगर सामाजिक परिस्थिति अनुकूल न होगी तो नैतिक आचरण का उपदेश यानी अरण्यरोदन बन जाता है। लोग एक-दूसरे के साथ प्यार से बर्ताव करें, झगड़ा न करें यह सही है, पर एक ही नल पर पचास लोग एक साथ पानी भरने के लिए आएँगे तो झगड़ा होना स्वाभाविक ही है। उसे टालने का उपाय सिर्फ नैतिक उपदेश देना ये नहीं हो सकता बल्कि सबको पानी मिले ऐसी व्यवस्था करनी चाहिए।

छोटे बच्चे से प्यार करना चाहिए, उसे विकसित होने का मौका प्रधानता से देना चाहिए यह नैतिक मूल्य है ही। मगर लाखों बच्चों को पेट भरने के लिए सुबह से शाम तक काम करना पड़ जाए, तो यह नीति अमल में कैसे आएगी? बड़े-बूढ़ों का आदर करना चाहिए यह नीति सही है पर बस या रेल की भीड़ में किसी तरह से भी घुसकर काम करने की जगह पर पहुँचने का व्यवहार अटल होने के कारण बूढ़े लोगों को धक्का देकर गाड़ी में घुसना एक रवैया बन जाता है। इसके लिए सबको बैठने को जगह मिलने और अपने इष्ट काम पर निश्चित समय पर पहुँचने की सामाजिक व्यवस्था का होना जरूरी है।

परायी स्त्री से संबंध रखना गलत ही है और वेश्या के पास जाना भी अनीति है, मगर अपने परिवार को गाँव में रखकर आदमी मुंबई में रहता है और लैंगिकता यह एक नैसर्गिक प्रेरणा हो तो नीति के प्रवचन उन्हें व्यभिचार से रोकने में असमर्थ होते हैं। उसके लिए खुद के बीवी-बच्चों के साथ मुंबई में रहने की व्यवस्था होनी चाहिए। इसके लिए धर्म को नकारनेवाले इहवादी नीति के सार्वत्रिक नियम ढूँढ़े गए। जैसे, स्त्री के बदन पर पूरा बदन ढकनेवाले कपड़े होने चाहिए और ऐसा होना नैतिकता है, ऐसी कल्पना थी। इसीलिए तो महिलाएँ नौ गज की धोती से पाँच गज की धोती में आ गईं। तब उनकी इष्टता-अनिष्टता यह चर्चा का विषय बन गई। लेकिन नीतिशास्त्र की दृष्टि से स्त्री के शरीर पर सुविधाजनक और कम गर्मी पैदा करनेवाले कपड़े हों, यह कसौटी थी। सहजप्रवृत्ति की पूर्तता करने के लिए यह बात नैतिकता से सुसंगत है। मगर पथ्य इतना ही था कि किसी एक अपेक्षा के लिए अन्य अपेक्षाओं का दमन करना यह गलत है। जैसे—शराब पीना।

आधुनिक नीति कल्पना में व्यक्ति को खुद की खुशहाली के बारे में निर्णय लेने की स्वतंत्रता है, पर यह स्वतंत्रता दूसरों के लिए भी वैसी ही होगी इसको भी हमें स्वीकार करना पड़ेगा। खुद के स्वार्थ के लिए दूसरों का अहित करना यह तो नीति नहीं है। यह बात कम शब्दों में कही जाए तो आप दूसरों का खुद के साथ जैसा बर्ताव अपेक्षित करते हैं, वैसा बर्ताव आपको भी दूसरों के साथ करना चाहिए, यह नीति की नींव है। इस आधार पर समाज के ऐहिक कल्याण के बीच आनेवाली संस्थाएँ और उनमें विचारों की छानबीन करना यह इहवादी नीति का एक हिस्सा है। इसका मतलब यह हुआ कि नैतिक बर्ताव के अर्थ को समझने के लिए धर्म की जरूरत होती है, ऐसा कुछ भी नहीं। विवेक से विचार किया जाए तो मनुष्य के लिए इष्ट क्या है, अनिष्ट क्या है, सही क्या है, गलत बर्ताव कौन सा है, यह समझ में आता है। इस प्रकार से बर्ताव करने में मनुष्य को एक मनुष्य के तौर पर प्रतिष्ठा प्राप्त हो जाती है। ईश्वर का डर या मोक्ष प्राप्ति की घूस से बेहतर नीति से बर्ताव करने का खुद ही लिया गया निर्णय अधिक फायदेमंद होता है क्योंकि एक तो वह निर्णय खुद का होता है, जिससे उसमें स्वतंत्रता का आविष्कार होता है। दूसरी बात,

ईश्वर के डर से होनेवाला नीतियुक्त बर्ताव जितना डर उतनी नीति इस हिसाब से होता है और वह स्वाभाविक ही है। लेकिन विवेकाधिष्ठित नीति किसी भी डर के बगैर होने के कारण खुद के विवेक की भावनाओं की प्रखरता से उसका आचरण और अधिक बढ़ाना मुमकिन होता है। मनुष्य समाज में पलता-बढ़ता है। अगर उसके पास-पड़ोस में लोग ही नहीं होंगे, वह किसी निर्जन द्वीप पर अकेला रहेगा तो उसके लिए नीति के प्रश्न पैदा ही नहीं होंगे। लेकिन मनुष्य समूह में जीता है, बड़ा होता है, अपने जीवन का सफर पूरा करता है। उसके लिए उसे प्रेम, वात्सल्य, परोपकार, स्नेहभाव जैसे मानवी मूल्यों का स्वीकार करना अपरिहार्य होता है। मानो उसके अस्तित्व की ही वह एक शर्त होती है। इसका अर्थ यह हुआ कि इन नीति तत्त्वों का आविष्कार उसकी जैविक प्रेरणाओं का हिस्सा होना मुमकिन है। क्योंकि उसके बगैर उसका अस्तित्व ही संभव नहीं है। अगर मुझे खुशहाल होना है तो समाज नैतिक होना चाहिए और समाज के नैतिक होने के लिए उसमें रहनेवाली हर एक व्यक्ति को नीति से बर्ताव करना चाहिए। यह कार्यकारण भाव आसानी से समझने जैसा है। इसके लिए किसी भी गूढ़ तत्त्व का आधार लेने की जरूरत नहीं है।

नीति-तत्त्वों की चिकित्सा

नीति से जुड़ी बातों की चिकित्सा करने की बात कई लोगों को हजम नहीं होती। सच मानो तो उन लोगों को एक अलग ही भूमिका लेनी चाहिए, वह ऐसी कि 'आप जैसे चाहे हमारी नीति का परीक्षण कीजिए, वह आपके कसौटी पर खरी ही उतरेगी और अगर नहीं उतरी तो वह नीति ही नहीं होगी।' तो फिर नीति के नाम की ऐसी चीजों को अपनाने का कारण ही क्या है? सोने का टुकड़ा अग्निपरीक्षा से कभी डरता नहीं क्योंकि उसमें तपकर और भी अधिक प्रखर होने का वह यकीन रखता है। नीति के साथ भी वैसा ही है। वह शाश्वत समय की कसौटी पर खरी उतरती है। पिछली सदी में सचाई से आचरण करना, ब्राह्मण लोगों का मांसाहार न करना और स्त्रियों को शिक्षा न देना ये तीन नीतिमूल्य थे। आज क्या स्थिति है? सचाई से आचरण करना यह शाश्वत नीतिमूल्य है। एक व्यक्ति दूसरे व्यक्ति के साथ सचाई से बर्ताव करता है इस पर पूरे समाज की इमारत खड़ी होती है। इसलिए कई सारी बातें सच्ची हैं ऐसा मानकर ही उसके जीवन सफर में सुकून रहता है। अर्थात् ये सब बातें सही अर्थों से जितने प्रतिशत सत्याधिष्ठित होंगी, उतना अधिक समाज में 'सत्य' इस नीतिमूल्य का पालन होता है। ब्राह्मण मांसाहार न करें यह पिछली सदी का एक और नीतिमूल्य। वह आज पूरी तरह कालबाह्य हो चुका है। मांसाहार करना न करना इस पर संबंधित व्यक्ति नीतिमान है या नहीं यह आज साबित नहीं होता। तीसरा नीतिमूल्य स्त्रियों को शिक्षा का अधिकार न होना। इस बारे में तो परिस्थिति

बिलकुल ही बदल चुकी है। स्त्रियों को शिक्षा प्राप्त करने के लिए सभी सुविधाएँ देना यह आज के जनतंत्र की शासन व्यवस्था की एक महत्त्वपूर्ण जिम्मेदारी मानी गई है। ये सब उदाहरण देखने के बाद नीतिमूल्यों की काल सापेक्षता सही तरह से समझ में आती है। व्यक्ति के ऊपर राजनीतिक, आर्थिक, सामाजिक, धार्मिक निर्बंध होते हैं। नीति के आचरण के लिए मन के निर्धार के साथ-साथ इन निर्बंधों का विचार भी अत्यावश्यक है। महात्मा गांधी कहते थे, "मैं ब्रिटिश राज के खिलाफ लड़ता हूँ, क्योंकि यह शासन व्यवस्था मुझ पर राजनीतिक, आर्थिक निर्बंध डालती है। मुझे नीति से आचरण करने नहीं देती।" ब्रिटिशों का शोषण अनैतिक था, इसलिए महात्मा गांधी जी उनके खिलाफ थे। अंधविश्वास को खाद-पानी डालनेवाली तथाकथित धार्मिक नीति मानसिक गुलामी का निर्माण करती है और अनैतिकता को जन्म देती है। अंधविश्वास उन्मूलन आंदोलन का जो विरोध है, वह इसी बात को लेकर है।

मानवता का पालन करनेवाली, शाश्वत जीवन मूल्यों को आधार देनेवाली, मनुष्य और समाज का उन्नयन करनेवाली नीति यह धर्म भावना से आए या विवेकनिष्ठ मानवतावाद से, वह अगर सच्चे आवेग और सही नैतिक आचरण के लिए सामाजिक बदलावों की जरूरत को स्वीकार करेगी, तो अंधश्रद्धा निर्मूलन समिति उसका हमेशा स्वागत ही करेगी। क्योंकि नैतिक समाज की निर्मिति यह समिति को सबसे महत्त्वपूर्ण विषय लगता है।

❂❂❂